Berufs- und Arbeitspädagogik

für die Hauswirtschaft

von
Ulrike Kluge

Handwerk und Technik · Hamburg

Bildquellenverzeichnis

REFA Bundesverband e. V., Darmstadt, S. 58
KMK Sekrtariat der Ständigen Konferenz der Kultusminister der Länder in der Bundesrepublik Deutschland, S. 14
Scott Krausen, Mönchengladbach, S. 81, 96, 122

Literaturverzeichnis

1) Wilhelm H. Bähr: Handbuch 1 „Allgemeine Grundlagen" 2. Aufl. 1999 Berlin/Bonn
2) Wilhelm H. Bähr: Handbuch 2 „Planung der Ausbildung" 2. Aufl. 1999 Berlin/Bonn
3) Wilhelm H. Bähr: Handbuch 3 „Mitwirkung bei der Einstellung von Auszubildenden" 2. Aufl. 1999 Berlin/Bonn
4) Wilhelm H. Bähr: Handbuch 4 „Ausbildung am Arbeitsplatz" 2. Aufl. 1999 Berlin/Bonn
5) Wilhelm H. Bähr: Handbuch 5 „Förderung des Lernprozesses" 2. Aufl. 1999 Berlin/Bonn
6) Wilhelm H. Bähr: Handbuch 6 „Ausbildung in der Gruppe" 2. Aufl. 1999 Berlin/Bonn
7) Wilhelm H. Bähr: Handbuch 7 „Abschluss der Ausbildung" 2. Aufl. 1999 Berlin/Bonn
8) Wilhelm H. Bähr: Handbuch 8 „Lexikon" 2. Aufl. 1999 Berlin/Bonn
9) Arnfried Müller, Joachim Peege, Wolfgang Tripp, Claus-Dieter Weibert: „Der Weg zur Ausbilderprüfung" 33. Aufl. 1999 Dortmund
10) Informations- und Arbeitspapiere von Dr. phil. Siegfried Gonnert, Dipl. Psych. für Berufs- und Arbeitspädagogik, Schulung am 26.11.1999 in Augsburg: „Hilfen für die Bewertung des praktischen Teils der Ausbilder-Eignungsprüfung"
11) Herbert Sabel: „Arbeitszeugnisse richtig schreiben und bewerten" 1. Aufl. 1994 Bamberg
12) Rolf Arnold, Antje Krämer-Stürzl: „Berufs- und Arbeitspädagogik" 2. Aufl. 1999 Berlin
13) Bundesministerium für Bildung und Forschung und das Bundesministerium für Wirtschaft und Arbeit: „Ausbildung und Beruf" 30. Auflage November 2003
14) Duden – „Das große Fremdwörterbuch" 2003

ISBN 3-582-**04785**-7
ISBN 978-3-582-**04785**-4

Verlag Handwerk und Technik G.m.b.H.,
Lademannbogen 135, 22339 Hamburg;
Postfach 63 05 00, 22331 Hamburg – 2006

E-Mail: info@handwerk-technik.de
Internet: www.handwerk-technik.de
Satz und Layout: comSet Helmut Ploß, 21031 Hamburg
Druck: Thomas Müntzer GmbH, 99947 Bad Langensalza

Vorwort

Die Ausbildung im Betrieb unterliegt großen Anforderungen und Erwartungen. Die Ausbildereignungsverordnung (= AEVO) von 1999 hat sich diesen Erwartungen gestellt und wurde entsprechend angepasst und verändert. Zunehmend wird Gewicht auf Handlungsorientierung, selbstgesteuertes Planen und Lernen sowie die Eigenkontrolle gelegt. Die hierzu notwendigen Kompetenzen und Kenntnisse werden in Meisterlehrgängen, den Fachakademien, Technikerschulen und höheren Fachschulen vermittelt.

Das hier vorliegende Buch ist ein Leitfaden für die gezielte und strukturierte Vorbereitung auf die Ausbildereignungsprüfung nach der AEVO. Da eine Betriebsleiterin, Meisterin oder Technikerin in den seltesten Fällen ausschließlich für die Ausbildung zuständig ist, wurde mit dem achten Handlungsfeld gezielt auch der Bereich „Mitarbeiterführung" bearbeitet.

In verständlicher und leicht nachvollziehbarer Weise sind die fachlichen und pädagogischen Inhalte dargestellt. Viele praxisnahe Situationsaufgaben aus dem Bereich der Hauswirtschaft vertiefen und sichern das Wissen, geben Anregungen zu Dikussionen und leiten zu selbstgesteuertem Lernen an.

Da die pädagogischen und rechtlichen Inhalte der AEVO berufsübergreifend bundesweit gültig sind, ist dieses Buch für die Vorbereitung auf die Pädagogikprüfung in anderen Berufen auch bestens geeignet.

Die meisten der Beispiele und Aufgaben beziehen sich auf die Hauswirtschaft, ein stark weiblich geprägter Beruf, so wird von der „Ausbilderin" und der „Azubi" gesprochen. Die Lesbarkeit wird dadurch verbesert. Natürlich sind immer auch männliche Personen gemeint!

Außerdem wurde die Kurzfassung Azubi ausgewählt, um eine Verwechslung zwischen Ausbilderin, Ausbildender und Auszubildender beim schnellen Lesen zu vermeiden.

Ulrike Kluge
Kempten 2006

Inhaltsverzeichnis

Handlungsfeld 1
Allgemeine Grundlagen

■ Begriffsklärung

Allgemeinbildung
Allgemeinbildung ist die Bezeichnung für das Wissen einer Person über aktuelles Tagesgeschehen, Literatur, Wissenschaft, Geschichte und Kunst sowie die Beherrschung verschiedener Sprachen. Unter allgemein bildenden Schulen versteht man die Grund- und Hauptschulen, Realschulen, Gymnasien und die Sonder- bzw. Förderschulen.

Berufsbildung
Laut Berufsbildungsgesetz (BBiG)

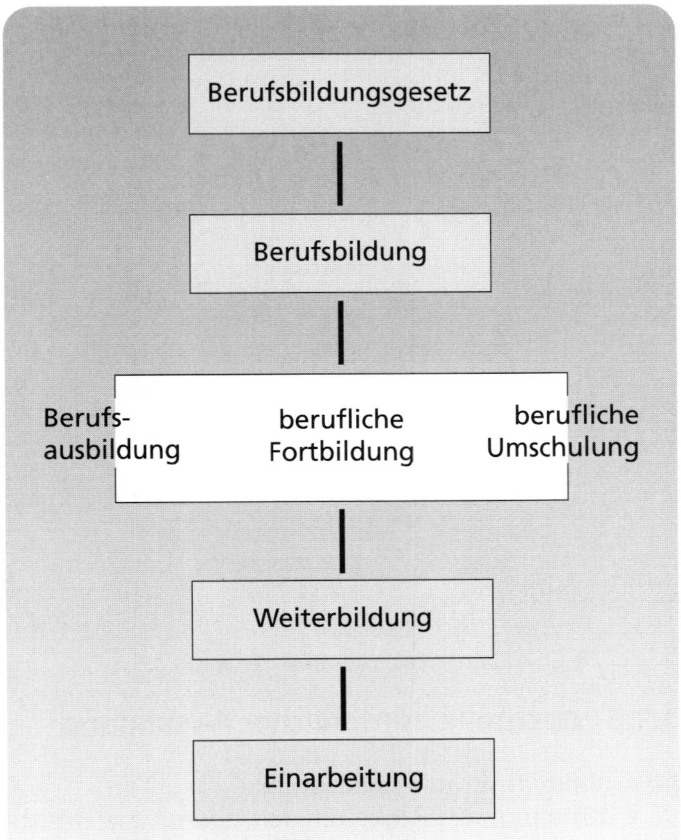

Berufsbildung ist die Bezeichnung für eine Auseinandersetzung mit den Anforderungen der Berufs- und Arbeitswelt. Zum einen ist es der Lernprozess, der den Einzelnen zur Bewältigung der beruflichen Aufgaben und Situationen befähigt, zum anderen ist es eine unaufhörlich und persönlich zu leistende Anpassung an die sich ständig verändernden Anforderungen des einmal erlernten Berufes.
Berufsbildung ist der Allgemeinbildung als Spezialbildung gegenübergestellt.

Berufsausbildung
Berufsausbildung ist ein Teilbereich der Berufsbildung, in deren Verlauf insbesondere erste grundlegende berufliche Qualifikationen vermittelt werden. Hierzu gehören in erster Linie drei „Personen".

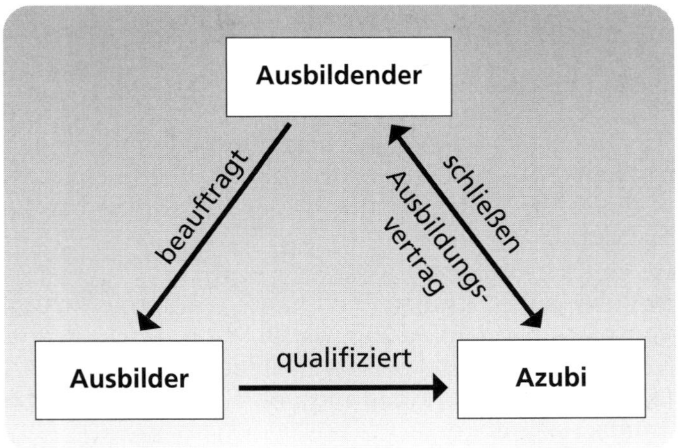

Ausbildender
Der Ausbildende stellt einen anderen zur Berufsausbildung ein.
Einstellen darf, wer die persönliche Eignung besitzt (nach § 29 BBiG und § 25 JuArbSchG). In der Regel ist als Ausbildender die Person anzusehen, die den Berufsausbildungsvertrag mit dem Auszubildenden abschließt (z. B. der Betriebsinhaber, der Ausbildungsleiter, der Personalleiter). Rechtlich kann also auch jede juristische Person Ausbildender sein, sofern sie für die fachliche Voraussetzung einen geeigneten Ausbilder beauftragt.

Ausbilder
Vom Ausbildenden zu unterscheiden ist derjenige, der die Ausbildung durchführt. Das kann der Ausbildende selbst oder ein von ihm beauftragter Ausbilder sein. Dieser übernimmt die vertraglichen Ausbildungspflichten. Die Verantwortung für die ordnungsgemäße Durchführung der Ausbildung verbleibt jedoch beim Ausbildenden.
Ein Ausbilder hat nach § 29 BBiG folgende Eignungen zu erfüllen und nachzuweisen:

1. **Persönliche Eignung** (§ 30 BBiG)
Diese ist als gegeben anzusehen, wenn keine
- charakterliche Gefährdung von jugendlichen Azubis zu erwarten ist;
- sittliche Gefährdung zu erwarten ist;
- körperliche oder sonstige Gefährdung zu erwarten ist;
- wiederholten oder schweren Verstöße gegen das BBiG vorliegen.

2. **Fachliche Eignung** (§ 30 BBiG)
Hierfür sind
- berufliche Fertigkeiten und Kenntnisse sowie
- berufs- und arbeitspädagogische Fähigkeiten, z. B. gemäß Ausbilder-Eignungs-Verordnung (AEVO), nachzuweisen.

Dieser Nachweis erfolgt meist durch die Meisterprüfung oder durch die Zeugnisse der Technikerschulen, Fachakademien oder höheren Fachschulen und durch die BAP-Prüfung oder AdA-Prüfung (= Ausbildung der Ausbilder).

Mitausbildende Fachkraft
Hiermit ist die Person gemeint, die am Arbeitsplatz den Azubis die beruflichen Fertigkeiten vermittelt. Hierfür ist eine normale Fachausbildung ausreichend, da den pädagogischen Aufbau und die Strukturierung der Ausbildung durch die Ausbilder erfolgt.

Auszubildende = Azubis
Personen, denen in Ausbildungsbetrieben berufliche Handlungsfähigkeit – nach einer Ausbildungsordnung – vermittelt wird. Die erworbenen Fähigkeiten müssen in einer Abschlussprüfung vor der zuständigen Stelle nachgewiesen werden.

Deshalb gelten Schüler, Praktikanten, Anlernlinge und Volontäre nicht als Azubis, da sie keine Abschlussprüfung vor der zuständigen Stelle ablegen. Umschüler erfahren keine Erstausbildung und sind deshalb keine Azubis.
Azubis sind zu Beginn der Ausbildung oft noch jugendlich; es gibt aber keine Altersbeschränkungen für die Teilnahme an einer Ausbildung.

1.1 Gründe für betriebliche Ausbildung kennen

1.1.1 Ziele der Ausbildung aus betrieblicher Sicht

- Bedeutung der Qualifikation steigt
- Schlüssel zu beruflichem Erfolg und technischem Fortschritt
- Voraussetzung für gute Qualität des Betriebes, der produzierten Ware, der abgegebenen Leistung
- Bedingungen während der Ausbildung entsprechen dem beruflichen Alltag
- Eine sinnvolle Personalplanung berücksichtigt den Personalbedarf durch Fluktuation und Ausscheiden aus Altersgründen. Durch gezielte Ausbildung können hier Lücken vermieden bzw. schnell wieder geschlossen werden
- Immer stärker steigende Kosten für die Suche nach engagierten und qualifizierten Mitarbeitern, sowie Zeit und Kosten für Anlernen und Einarbeiten können eingespart werdenImagegewinn für den Betrieb
- geringere Fluktuation
- Bereicherung der Ausbildung durch die Tätigkeit in den betrieblichen Arbeitsprozessen
- Entfaltung von individuellen Begabungen
- Möglichkeit, Menschen zu formen – auf das Berufsleben vorzubereiten
- Praxisnähe
  - Effektives Arbeiten
  - Selbstständigkeit
  - Verantwortungsbewusstsein
  - Teamfähigkeit
  - Eingehen auf Kundenwünsche
  - Flexibilität in der Arbeit

  } **Besondere Motivation**

1.1.2 Ziele der Ausbildung aus gesellschaftlicher Sicht

- Steht grundsätzlich jedem offen – ohne besondere Zugangsvoraussetzungen
- Ausbildung ist Teil des freiheitlichen Wirtschaftssystems
- Chance für „intelligente Hände", nicht nur „Köpfe"
- Geringe Jugendarbeitslosigkeit (Deutschland: 9,7 %; Italien, Griechenland, Spanien: 25 %; Frankreich, Finnland: 21 % – Stand 2002)
- Realistische Ziele für junge Menschen
- Schaffung von Zukunftsperspektiven für junge Menschen (Ideen der eigenen beruflichen Entwicklung entstehen)
- Junge Menschen, die Arbeit haben, stärken und stützen die Gesellschaft. Arbeitslose Jugendliche dagegen neigen zu Kriminalität und zur Unruhestiftung
- Vermeidung von unnötiger Ausbildung ohne spätere Arbeitsplätze
- Lange Tradition ⟶ Verantwortung der Betriebe für die Zukunftschancen der nächsten Generation

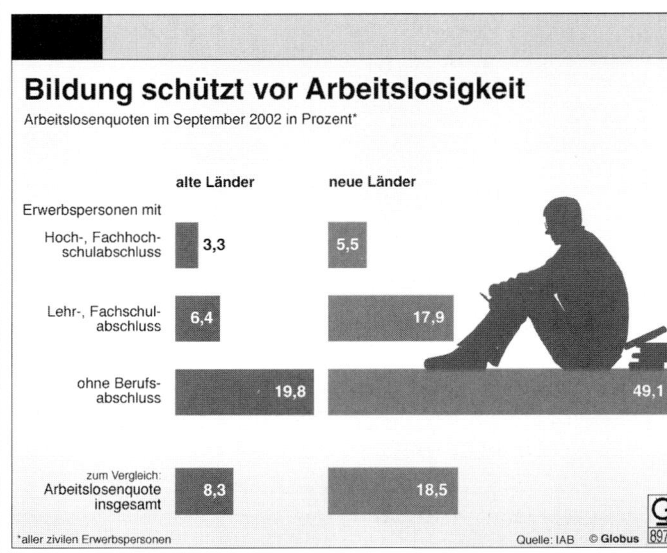

1.1.3 Nachteile betrieblicher Ausbildung

- Ausbildungsprobleme durch:
  - Verhaltensauffälligkeiten der Jugendlichen insbesondere im Umgang mit Kunden/Gästen
  - Leistungsschwächen der Jugendlichen
- Einzelbetriebliche Entscheidungen bedingen evtl. Ungleichgewicht zwischen Fachkräftebedarf und ausgebildeten Kräften
- Jugendliche brechen Ausbildung ab – hohe Kosten entstehen
- gute Qualität der Ausbildung bedingt evtl. Fluktuation in andere Betriebe oder führt zu Fort- und Weiterbildungen
- bei starken Spezialisierungen oder Vergabe von Aufgabenbereichen können oft nicht alle zusätzlich geforderten Ausbildungsinhalte vermittelt werden
- die Auftragslage kann die Lerninhalte beeinflussen

1.1.4 Wer trägt die Kosten der betrieblichen Ausbildung?

Kosten der Ausbildung

- **Öffentliche Hand 20 %**
  - **Berufsschulbetrieb**
    - Schulpersonalkosten
    - Unterhaltung und Bereitstellungskosten der Räumlichkeiten
    - Lehr- und Lernmittel
- **Betrieb 80 %**
  - **Personalkosten**
    - **Ausbilder**
      - Vergütungen
      - Sozialleistungen
    - **Azubis**
      - Vergütungen
      - Sozialleistungen
  - **Anlage- und Sachkosten**
    - Arbeitsplatz für Ausbilder und Azubi
    - Werkzeuge
    - Arbeitsmaterial
    - Schulungsräume
    - Energie- und Materialkosten
    - Übungsmittel
  - **Sonstige Kosten**
    - Lehrmaterial
    - Gebühren für Eintragungen, Prüfungen, …
    - Berufs- und Schutzkleidung
    - Kosten für externe Lehrgänge
    - Verwaltungskosten
    - sonstige Instandhaltungs-, Reinigungs- und Personalkosten

AUFGABEN

1. a) Finden Sie aktuelle Zahlen über die Kosten der Berufsausbildung in Deutschland, z. B. im Internet, beim Statistischen Bundesamt oder dem Institut der Deutschen Wirtschaft „iwd".
   b) Diskutieren Sie im Kollegenkreis, ob Berufsausbildung Ihrer Meinung nach heutzutage noch sinnvoll und rentabel ist.

2. Situation: In einem Jugenderholungsheim geht es bei einer Besprechung um die Ausbildung. Zurzeit gibt es im Haus sechs Azubis in verschiedenen Berufen. Es soll darüber befunden werden, ob noch mehr Azubis aufgenommen werden können.
   a) Es stellt sich die Frage nach den Kosten und welche Vorteile die Ausbildung mit sich bringt. Sie setzen sich sehr für die Ausbildung im Betrieb ein. Finden Sie für Ihren Betrieb maßgebliche Kostenstellen, die eine Azubi verursacht. Stellen Sie diesen Kosten die produktiven Leistungen der jugendlichen Azubi gegenüber.
   b) Ein Mitarbeiter meint, dass es Schwierigkeiten mit den einzelnen Fachkräften geben könnte. Ihm seien folgende Vorbehalte zu Ohren gekommen:
   - „Ausbildung ist zeitaufwändig, aber Zeit haben wir nie übrig!"
   - „Zusatzarbeit wird nicht bezahlt – warum also sich engagieren?"
   - „Hauswirtschaft könnten die Azubis doch auch an der BFS lernen. Warum sich dann mit schwierigen Jugendlichen herumärgern?"

   Was antworten Sie darauf? Bringen Sie gute Gegenargumente.

3. Situation: Der Verwaltungsrat Ihres Seniorenheimes hat entschieden, dass in Ihrem Haus, nach mehrjähriger Pause, ab diesem Jahr wieder zwei Azubis in der Hauswirtschaft ausgebildet werden sollen.
   Sie, als Vorgesetzte des hauswirtschaflichen Bereiches, wurden beauftragt die Ausbildung zu organisieren, rechtliche Voraussetzungen zu klären und die Mitarbeiter zu informieren. Dabei liegt Ihr Schwerpunkt auf der Motivation der Mitarbeiter, die Azubis betreuen sollen.
   Erstellen Sie ein Konzept, für eine Informationsveranstaltung Ihrer Mitarbeiter, mit schlagkräftigen Argumenten für die Unterstützung der Ausbildung.
   Berücksichtigen Sie dabei folgende Stichpunkte:
   - Lage des Heimes in sozial kritischem Wohngebiet
   - Gesellschaftliche Verantwortung eines Arbeitgebers
   - Vorteile einer Ausbildung am Arbeitsplatz
   - Kontakt der älteren Bewohner mit jungen Menschen und umgekehrt

Antworten Sie grundsätzlich in ganzen Sätzen.

1.2 Einflussgrößen auf die Ausbildung kennen

Verschiedene Einflussgrößen im Überblick

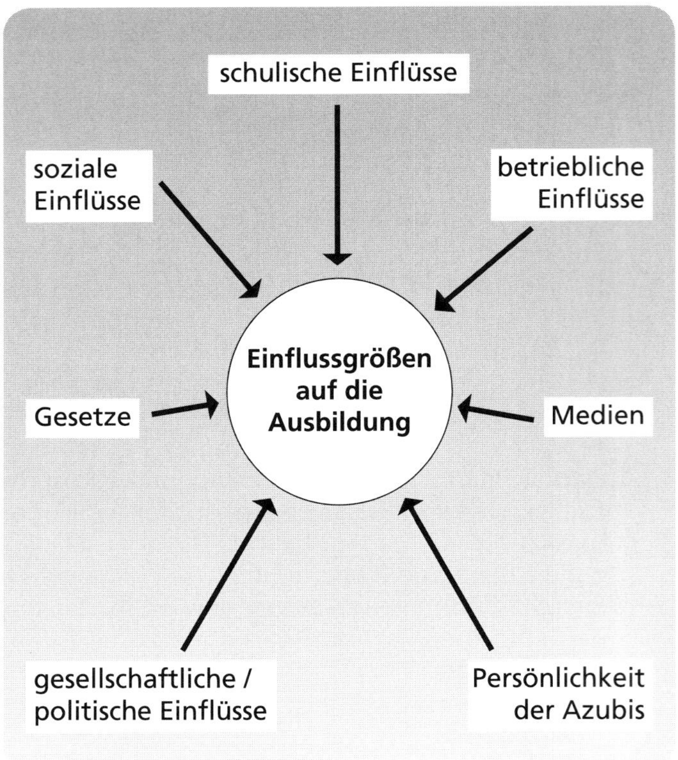

AUFGABE

Finden Sie zu jeder Einflussgröße in der oben dargestellten Grafik verschiedene Beispiele.

1.2.1 Gesellschaftliche und betriebliche Einflüsse und Erwartungen

■ Berufsverständnis im Allgemeinen

Beruf

Früher gab es keine große Wahl, der Sohn erlernte den Beruf des Vaters und identifizierte sich mit dem Tun schon von Kindesbeinen an, für die Frauen gab es sowieso keine große Auswahl, sie wurden Mutter/Hausfrau oder Klosterfrau.

Heute gibt es je nach Begabung/Neigung/Interesse eine entsprechende Auswahl an möglichen Berufen. Leider kann aufgrund der Arbeitsmarktsituation trotzdem nicht jeder den Beruf ergreifen, der am geeignetsten wäre.

Deshalb unterscheiden wir zwischen **Beruf** und **Job.**

„Beruf":

- durch Erziehung und Kultur auch eine innere Beziehung zu dem, was man tut – Identifikation
- Persönlichkeitsentfaltung und Selbstverwirklichung unter Berücksichtigung der individuellen Neigungen und Begabungen – sinnerfüllende innere Bindung
- dient heute auch zur materiellen Bedürfnisbefriedigung im Gegensatz zum **Hobby**, das nur dem Vergnügen/Spaß dient

„Job" = Arbeit nicht auf Dauer, ohne persönlichen Bezug/Identifikation, lt. Fremdwörterbuch von Duden: Gelegenheitsarbeit, vorübergehende einträgliche Beschäftigung, Verdienstmöglichkeit

Kriterien, die Unterschiede in den vielfältigen Berufen deutlich machen:

- die Arbeitsaufgaben, die zu bewältigen sind
- Charaktereigenschaften, Neigungen, Begabungen, die förderlich sind
- die Schlüsselqualifikationen, die nötig sind
- die Ausbildungen/Schulungen, die nachgewiesen werden müssen
- das Ansehen/die Anerkennung durch die Gesellschaft
- die Höhe des Lohnes
- die Berufsbezeichnung

■ Soziale Bedeutung des Berufes

- Statussymbol – Rangordnung in den sozialen Schichten
- schnelle Ersteinschätzung bei Gesprächen

↓

Existenz **ohne** berufliche Dimension = minderwertig (z. B. Mutter, Hilfsarbeiter)

↓

demoralisierende Wirkung der Arbeitslosigkeit

↓

Berufsausbildung genießt hohes Ansehen

Dadurch orientieren sich Berufswahlentscheidungen oft an der sozialen Bewertung der Berufe.

- Selbstverwirklichung/Persönlichkeitsentfaltung werden im Beruf gesucht
- Beruflicher Aufstieg ist abhängig von beruflicher Qualifikation, d. h., Zugang zu Führungspositionen ist nur möglich bei Vorliegen bestimmter Weiterbildungsabschlüsse
- Soziale Absicherung bietet größeren Schutz vor Arbeitsplatzverlust bei konjunkturellen Krisen
- Einstieg ins Berufsleben → mehr Unabhängigkeit des jungen Menschen

■ Betriebliche Bedingungen und Einflüsse

Eine gute Ausbildung zahlt sich aus (vgl. 1.1.1). Doch gerade aus diesem Grund werden an Ausbilder recht hohe Erwartungen gerichtet.

Erwartungen an Ausbilder durch:
- Betrieb
- Fachabteilungen
- Mitarbeiter/Azubis
- Personalabteilung

Ausbilder sollen:
- produktive Leistungen mit Azubis erbringen
- gut auf die Prüfung vorbereiten
- Kosten der Ausbildung senken
- selbstständig arbeitende und mitdenkende Mitarbeiter heranbilden
- die Azubis an die betrieblichen Strukturen anpassen

Wie sollten Ausbilder auf diese Erwartungen reagieren?
Durch engagierte Arbeit und selbstbewusste Ausfüllung der eigenen Position mit:
- eigenen Fort- und Weiterbildungen, um stets auf aktuellstem Informationsstand zu sein
- intensiver Nutzung der vorhandenen Ausbildungsmittel und Beschaffung von neuen, aktuellen Ausbildungsmitteln
- Forderung von guter personeller Ausstattung des Ausbildungsbereiches/Arbeitsentlastung von mitausbildenden Fachkräften, um ihnen Zeit für die Ausbildungstätigkeit zu geben
- kooperativer Zusammenarbeit mit den Fachabteilungen
- Verbündeten im Betrieb
- regelmäßigen Präsentationen der Leistungen der Azubis
- einer sorgfältig geplanten und gut strukturierten Ausbildungsplanung (vgl. 2.5, 4.1, 4.2)
- gut geplanten und gründlich vorbereiteten Ausbildungseinheiten (vgl. 4.3 – 4.5)
- regelmäßigen und gezielten Lernerfolgskontrollen (vgl. 4.6)
- ...

AUFGABE

Erstellen Sie einen Vergleich zwischen einem 19-jährigen Facharbeiter und einem 19-jährigen Abiturienten, der noch sechs Jahre Studium vor sich hat. Berücksichtigen Sie dabei Verdienst, soziale Absicherung, Status in der Gesellschaft.

1.2.2 Prinzipien des dualen Systems der beruflichen Bildung (BBiG)

Das duale System als Bindeglied zwischen Schule und Berufswelt

Verbindung von Schule und Beruf
Ca. 65 % eines Altersjahrgangs nutzen das duale System für den Berufseinstieg.

Schule
- bekannte Lernformen
- leichtere Vermittlung der Theorie
- bekannte Verhaltensmuster

Betrieb
- praxisnahe berufliche Kenntnisse
- neue soziale Erfahrungen
- mehr Übungsmöglichkeiten
- neue Lernformen

→ **leichterer Einstieg ins Berufsleben**

In Deutschland wird die Grundbildung zunächst im schulischen Bereich vermittelt – Vollzeitschulpflicht 9 Jahre (Berlin und NRW 10 Jahre) + 3 Jahre Teilzeitschulpflicht. Die berufliche Bildung schließt sich an die Vollzeitschule an. Grundsätzlich ist unser Bildungssystem als **„durchlässig"** zu bezeichnen, d. h., höhere Bildungsabschlüsse, die Voraussetzung für weitere Qualifikationen sind, können später noch nachgeholt werden, z. B. an berufsbildenden Schulen oder in Abend- oder Fernlehrgängen.

Einordnung des dualen Systems in das Bildungssystem Deutschlands

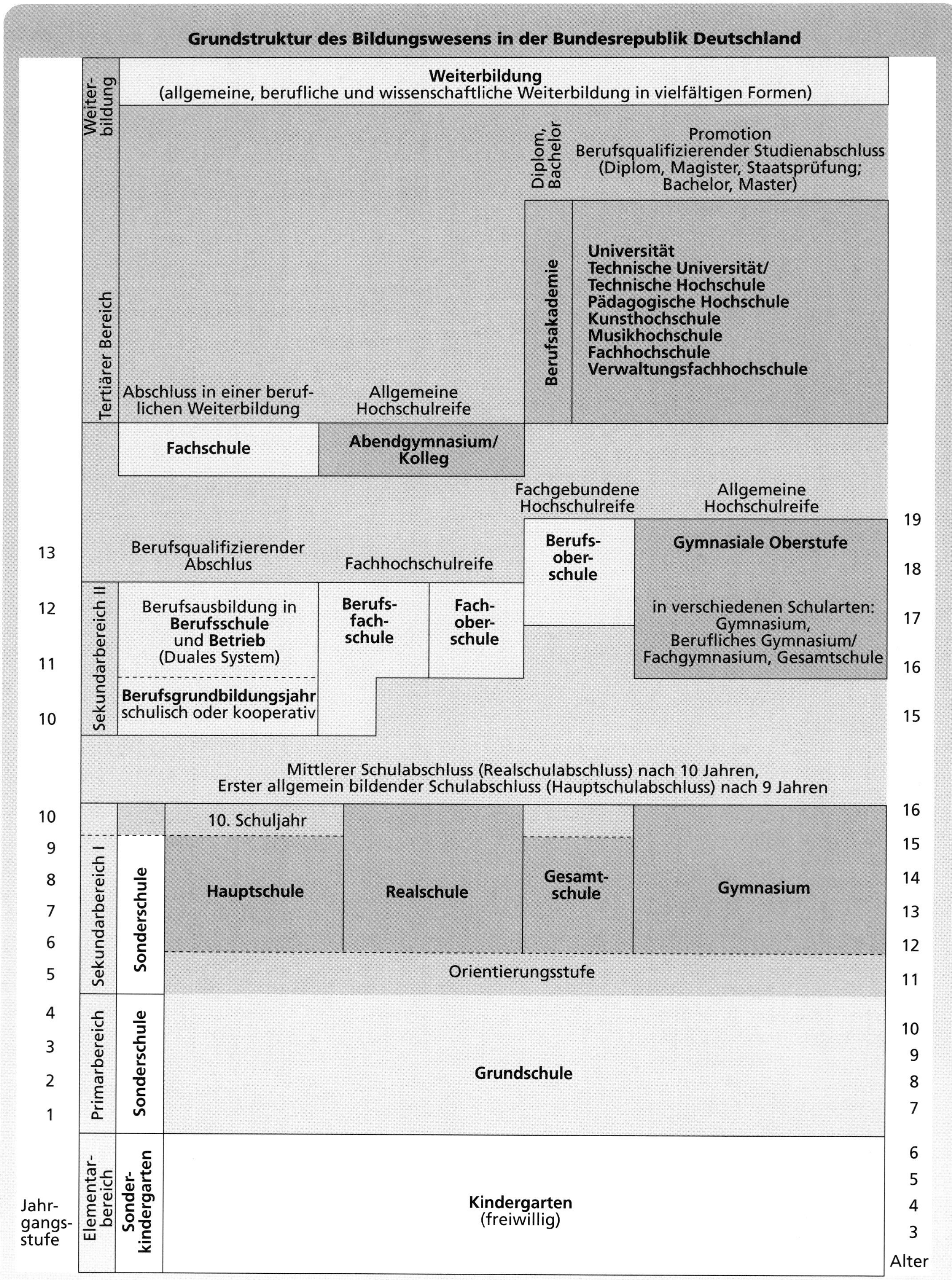

Schematisierte Darstellung. In einzelnen Ländern bestehen Abweichungen. Durchlässigkeit zwischen den Schulformen ist bei Erfüllung bestimmter Voraussetzungen grundsätzlich gewährleistet.
Vollzeitschulpflicht 9 Jahre (in Berlin und NRW 10 Jahre), Teilzeitschulpflicht 3 Jahre.

Aufgaben der dualen Partner

Betrieb:

Praxisnahe Berufsausbildung
- am Arbeitsplatz
- in Ausbildungsräumen

Anlernung/Einarbeitung mit realistischen/praxisrelevanten Arbeitsaufgaben
Einübung von Arbeitstempo gerade auch bei Arbeitsspitzen
Umsichtiges, vernetzt denkendes Arbeiten
Soziales Verhalten im Kollegenkreis
Erkennen der Notwendigkeit von Weiterbildungen (Anpassung an neue technische/organisatorische Anforderungen)

Berufsschule:

Fachtheoretische Lerninhalte vermitteln
Fachpraktische Grundtechniken vorstellen
Allgemein bildende und gesellschaftspolitische Fächer unterrichten
Förderung von Meinungsbildung und Standpunktvertretung

Rahmenbedingungen der dualen Partner

Betrieb:

Im Betrieb unterliegt die Ausbildung vielfältigsten Einflussgrößen wie:
- der Art der produzierten Waren bzw. Dienstleistungen
- der Größe und Struktur des Betriebes
- den technischen Möglichkeiten und der vorhandenen Ausstattung
- dem Engagement und der Persönlichkeit der Ausbilder
- der Außenvergabe einzelner Ausbildungsbereiche

Berufsschule:
- **Möglichkeiten der Beschulung**
  - Teilzeitschule:
    1 x wöchentlich bis zu 8 Stunden
    2 x wöchentlich mit insgesamt 12 Stunden
    Blockschulunterricht von mehreren Wochen Dauer
  - Berufsschulen sind nach Fachrichtungen gegliedert (Gewerblich-technische BS, Kaufmännische BS, Bergberufsschule, Gewerblich-landwirtschaftliche BS).
  - Je nach Beruf können Fachklassen, Fachgruppenklassen oder Bezirksfachklassen gebildet werden.

Gleichwertigkeit beruflicher und allgemeiner Bildung

Chancengleichheit

Dieser Begriff beinhaltet die Forderung nach gleichen Bedingungen für alle Personen in Bezug auf die Ausbildung und den sozialen Aufstieg ohne Ansehen der Herkunft bzw. der materiellen Voraussetzungen.
- Unter **formeller Chancengleichheit** versteht man das in der Verfassung verankerte Recht auf Zugang zu allen öffentlichen Bildungseinrichtungen für jedermann.
- Um dieses Recht auch in der Praxis umsetzen zu können, wurden die Gebührenfreiheit für öffentliche Schulen und die Lernmittelfreiheit eingeführt. Dies soll neben der formellen Chancengleichheit auch eine **materielle Chancengleichheit** bewirken. So sollen auch finanziell schwächer Gestellte die gleichen Lernbedingungen erhalten.

In den Prüfungen bedeutet Chancengleichheit vor allem, dass gleiche Voraussetzungen, Anforderungen und Prüfungsbedingungen für alle Teilnehmer gegeben sind.

Durchlässigkeit

Je höher der allgemeine Bildungsabschluss, umso größer ist die Möglichkeit, zwischen verschiedenen Berufen zu wählen.
Auch mit Abitur kann eine Ausbildung im dualen System abgelegt werden: ⟶ immer größere Tendenz zu mehr Allgemeinbildung.
Aber auch mit steigender fachlicher Qualifikation ist später ein Erreichen höherer allgemeiner Bildungsabschlüsse möglich. Diese Möglichkeiten des Bildungssystems bezeichnet man als **Durchlässigkeit.**

1.2.3 Spannungsfeld zwischen Angebot und Nachfrage im Ausbildungssystem

Angebot von Ausbildungsplätzen	**Nachfrage von Ausbildungsplätzen**
Fachkräftebedarf	Ansehen der Branche/des Berufes
Altersstruktur der vorhandenen Kräfte	Arbeitsmarktchancen
Ausbildungsmöglichkeiten	Verdienst-/Aufstiegsmöglichkeiten
Produktionsumfang und -verfahren	Vorbilder in Familie/Freundeskreis
Konjunktur	Lenkung durch Schule, demographische Entwicklung
Vorbildung	

Möglichkeiten des Ausgleichs

bei:
- **Mangel an Ausbildungsplätzen**
  Bereitschaft von Betrieben, über den Bedarf hinaus auszubilden
  außerbetriebliche Ausbildung, ggf. Ausweichen auf rein schulische Ausbildung
- **Mangel an Bewerbern**
  verstärkte Werbung der Betriebe
- **regionalen Unterschieden**
  überregionale Vermittlung von Ausbildungsplätzen
  Mobilitätshilfen

- **strukturellen Angebots-/Nachfrageunterschieden** durch unterschiedliches Ansehen:
  bessere Information
  ausführlichere Berufsberatung
  bessere Berufsvorbereitung
- **mangelnder Qualifikation**
  ausbildungsbegleitende Hilfen
  Schaffung begabungsgerechter Berufe

AUFGABE

Situation: In einer Diskussionsrunde werden die verschiedenen Wege zum Beruf angesprochen.

a) Erklären Sie ausführlich den Begriff „duales System" und legen Sie den anderen Gesprächspartnern die Vorteile dieses Ausbildungssystems dar.

b) Beurteilen Sie die bundeseinheitlichen Ausbildungsordnungen für alle Ausbildungsberufe in Deutschland. Seien Sie dabei sehr kritisch und zeigen Sie deutlich auch die Schwachstellen einer solchen einheitlichen Verordnung auf.

c) Was versteht man unter den Begriffen „Durchlässigkeit" und „Chancengleichheit" in Bezug auf unser Schulsystem? Beurteilen Sie die Ziele, die sich hinter diesen Begriffen verbergen.

1.3 Rechtliche Rahmenbedingungen der Ausbildung kennen

Die Berufsausbildung ist durch zahlreiche Gesetze geregelt und organisiert. Ziele dieser vielseitigen Regelungen sind zum Einen der Schutz der arbeitenden Menschen vor gesundheitlicher Gefährdung, aber auch vor Ausbeutung, zum Anderen die einheitliche Gestaltung und die Vergleichbarkeit von abgeschlossenen Ausbildungen aus verschiedenen Betrieben oder Bundesländern.
Im Folgenden werden nun die wichtigsten Gesetze und Verordnungen für die Durchführung der Berufsausbildung mit ihren wichtigsten §§ genannt.
Alle Gesetzestexte in der aktuellsten Version sind im Internet oder direkt bei den zuständigen Ministerien erhältlich. Jeder der mit der Ausbildung betraut ist sollte sich die entsprechenden Gesetze zulegen, um sich bei auftretenden Unsicherheiten schnell Gewissheit verschaffen zu können.

Die Hierarchie der Gesetzgebung:
Das oberste Gesetz ist das Grundgesetz der Bundesrepublik Deutschland. Alle weiteren Gesetze werden ungültig, wenn sie mit dem Grundgesetz kollidieren.
Gesetze (Bsp. BBiG, JuArbSchG, MuSchG, ...) werden durch die Regierung erlassen, nach Maßgabe dieser Gesetze werden dann von den ausführenden Organen (Länderregierungen, ausführende Behörden ...) Rechtsverordnungen (Bsp. Ausbildungsordnungen, Ausbildereignungsverordnung, ...) und Satzungen (Bsp. Prüfungsordnungen, ...) erlassen. Hierbei gilt Bundesrecht sticht Länderrecht.

Hierarchie des Rechts
Unter dem Mantel der Verfassung – des Grundgesetzes –, mit dem sämtliche rechtlichen Regelungen übereinstimmen müssen, bestehen folgende Rechtsquellen:

- förmliche – stets durch ein Parlament (Legislative) zu beschließende – Gesetze
- Rechtsverordnungen, die von der Verwaltung (Exekutive) erlassen werden, und stets auf einem wirksamen förmlichen Gesetz beruhen müssen (z. B. Ausbildungsordnung)
- Satzungen, die ebenfalls aufgrund eines förmlichen Gesetzes von Körperschaften des Öffentlichen Rechts erlassen werden (z. B. Prüfungsordnung)
- Rechtsprechung, insbesondere höchstrichterliche Entscheidungen (z. B. Urteile des Bundesarbeitsgerichts zu Fragen von grundsätzlicher Bedeutung
- Vereinbarungen zwischen gleichgeordneten Partnern, insbesondere Verträge (z. B. Berufsausbildungsvertrag)
- spezielle berufsbildungsrechtliche Vorgaben
- arbeits- und sozialrechtliche Vorschriften
- schulrechtliche Vorschriften

1.3.1 Berufsbildungsgesetz = BBiG

Das BBiG ist das wichtigste Gesetz für die Durchführung der Berufsausbildung. Jedem Ausbilder sollte der Inhalt dieses Gesetzes vertraut sein, deshalb wird hier auf das Hervorheben einzelner §§ verzichtet und nur eine grobe Übersicht über die Anwendungsbereiche gegeben.
Empfehlenswert ist die Broschüre „Ausbildung und Beruf" der Bundesministerien für ‚Bildung und Forschung' und ‚Wirtschaft und Arbeit', die die wichtigsten Gesetzestexte und deren Auslegung sowie die Adressen der zuständigen Stellen beinhaltet. Erhältlich im Internet oder direkt bei den Ministerien.

■ Anwendungsbereiche

Berufsausbildung

- breite Grundbildung
- fachliche Fertigkeiten und Kenntnisse
- Berufserfahrung
- charakterliche Förderung
- Schutz vor körperlicher und sittlicher Gefährdung

Berufliche Weiterbildung / Fortbildung

- Fertigkeiten und Kenntnisse anpassen
- Fertigkeiten und Kenntnisse erweitern

Berufliche Umschulung

- aus technischen/wirtschaftlichen Gründen wird der Beruf nicht mehr benötigt
- gesundheitliche Gründe
- sonstige Gründe

Regelungsbereiche

Privatrechtlicher Teil
Beziehung zwischen Ausbilder und Azubi

Öffentlich rechtlicher Teil
- Ordnung der Berufsausbildung
- Prüfungswesen
- Aufgaben und Rechtsbeziehungen der beteiligten Institutionen

1.3.2 Ausbildungsordnungen / § 5 BBiG

Grund:
Eine zu spezialisierte, betriebsgebundene Ausbildung bedeutet eine mangelnde Übertragbarkeit auf andere Betriebe.
Bundeseinheitliche Verordnungen über Umfang und Tiefe der Ausbildungsinhalte = **Mindestanforderungen** ermöglichen eine größere Mobilität und Flexibilität der Fachkräfte.

Entstehung und Inhalt der Ausbildungsordnungen = AO (s)

= Rechtsverordnung des Bundes
zuständig: Fachminister **und** Minister für Arbeit und Soziales. (Die Hauswirtschaft ist dem Landwirtschaftsministerium zugeordnet.)

Inhalt:
- Staatliche Anerkennung des Ausbildungsberufes mit genauer Berufsbezeichnung, § 1
- Ausbildungsdauer, § 2
- Ausbildungsberufsbild (Fertigkeiten + Kenntnisse), § 4
- Ausbildungsrahmenplan (sachliche und zeitliche Gliederung der Fertigkeiten und Kenntnisse), § 5
- Prüfungsanforderungen, §§ 8, 9

Funktion der Ausbildungsordnung:
- bundesweit vergleichbare Basis für die Berufsausbildung eines Berufes
- rechtsverbindliche Grundlage für die betriebliche Ausbildung
- Grundlage für die Erstellung des betrieblichen Ausbildungsplanes (vgl. 2.5.)
- Maßstab für die Abnahme der Prüfungen
- Kontrollmittel für die Vollständigkeit der betrieblichen Ausbildung
- ermöglicht die Überprüfung der Realitätsnähe der Ausbildungsinhalte bezüglich technischer, wirtschaftlicher und gesellschaftlicher Entwicklungen

Entstehung:
Die **zuständigen Stellen** haben für die Regelung von Angelegenheiten der beruflichen Bildung in ihrem Einflussbereich **Satzungen** (Rechtsvorschriften) zu **erlassen.** Der rechtsverbindliche Beschluss solcher Rechtsvorschriften kann aber nach Maßgabe des Berufsbildungsgesetzes nicht von den Verwaltungsorganen der zuständigen Stellen erfolgen. Für den Beschluss solcher Rechtsvorschriften ist ein **sachverständiges Gremium** zuständig. Diesem Gremium gehören Vertreter der Arbeitgeber, Arbeitnehmer und Lehrkräfte der berufsbildenden Schulen an.
Leider ist der Entstehungsprozess sehr zeitraubend, arbeits- und kostenintensiv, sodass in vielen Bereichen veraltete Ausbildungsordnungen bestehen, die an den Bedürfnissen der Wirtschaft vorbeigehen.

Einfluss der AO auf betriebliche Ausbildungsentscheidungen

Großer Unterschied zwischen betrieblichen Bedürfnissen und der Ausbildungsordnung bedeutet wenig Ausbildungsbereitschaft in den Betrieben.
- Ausbildungsordnungen müssen alle Wirtschafts- und Einsatzbereiche von Fachkräften berücksichtigen.
- AO-Inhalte müssen aktuellen Anforderungen entsprechen – müssen regelmäßig angepasst werden.
- AO-Vorgaben müssen in unterschiedlichen Betrieben umsetzbar sein.

Seit Mitte der 90er-Jahre Modernisierung der Ausbildungsordnungen ⟶ Belebung des Ausbildungsstellenmarktes.
Je höher und schwieriger jedoch die Bedingungen und die Voraussetzungen für die Ausbildung sind, umso geringer ist die Ausbildungsbereitschaft der Betriebe.

1.3.3 Jugendarbeitsschutzgesetz

Das Jugendarbeitsschutzgesetz betrifft in ganz besonderem Maße die Ausbildung, da zumeist Jugendliche die Ausbildung beginnen und der Gesetzgeber hier auf besonderen Schutz achtet.
Deshalb ist dieses Gesetz auch der Broschüre „Ausbildung und Beruf" angehängt.

Ziel: Es soll die Gesundheit, die Arbeitskraft und die Leistungsfähigkeit der Jugendlichen schützen.

Wichtige §§ für die Berufsausbildung
- § 1 Geltungsbereich
- § 8 Dauer der Arbeitszeit und § 12 Schichtzeit
- § 9 Berufsschule
- § 10 Prüfungen und außerbetriebliche Ausbildungsmaßnahmen
- § 11 Ruhepausen, Aufenthaltsräume
- § 15 Fünf-Tage-Woche
- §§ 16–18 Samstags-, Sonntags- und Feiertagsruhe
- § 19 Urlaub
- § 21 Ausnahmen in besonderen Fällen, § 21a Abweichende Regelungen, § 21b Ermächtigung
- §§ 32–46 Gesundheitliche Betreuung (Erstuntersuchung, Nachuntersuchung ...)
- §§ 28–31 Sonstige Pflichten des Arbeitgebers

Verstöße gegen das Jugendarbeitsschutzgesetz können Ordnungswidrigkeiten oder gar strafbare Handlungen sein und entsprechend geahndet werden.

1.3.4 Mutterschutzgesetz

Da in der Hauswirtschaft besonders viele Frauen beschäftigt sind, ist auch dieses Gesetz relevant für die Berufsausbildung.

Ziele:
Gesetz zum Schutze der erwerbstätigen Mutter

Wichtige §§ für die Berufsausbildung
Für die Berufsausbildung sind wesentlich:
§ 2 Gestaltung des Arbeitsplatzes
§ 3 Beschäftigungsverbote für werdende Mütter
§ 4 weitere Beschäftigungsverbote
§ 5 Mitteilungspflicht, ärztliches Attest
§ 6 Beschäftigungsverbote nach der Entbindung
§ 7 Stillzeit
§ 8 Mehrarbeit, Nacht- und Sonntagsarbeit
§ 9 Kündigungsverbot

1.3.5 Betriebsverfassungsgesetz

Ziele:
Das Betriebsverfassungsgesetz regelt die Mitwirkung der Arbeitnehmer im Betrieb über den Betriebsrat sowie die Jugend- und Auszubildendenvertretung.

Wichtige §§ für die Berufsausbildung

§§ 60–71	Jugend- und Auszubildendenvertretung
§§ 81–85	Mitwirkungs- und Beschwerderecht des Arbeitnehmers
§ 96–98	Berufsbildung
§ 99	Mitbestimmung bei personellenEinzelmaßnahmen
§ 102	Mitbestimmung bei Kündigungen

1.3.6 Weitere rechtliche Grundlagen

- Bürgerliches Recht
- Arbeitszeitgesetz
- Beschäftigungsförderungsgesetz
- Tarifvertragsgesetz
- Unfallverhütungsvorschriften
- Schulgesetze der Länder

AUFGABEN

Arbeit mit den Gesetzestexten:

1. a) Was sagt das BBiG über den Beginn und die Beendigung des Ausbildungsverhältnisses aus und wie wird die Eignung eines Betriebes zum Ausbilden festgestellt?
   b) Wie viele Jugendliche welchen Alters sind notwendig, um eine Jugendvertretung wählen zu können? Wie viele Vertreter sind zu wählen?
   c) Begründen Sie, warum es sinnvoll ist, die Zahl der Vertreter von der Zahl der Fachkräfte des Betriebes abhängig zu machen.
2. Situation: Sie haben in Ihrem Betrieb fünf Lehrlinge aus den verschiedenen Lehrjahren. Die zwei neuen Azubis fragen schon nach kurzer Zeit nach ihren verschiedenen Rechten in der Ausbildung. Da es auch mit den drei weiteren Azubis häufiger Probleme gibt, weil sie sehr auf ihren Rechten bestehen, von ihren Pflichten aber nicht so sehr viel zu wissen scheinen, entschließen Sie sich als Ausbilderin, eine gesonderte Unterrichtseinheit „Die Rechte und Pflichten von Azubis und Ausbildenden" zu gestalten.
   a) Welche Gesetze / §§ benutzen Sie für Ihre Vorbereitung?
   b) Stellen Sie die Pflichten der Ausbildenden denen der Azubis gegenüber.
   c) Finden Sie die Rechte der Azubis, die sich aus b) ergeben, heraus.
   d) Welche weiteren Gesetze bzw. Unterlagen beinhalten Rechte der Azubis?
3. Situation: Ihr Betrieb will eine Festlichkeit ausrichten, an der auch ihre drei Azubis (Alter 16,17,18 Jahre) mitarbeiten sollen. Es ist absehbar, dass die Festlichkeit nicht vor 22.30 Uhr endet.
   a) Was müssen Sie in Bezug auf die Arbeitszeit der Azubis beachten?
   b) Welche Gesetze/§§ geben Aufschluss über Ihre Pflichten als Ausbilderin in diesem Fall?
   c) Sind alle Ihre Azubis betroffen?
   d) Wie organisieren Sie die Arbeitszeiten der Azubis? Stellen Sie einen Arbeitszeitplan auf, auch unter Berücksichtigung der vorgeschriebenen Pausenzeiten.
   e) Wann dürfen die Jugendlichen am nächsten Tag frühestens wieder mit der Arbeit beginnen?
4. Situation: Ihr Betrieb hat sich erstmalig dafür entschieden, Azubis auszubilden. Sie sind von Ihrem Chef aufgefordert worden, alles vorzubereiten, um eine Ausbildungsgenehmigung für den Betrieb zu erlangen.
   a) Welche Gesetze geben Aufschluss über die Voraussetzungen, die Ihr Betrieb zu erfüllen hat?
   b) Welche Institutionen oder Behörden können Ihnen kompetent weiterhelfen?
5. Situation: Sie haben eine Azubi (Ende des 1. Ausbildungsjahres), die besonders gute Leistungen sowohl im Praktischen als auch im Theoretischen erbringt. Sie möchten, um sie leistungsgerecht zu fördern, alle Möglichkeiten ausschöpfen, damit eine Lehrzeitverkürzung erwirkt werden kann.
   a) In welchen Gesetzen/Verordnungen finden Sie Anhaltspunkte dazu? Nennen Sie die Paragrafen.
   b) Welche Personen können für Sie Ansprechpartner sein, wer kann Ihnen weiterhelfen?
   c) Wie gehen Sie vor?
   d) Begründen Sie, warum es sinnvoll ist, eine Lehrzeitverkürzung zu erwirken. Berücksichtigen Sie dazu die Sicht der Azubi ebenso wie die Sicht des Betriebes.
6. Finden Sie anhand des Jugendarbeitsschutzgesetzes heraus, wie viel Urlaub einer Azubi in den verschiedenen Ausbildungsjahren zusteht, wenn sie zu Beginn der Ausbildung 15,5 Jahre alt ist.

Die Antworten zu den Situationsaufgaben bitte vollständig ausformulieren, so wie es in der Prüfung verlangt wird.

1.4 Beteiligte und Mitwirkende an der Ausbildung kennen

Neben den drei Hauptbeteiligten der Berufsausbildung (siehe Seite 9, 10; Azubi, Ausbilder, Ausbildender) nehmen noch viele weitere Personen und offizielle Stellen Einfluss auf die Berufsausbildung.

Betrieb	• mitausbildende Fachkräfte • Kollegen • Betriebsrat • Jugend- und Auszubildendenvertretung
Berufsschule	• Rektor • Lehrer
Außerbetriebliche Ausbildungsorte	• Ausbilder • Lehrer • Dozenten
Behörden / Institutionen	• zuständige Stelle • Ausbildungsberater • Prüfungsausschuss • Berufsbildungsausschuss • Schlichtungsausschuss
Sonstige	• Ärzte • Sozialpädagogen • Suchtberater

1.4.1 Rollen, Aufgaben und Gestaltungsrechte der Beteiligten und Mitwirkenden

■ Aufgaben der zuständigen Stellen

Den meisten Kontakt haben die Azubis mit den Personen im Betrieb und in der Berufsschule. Nicht weniger bedeutend ist aber der Einfluss der zuständigen Stelle, die eine Vielzahl von Aufgaben übernimmt. Für die meisten Berufe sind die entsprechenden Kammern die zuständigen Stellen. Für die Hauswirtschaft ist die zuständige Stelle derzeit an den Regierungen der Länder angesiedelt. Die jeweiligen Adressen sind der Broschüre „Ausbildung und Beruf" zu entnehmen.

- Eignung des Betriebes und der Ausbilder feststellen
- Verzeichnisse der Berufsausbildungsverhältnisse führen
- Ausbildung überwachen
- Prüfungen abnehmen, d.h. Prüfungsausschüsse berufen
- Erlass von Prüfungsordnungen
- Erlass von Richtlinien, z.B. vorzeitige Zulassung zur Prüfung
- Herausgabe von Verwaltungsschriften
- Berufung eines Schlichtungsausschusses (nur nach Ermessen der zuständigen Stelle)
- Förderung und Überwachung der Berufsausbildung durch besonders bestellte Ausbildungsberater
  - Überwachung der geeigneten Ausbildungsstätten
  - Beratung für Ausbildende, Ausbilder und Azubis
  - Hilfestellung bei Ausbildungskonflikten und Streitigkeiten
    Schlichtungsausschuss der zuständigen Stelle übernimmt neutrale Position zwischen Ausbildern und Azubis
- Organisation und Durchführung von Zwischen- und Abschlussprüfungen
- übernimmt weitere Aufgaben zur Förderung der Berufsbildung, z.B.:
  - Werbeaktionen zu Bereitstellung zusätzlicher Lehrstellen
  - Betrieb von Ausbildungswerkstätten
  - Durchführung von Lehrgängen (§ 45.2 BBiG; Meisterkurse ...)
  - Angebot von Umschulungs- und Weiterbildungsmaßnahmen
  - Herausgabe von Schulungsmaterial und Publikationen (Video)
  - Angebote zu überbetrieblichem Erfahrungsaustausch

■ Aufgaben der Arbeitnehmervertretung im Betrieb

- Zusammenarbeit mit Arbeitgeber
- Berufsbildung der Arbeitnehmer fördern
- Teilnahme an Berufsbildungsmaßnahmen ermöglichen und überwachen
- Mitsprache bei der Einrichtung und Ausstattung der Berufsbildungseinrichtungen
- Mitsprache bei Maßnahmen der betrieblichen Berufsausbildung
- kann Auftragsausbildern widersprechen
- Mitsprache bei Einstellungen/Entlassungen von Mitarbeitern

Jugendvertretung:
- Maßnahmen zur Berufsbildung bei Betriebsrat beantragen
- Überwachen der Einhaltung geltender Vorschriften
- Annahme und Weitergabe von Anregungen die Ausbildung betreffend

■ Aufgaben weiterer an der Ausbildung beteiligter Institutionen

Arbeitsämter:
- Berufsorientierung
- Berufsberatung
- Vermittlung von Ausbildungsstellen

Gewerkschaften:
- Unterstützung der Arbeitnehmerinteressen
- Beratung bei Problemfällen
- Interessenvertretung gegenüber dem Arbeitgeber

- Gewährung von Rechtsschutz, bei arbeitsgerichtlichen Streitigkeiten, für die Mitglieder
- Mitwirkung im Hauptausschuss des Bundesinstituts für Berufsbildung
- Beteiligung an der Erarbeitung der Ausbildungsordnungen
- Mitwirkung in allen Berufsbildungsausschüssen
- Vorschläge für die Prüfungsausschüsse

Berufsverbände:
- Aufgaben ähnlich den Gewerkschaften, jedoch nicht in gleicher Weise geregelt
- Interessenvertretung ihrer Mitglieder
- Vorschläge für die Prüfungsausschüsse
- Beratung und Fachinformation für die Mitglieder

1.4.2 Mit den Beteiligten der Ausbildung kooperieren

Ziele
- qualitativ hochwertige, aktuelle Ausbildung
- Nachwuchssicherung
- Gute Zukunftschancen für die Jugendlichen erarbeiten
- Perspektiven für den beruflichen Werdegang eröffnen
- Charakterliche Formung und Festigung der Jugendlichen in Bezug auf ein arbeitsförderndes Verhalten
- ...

Beteiligte müssen sich absprechen und kooperieren.
Die Absprachen betreffen im Regelfall in erster Linie die Hauptbeteiligten an der Ausbildung **Schule** und **Betrieb.** Aber schon im Vorfeld bei der Berufswahl/Berufsberatung sollten die o. g. Ziele nicht außer Acht gelassen werden. Außerdem ist eine Unterstützung seitens des Elternhauses nicht zu unterschätzen.

Hier nun einige **Beispiele** für konkrete Kooperationsmaßnahmen:
- regelmäßige Information der Berufsberater über die aktuellen Inhalte und Anforderungen der Ausbildung evtl. mit Betriebsbesichtigungen oder Projekttagen/-Präsentationen verbunden
- Absprache mit der Berufsschule über die Ausbildungsinhalte und die zeitliche Durchführung – erspart Zeit, da Wiederholungen vermieden werden und mehr Zeit fürs Einüben verbleibt
- baldige Information der Eltern bei Auftreten von Verhaltensauffälligkeiten oder Lernschwierigkeiten
- regelmäßige Beurteilungsgespräche mit den Azubis um eine realistische Selbsteinschätzung zu erreichen
- frühzeitige Einbeziehung des Betriebsrates oder der Jugendvertretung bei organisatorischen Entscheidungen, dabei ist es hilfreich den Betriebsrat als „Partner/Verbündeten" zur Erreichung gemeinsamer Ziele anzusehen und nicht als „Gegner", der einem das Leben schwer machen will
- Absprache der Ausbildungspläne und Arbeitsaufgaben der Azubis mit den mitausbildenden Fachkräften, um eine größtmögliche Akzeptanz und Unterstützung zu erreichen
- Erfragen von Unterstützungsmöglichkeiten durch die Azubis bei Arbeitsspitzen für die mitausbildenden Fachkräfte – dies ermöglicht dann mehr Einsatzbereitschaft und Entgegenkommen in anderen Situationen
- frühzeitige Terminabsprache mit der Zuständigen Stelle um rechtzeitig Prüfungen Betriebstage usw. vorbereiten zu können
- usw.

AUFGABEN

1. Erstellen Sie eine Liste von Punkte/Problemen, die sie gemeinsam mit anderen Ausbildungsbeteiligten lösen können.
2. Finden Sie Berührungspunkte oder Ansätze von Kooperation zwischen den Ausbildern und den übrigen Mitwirkenden des Betriebes.
3. Beurteilen Sie die Wichtigkeit der Kooperation des Ausbildungsbetriebes mit der Berufsschule anhand von **Beispielen.**

1.5 Anforderungen an die Eignung der Ausbilder

1.5.1 Gesetzliche Anforderungen

Das BBiG enthält in den §§ 27 ff. Regelungen über die Eignung der Ausbilder.

Der Gesetzgeber hat die Eignung zum Ausbilden in zwei Bereiche unterteilt; die Eignung der Ausbilder und die Eignung des Betriebes (vgl. 2.2). Jeder dieser Bereiche ist wiederum aufgeteilt.

Eignung der Ausbilder ist gebunden an:
- die fachliche Eignung, § 30
- die persönliche Eignung, § 29

■ Fachliche Eignung § 30 BBiG

- berufliche **Fertigkeiten** und **Kenntnisse**
(z. B. einschlägiger Ausbildungsabschluss und ständige Weiterbildung gefordert)
- **berufs- und arbeitspädagogische** Qualifikation nach AEVO
(Bildungsauftrag bestmöglich ausführen, altersgemäße Bedingungen schaffen, rechtliche Vorgaben berücksichtigen)

Genaueres zur fachlichen Eignung ist in der Ausbildereignungsverordnung (AEVO) und in den Prüfungsordnungen für Meister der jeweiligen Berufe festgelegt.

Meister/Ausbilder benötigen Fachkompetenz und fachübergreifende Qualifikationen.

Persönliche Eignung § 29 BBiG Abs. 2

Persönlich nicht geeignet ist, wer:
1. Kinder und Jugendliche nicht beschäftigen darf (siehe auch JuArbSchG § 25)
2. wiederholt oder schwer gegen das BBiG verstoßen hat oder
3. gegen Vorschriften und Bestimmungen, die aufgrund des BBiG erlassen wurden, verstoßen hat

In der Praxis wird diese persönliche Eignung durch ein **polizeiliches Führungszeugnis** nachgewiesen.

Um ausbilden zu können, müssen alle Eignungen vorhanden sein. Haben Ausbildende zum Beispiel keine fachliche Eignung, so kann diese durch Bestellung von Ausbildern mit entsprechender fachlicher und persönlicher Eignung ersetzt werden. Ist der Betrieb nicht geeignet, so können z. B. fehlende Ausbildungsbereiche durch externe Ausbildungsstellen ergänzt werden (siehe auch 2.2.3 Ausbildung außerhalb des Betriebes). Ist jedoch die **persönliche Eignung nicht** gegeben, so dürfen in diesem Betrieb **keine Azubis eingestellt und ausgebildet werden.**

Hat der Ausbildende keine fachliche Eignung, so kann er durch die Bestellung einer Ausbilderin/eines Ausbilders diese Lücke schließen. Hierzu müssen folgende Verantwortungen übertragen werden:

- Pflicht, Ausbildung ordnungsgemäß aus-, bzw. durchzuführen (Verantwortung bleibt jedoch beim Ausbildenden). Dazu ist es notwendig, dass die Ausbilder mit Weisungsbefugnis ausgestattet werden. Der Ausbildende hat den Azubis die weisungsberechtigten Personen des Betriebes bekannt zu machen, um spätere Unsicherheiten und Konflikte zu vermeiden. Nur diese Personen sind berechtigt Anweisungen und Arbeitsaufträge an die Azubis zu erteilen. Befolgen Azubis diese Weisungen nicht, verletzen sie ihre vertraglich festgelegte Arbeits- und Lernpflicht, so ist dies gleichzusetzen mit Arbeitsverweigerung und ein Kündigungsgrund.
  Weisungen, die nicht dem Zwecke der Ausbildung dienen oder die die körperlichen Kräfte der Azubis übersteigen, brauchen nicht befolgt zu werden.
  Weisungsberechtigt sind neben dem Ausbildenden und den Ausbildern in der Regel die Abteilungsleiter, die mitausbildenden Fachkräfte, sowie die Sicherheitsbeauftragten des Betriebes.
- Übertragung der Fürsorgepflicht für die Azubis (§ 14 Abs. 1.5 BBiG). Hierzu zählt insbesondere die Beachtung der gesetzlichen Vorschriften zum Gesundheits-, Unfall- und Mutterschutz, des JuArbSchG, des MuSchG und des BBiG. Die hieraus resultierende straf- und ordnungsrechtliche Verantwortung liegt bei den Ausbildern.
- Die Übertragung der Aufsichtspflicht auf die Ausbilder ist notwendig, da diese für die Sicherheit der Azubis und deren Umfeld mitverantwortlich sind. Werden Personen oder Dinge durch die Azubis geschädigt, so wird geprüft, ob die Ausbilder ihre Aufsichtspflicht erfüllt haben.
  <u>Beispiel:</u> Stürzt eine Person, weil die minderjährige Azubi ihren Putzeimer gefährlich in den Weg gestellt hat, so wird geprüft, ob die Azubi rechtzeitig mit den Regeln des Unfallschutzes vertraut gemacht wurde, damit sie keinen anderen Personen Schaden zufügen kann. Ist die Ausbilderin ihrer Ausbildungs- und der Aufsichtspflicht nicht nachgekommen, so haftet sie und nicht die Azubi für den entstandenen Schaden.
- Ordnungsvorschriften sind einzuhalten, sonst folgt persönliches Bußgeld.
- Verfügen die Ausbilder jedoch nicht über die entsprechenden Kompetenzen, müssen sie die Ausbildungspflicht ablehnen.

AUFGABE

Erstellen Sie eine grafische Darstellung der gesetzlichen Eignungsanforderungen von Ausbildern.
Nutzen Sie als Arbeitsgrundlage das BBiG und ordnen Sie den Anforderungen die entsprechenden Paragrafen zu.

1.5.2 Qualifikationsprofil der Ausbilder

Wer als Führungskraft erfolgreich sein will, muss nicht nur die vom Gesetzgeber vorgeschriebenen Qualifikationen besitzen. Hierzu gehören weitere wichtige Kompetenzen und Fähigkeiten.

Mindestqualifikation ist nachzuweisen – ständige **Weiterbildung** gefordert

- für den Ausbildungs- und Erziehungsauftrag (§ 14 Abs. 1.1 und Abs. 1.5 BBiG)
- um Anleitung und Halt zu geben
- um persönlichkeits- und situationsbezogen zu motivieren
- um Sozial- und Ausbildungsverhalten zu fördern
- um charakterlich zu fördern (§ 14 Abs. 1.5 BBiG)

Führungskompetenzen der Ausbilder

Hierzu zählen in erster Linie:

- **Sachkompetenz**
  umfasst Kenntnisse und Fähigkeiten der fachlichen Theorie und Praxis – diese werden z. B. durch die Meisterprüfung oder die Abschlussprüfung an der Technikerschule, Fachakademie oder höheren Fachschule nachgewiesen.

- **Sozialkompetenz**
  ist der soziale Umgang mit anderen Personen, die Fähigkeit mit Konflikten umzugehen und Konflikte zu lösen, als auch das Integrieren in Gruppen und Teams. Hierzu gehören Schlüsselqualifikationen wie Einfühlungsvermögen, Hilfsbereitschaft, Teamfähigkeit, Kommunikationsfähigkeit, Kompromissfähigkeit usw.

- **Selbstkompetenz** oder **Personale Kompetenz**
  ist die Fähigkeit mit sich selbst, seinen Schwächen und seinen Stärken umzugehen. Die Bereitschaft sich

mit sich selbst auseinander zu setzen und die Art und Weise mit Kritik durch andere um zu gehen. Auch der Umgang mit eigenen Stimmungslagen und -schwankungen. Hierzu gehören Schlüsselqualifikationen wie: Kritikfähigkeit, Selbstbewusstsein, Selbstdisziplin, Durchsetzungsvermögen, Ausgeglichenheit usw.

- **Methodenkompetenz**
  Die Fähigkeit die eigenen Fähigkeiten und Kenntnisse an Andere weiter zu geben durch den gezielten Einsatz von Lehrmethoden und Lerntechniken. Aber auch der sinnvolle Einsatz von Visualisierungs- und Kommunikationstechniken. Hierzu gehören Schlüsselqualifikationen wie: Flexibilität, strukturiertes Denkvermögen, Organisationsfähigkeit, Lernbereitschaft, Anpassungsfähigkeit, Weitblick usw.

Aufgaben, die verantwortungsbewusste Ausbilder erfüllen

Sie müssen ...

- Ausbildungsinhalte den aktuellen Erfordernissen anpassen;
- Informationen stets aktualisieren (z. B. Hygieneverordnungen, Unfallschutzvorschriften usw.);
- eine hohe Bereitschaft haben, sich selbst weiterzubilden;
- die Ausbildung so gestalten, dass die Azubis auf die Arbeitswelt von morgen vorbereitet sind;
- Trends beobachten und für alle Innovationen aufgeschlossen sein;
- gezielt den gewaltfreien Umgang mit Konflikten schulen und bei der Lösung von Konflikten am Arbeitsplatz helfen;
- Verhaltensauffälligkeiten und gruppendynamische Vorgänge frühzeitig erkennen und im Sinne der Ausbildung nutzen;
- Lernschwierigkeiten (z. B. Konzentrationsschwächen, Wahrnehmungsstörungen etc.) erkennen und bearbeiten;
- Ausgrenzungen oder Verunglimpfungen, sowie ersten Anzeichen von Mobbing gegenüber Dritten entschieden und selbstbewusst begegnen;
- bewusst und aufmerksam Anzeichen von Alkohol- oder Drogenkonsum wahrnehmen und diesem konsequent entgegensteuern;
- Die Begabungen und Entwicklungspotenziale, die in den Azubis schlummern, durch gezielte Motivation, Lob und eine positive Erwartungshaltung wecken und ausbauen;
- die Ausbildungsinhalte strukturiert und planmäßig an geeigneten Aufgaben vermitteln;
- Lehrmethoden anwenden, die dem Lerninhalt, dem Lernziel und der Leistungsfähigkeit der Azubis angepasst sind;
- externe Bildungsmöglichkeiten gezielt mit einbeziehen;
- Azubis zum selbstständigen Lernen befähigen und ihnen ausreichend Lern- und Arbeitsmittel zur Verfügung stellen;
- durch die Sicherung der Lernerfolge systematisch auf die Prüfungen vorbereiten;
- gemeinsam mit der Personalabteilung eine vorausschauende Personalplanung betreiben, die schon bei der Auswahl der Azubis eine spätere Einsetzbarkeit in bestimmten Fachbereichen berücksichtigt;
- durch gezielte Ausbildungsplanung und Setzen von Ausbildungsschwerpunkten, für den Betrieb speziell geschultes Fachpersonal heranbilden. Dies darf natürlich nur in begrenztem Umfang stattfinden, denn die Mindestqualifikation, die in der Ausbildungsordnung vorgegeben ist darf nicht beeinträchtigt werden;
- die individuellen Neigungen der Azubis erkennen, fördern und lenken und damit besonders engagierte, gezielt geschulte künftige Fachkräfte heranbilden;
- sich für die Interessen der Azubis einsetzen indem sie dafür sorgen, dass gute Arbeitsbedingungen vorherrschen und ausreichend Lern- und Arbeitsmaterial vorhanden ist;
- mitausbildende Fachkräfte unterstützen, um den größtmöglichen Nutzen für die Azubis zu erreichen;
- den Azubis durch eigenes Vorleben Grundwerte des menschlichen Miteinanders vermitteln;
- durch gezielte Information über Aufgaben und Funktionen der Kollegen und das Zusammenwirken der verschiedenen Abteilungen, den Azubis Orientierung und Halt geben, in einer für sie bis dahin „unbekannten Welt";
- die Erfolge ihrer Arbeit und die Leistungen ihrer Azubis regelmäßig und deutlich präsentieren, um Unterstützung und Rückendeckung für die Ausbildung zu erhalten.

Der Umgang mit Jugendlichen im Betrieb hat immer zum Ziel, einen positiven Einfluss auf die Formung des Charakters auszuüben. Daher haben alle Ausbilder automatisch auch die Verantwortung für die Erziehung der Jugendlichen in diesem Bereich.

Entwicklungsphasen von Jugendlichen

Um gezielt auf die Jugendlichen eingehen zu können, sie besser zu verstehen und auch ihr Verhalten besser einschätzen zu können, ist es sinnvoll, sich mit ihren Entwicklungsphasen vertraut zu machen. Denn viele Verhaltensweisen und auch körperliche Ungeschicktheiten haben ihre Ursache in der natürlichen körperlichen Entwicklung und im Reifeprozess des Menschen. Im Folgenden deshalb ein kurzer Überblick über diesen Entwicklungsprozess mit seinen körperlichen und psychischen Merkmalen.

Phase	**Frühpubertät** Mädchen, ca. 10,5–13 Jahre Buben, ca. 11,5–14 Jahre
Körperliche Merkmale	• Wachstumsschub (Länge) • schlaksige Gestalt • gesteigerter Bewegungsdrang • eckige, fahrige Bewegungen • Ausbildung sekundärer Geschlechtsmerkmale

Tabelle nach Rolf Arnold, Antje Krämer Stürzl „Berufs- und Arbeitspädagogik"

Psychische Merkmale

- unausgeglichen
- schwankende Aufmerksamkeit
- Leistungsschwankungen
- Aufsässigkeit
- Abkapselung
- In-sich-gekehrt-Sein
- Infragestellen von Autoritäten
- Widerstand, Auflehnung
- erwachendes Sexualinteresse
- Unabhängigkeitsstreben
- Lernen aus Neugier und Interesse
- einsichtiges Lernen
- Ablösung des anschaulichen Denkens durch abstraktes Denken
- Konzentrationsschwächen, Leistungsabfall, Schulmüdigkeit

Allgemein: unausgeglichen

Phase

Spätpubertät
Mädchen, ca. 13–16 Jahre
Buben, ca. 14–17 Jahre

Körperliche Merkmale

- Wachstumsschub (Breite, Gewichtszunahme)
- Harmonisierung der Gestalt
- sekundäre Geschlechtsmerkmale prägen sich stärker aus
- Körperkraft nimmt zu
- Bewegungen werden besser koordiniert

Psychische Merkmale

- Bilden eigener Vorstellungen
- Absetzen von Forderungen der Erwachsenenwelt
- Suche nach Leitbildern, Vorbildern
- Anlehnungsbedürfnis
- starker Einfluss der Bezugsgruppe
- beginnendes Loslösen von der Familie
- starker Einfluss der Gruppe Gleichaltriger
- Desorientierung
- wieder verstärktes Interesse an der Umwelt, aber kritisch
- vermehrt theoretisches Interesse
- vielseitige Lerninteressen
- verbesserte Ausdrucksfähigkeit, „Schwärmerei“
- starke Gefühlsschwankungen
- Konzentration und Aufmerksamkeit bessern sich
- Zielstrebigkeit nimmt zu

Allgemein: Selbstfindung

Phase

Adoleszenz (Nachpubertät)
Mädchen, ca. 16–20 Jahre
Buben, ca. 17–21 Jahre

Körperliche Merkmale

- Erwachsenengestalt ist erreicht
- ausgeglichene Bewegungen

Psychische Merkmale

- Gleichaltrige werden kritischer gesehen
- eigene Lebensführung wird bewusst und verantwortlich gestaltet
- Korrektur und Verfestigung von Einstellungen und Wertvorstellungen
- Interesse am Beruf
- Aufbau eigener Wertvorstellungen
- versachlichtes Denken
- Entwicklung eines stabilen Selbstwertgefühls
- soziale Rolle wird bewusst
- Bedürfnis nach Anerkennung, Achtung, Vertrauen und Selbstständigkeit, gesellschaftliche Eingliederung, soziale Verantwortung, (ernsthafte) Partnersuche
- zielstrebiges Arbeiten
- ausgeprägtes Leistungsstreben

Allgemein: Stabilisierung

AUFGABE

Beurteilen Sie die Aussage: „Bei Jugendlichen sollte die Erziehung doch bereits abgeschlossen sein. Was sie bis zum Beginn ihrer Ausbildung noch nicht gelernt haben, lernen die eh nicht mehr.“

Führungsstile

Durch die Wahl des Führungsstils entscheiden Vorgesetzte über das Verhalten der Mitarbeiter.
Ein ‚geflügeltes Wort' lautet: „Ein Betrieb kann nur so gut sein wie seine Mitarbeiter.“
Das wiederum bedeutet, dass Vorgesetzte es verstehen müssen, die Leistungsbereitschaft der Mitarbeiter zu aktivieren, Eigeninitiative und Verantwortungsbereitschaft zu wecken und sie so zu motivieren, dass sie ihr Bestes für den Betrieb geben.
Diese Regel kann uneingeschränkt auch auf die Ausbildung übertragen werden.

Führungsqualität ist somit eine der wichtigsten Qualifikationen der Meister und Ausbilder!

In einem Betrieb bestimmt die Persönlichkeit der Führungskraft, des Meisters/Ausbilders das Verhalten der übrigen Mitarbeiter. Besitzt eine Führungskraft Fachkompetenz, dann erhält sie hierfür die Anerkennung der Mitarbeiter. Vertrauen, Achtung und Akzeptanz werden einer Führungskraft jedoch nur dann entgegengebracht, wenn sie zusätzlich Selbstkompetenz, Methodenkompetenz und Sozialkompetenz hat.
Die Sozialkompetenz spiegelt sich ganz besonders im Umgang mit ihren Mitarbeitern, d.h. in ihrem Führungsstil wieder.

Die geläufigsten Führungsstile sind:

- autoritärer Führungsstil
- kooperativer Führungsstil
- Gleichgültigkeitsstil (Laisser-faire-Stil)

Jedoch tritt keiner dieser Führungsstile in reiner Form auf.
Die Frage nach dem besten Führungsstil lässt sich auch nicht generell beantworten, da hier auch immer die Persönlichkeit der Führungskraft sowie die Mentalität der Mitarbeiter mit hineinspielt.

Der autoritäre Führungsstil
Beim autoritären Führungsstil treffen die Vorgesetzten alle Entscheidungen und geben sie in Form von Anweisungen/Anordnungen weiter. Ein Mitdenken der Mitarbeiter ist unerwünscht, Verbesserungsvorschläge werden abgelehnt. Es besteht die Neigung, Situationen übertrieben darzustellen und zu bewerten und mit häufigem Tadel, scharfen Drohungen und Verwarnungen zu reagieren.
Kritik wird häufig persönlich formuliert und aufgefasst. Gründe für Fehler oder Fehlverhalten sind nicht von Interesse, dafür wird mangelnder Lern-/Leistungswille unterstellt.
Die autoritäre Führungskraft fühlt sich ihren Mitarbeitern gegenüber überlegen und drückt diese mangelnde Wertschätzung anderer durch Ironie, Demütigungen und Beleidigungen aus. Eine Delegation von Aufgaben findet nicht oder nur in geringem Umfang statt.
Eigene Fehler können nicht eingestanden werden.
Das Verhältnis der Führungskraft zu den Mitarbeitern ist von Distanz und Misstrauen geprägt.

Der kooperative Führungsstil
Beim kooperativen Führungsstil werden die Mitarbeiter in die Entscheidungsfindung mit einbezogen, sie besitzen einen weiten Handlungsspielraum. Die Vorgesetzten geben Anregungen, erteilen Ratschläge und koordinieren als Sachverständige die Meinungen.
Alle Mitarbeiter werden als ebenbürtige Partner behandelt.
Eigeninitiative, Eigenverantwortung und Selbstständigkeit werden stark gefördert.
Den Ursachen von Fehlern wird gemeinsam nachgegangen und mit sachlichen Hinweisen zu alternativen Verhaltensweisen begegnet.
Die kooperativen Führungskräfte haben Verständnis für Schwierigkeiten und Probleme und können auch eigene Fehler eingestehen.
Die positive, optimistische Grundeinstellung ermutigt Auszubildende und Mitarbeiter. Dadurch können Führungskräfte persönliche/individuelle Fähigkeiten leichter erkennen und gezielt fördern.
Das Verhältnis zu den Mitarbeitern ist geprägt von offenem Vertrauen, das die Basis für einen ehrlichen Informations-/Erfahrungsaustausch bildet.

Der Gleichgültigkeitsstil (Laisser-faire)
Die Vorgesetzten kümmern sich wenig um die Mitarbeiter und Azubis. Selbstverantwortung, Eigeninitiative und Kreativität der Mitarbeiter werden nicht besonders beachtet oder gesteuert, aber auch nicht kritisiert oder bemängelt. Es finden kaum Kontrollen statt, da auch keine Erwartungen gegenüber den Mitarbeitern bestehen.
Durch die neutrale Grundeinstellung den Mitarbeitern gegenüber wirkt die „Führungskraft" kühl und distanziert, aber nicht unfreundlich.
Unerwünschtes Verhalten wird leicht „übersehen", nur selten werden Vorschläge zu Verhaltensänderungen gegeben.
Der gleichgültige Vorgesetzte ist hauptsächlich an den fachlichen Leistungen der Mitarbeiter interessiert und beschränkt sich bei Azubis auf die reine Stoffvermittlung.

AUFGABE

Situation: Eine Gruppe von fünf Erzieherinnen ist angereist, um sich Ihr und fünf weitere Kinder- und Jugenderholungsheime anzusehen.
Martina, eine Azubi im 2. Lehrjahr, soll den Kaffeetisch für diese Gruppe decken. Als sie fertig ist, sieht der Tisch aus, als wäre gerade eine Horde Affen durch den Speisesaal getobt.
a) Beschreiben Sie die Reaktion einer autoritären Ausbilderin.
b) Wie würde eine kooperative Ausbilderin reagieren?
c) Beurteilen Sie das Verhalten der beiden Ausbilderinnen aus Frage a) und b) und begründen Sie Ihre Beurteilung.

■ Führungsverhalten

(siehe auch 8.1 Grundlagen der Mitarbeiterführung)

Zu einem erfolgreichen Führungsverhalten gehören neben den Führungsstilen auch die zielgerichtete Information der Mitarbeiter sowie das richtige Delegieren von Aufgaben und Verantwortung.
Schon in der Ausbildung im richtigen Maß eingesetzt, führt dies zur Heranbildung verantwortungsbewusster, selbstständiger und engagierter Mitarbeiter.

Information der Mitarbeiter
Die Ursachen von Störungen der betrieblichen Abläufe sind oftmals ein Kommunikationsproblem. Die Mitarbeiter sollten deshalb über alle Vorgänge im Betrieb, die sie oder ihren Arbeitsplatz betreffen, informiert werden. Eine umfassende Information bedeutet für sie außerdem Vertrauen und Anerkennung. Nur informierte Mitarbeiter können mitdenken. Durch Information können Verständnis, Interesse und Engagement für die Belange des Betriebes geweckt werden.

Informationen sind nötig,
- um richtige Entscheidungen treffen zu können;
- um das Selbstbewusstsein der Mitarbeiter zu stärken;
- um die Leistungsbereitschaft der Mitarbeiter zu steigern.

Eine Information muss klar und anschaulich formuliert die wichtigsten Fakten liefern und diese sachlich begründen.
Die Vorgesetzten sollten durch Nachfragen sicherstellen, dass die Information angekommen ist und verstanden wurde. Diesen Vorgang bezeichnet man als **Feedback.**

Delegation von Aufgaben und Verantwortung

Eine Führungskraft mit Selbstbewusstsein und Weitblick erzieht ihre Mitarbeiter und Azubis zur Selbstständigkeit und Eigenverantwortlichkeit. Die Übertragung von Aufgaben und Verantwortung an Mitarbeiter birgt zahlreiche Vorteile:

- Selbst eine Ausweitung der Betriebsabläufe und eine damit verbundene Aufgabenerweiterung für den Vorgesetzten ist dann noch zu bewältigen, wenn die Mitarbeiter gewöhnt sind, Verantwortung mit zu tragen und Aufgaben selbstständig zu erledigen.
- Modernste Technik und eine hohe Spezialisierung in den verschiedenen Arbeitsgebieten erfordern absolutes Spezialwissen und höchste Fachkompetenz, die eine Führungskraft nicht mehr im erforderlichen Umfang bis ins Detail haben kann. Hierfür hat sie Fachkräfte, deren Wissen und Können sie für Ihre Arbeit und Entscheidungen nutzen kann.
- Das Übertragen von Aufgaben und Verantwortung stellt für Mitarbeiter einen Leistungsanreiz dar, sodass viele heute nach einem „eigenen Bereich" streben, in dem sie Entscheidungsfreiheit und eine höhere Anerkennung ihrer Leistungen haben.
- Außerdem ist so der Arbeitsablauf auch dann noch sichergestellt, wenn die Führungskraft einmal nicht anwesend ist.

Obwohl die oben aufgeführten Gründe eindeutig für die Delegation von Aufgaben und Verantwortung sprechen, sträuben sich viele Vorgesetzte gegen eine wirkliche Delegation dieser Bereiche. Die Gründe hierfür können vielgestaltig sein, die häufigsten seien hier aufgeführt.

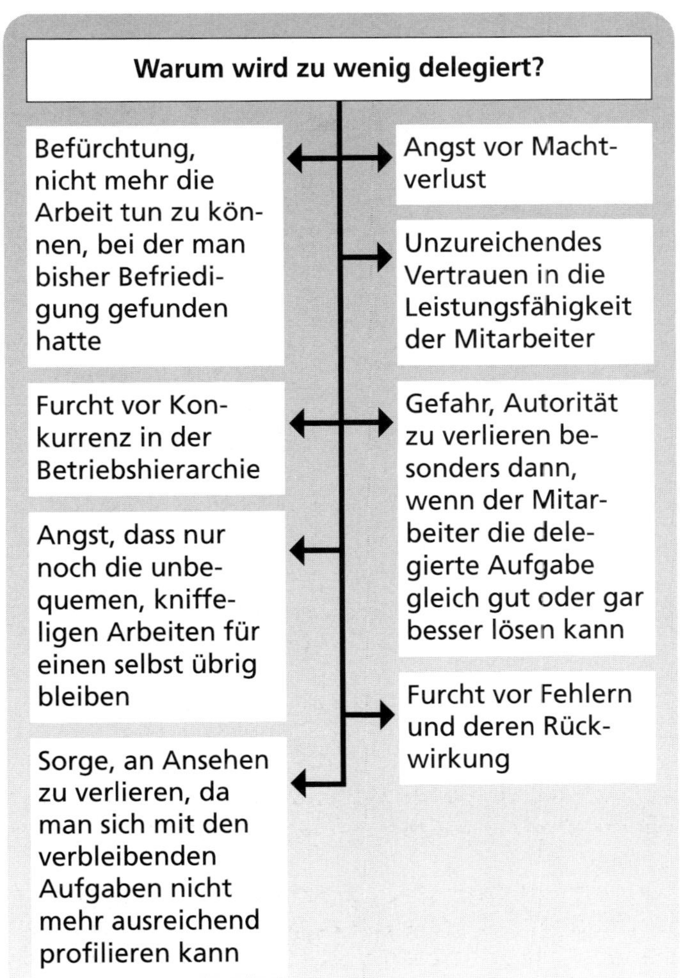

Nicht delegierbare Aufgaben

Es ist zwar wichtig und richtig, viele Aufgaben und auch wirkliche Verantwortung zu delegieren. Trotzdem gibt es einige Aufgaben, die in der Führungsverantwortung der Vorgesetzten bleiben und **nicht** an die Mitarbeiter **delegiert werden können.**

In der Verantwortung und dem Aufgabenbereich der Führungskraft bleiben:

- die personelle Stellenbesetzung im Betrieb sowie die Aufgabenverteilung
- das Aufzeigen der Grenzen / Definieren der Kompetenzbereiche
- die Einweisung und Information der Mitarbeiter
- die Leistungsbeurteilung der Mitarbeiter und die Beurteilungsgespräche

Die Vorgesetzten müssen den Überblick über den Arbeitsfortschritt der Mitarbeiter haben und auch über entsprechende Entscheidungen der Mitarbeiter informiert werden, um den eigenen Vorgesetzten gegenüber Rechenschaft ablegen zu können. Entscheidungen, die ein Mitarbeiter gefällt hat, sollten nur nach sehr reiflicher Überlegung und gemeinsamer Diskussion darüber rückgängig gemacht werden.
Manchmal ist es notwendig, dass sich Vorgesetzte in den Aufgabenbereich und die Entscheidungen der Mitarbeiter einmischen. Die Vorgesetzten müssen die Maßnahmen aber sehr genau abwägen, damit nicht durch ein zu schnelles und unberechtigtes Eingreifen die Initiative der Mitarbeiter beeinträchtigt wird.

Berechtigt ist ein Eingreifen der Vorgesetzten, wenn

- die Entscheidung des Mitarbeiters sich betriebsschädigend auswirken kann;
- die Mitarbeiter mit ihrem Wissen und den ihnen zur Verfügung stehenden Mitteln eine Aufgabe nicht ausführen können.

Fehlerquellen in der Mitarbeiterführung

Delegieren Vorgesetzte zu wenig Verantwortung auf die Mitarbeiter, so sind Arbeitsüberlastung und eine Häufung falscher Entscheidungen die Folge.

- **Überlastung der Vorgesetzten**
  Gute Vorgesetzte behalten den Überblick über alle Aufgaben und Zielsetzungen. Wer sich jedoch zu sehr mit der täglichen Kleinarbeit beschäftigt, verliert gerade diesen wichtigen Überblick. Deshalb müssen zunächst leichtere Aufgaben an die Mitarbeiter delegiert werden. Sind diese bereits an selbstständiges Arbeiten gewöhnt, können auch schwierigere Aufgaben übertragen werden (siehe auch 8.1.8 Zeitmanagement).

- **Zu viel Routine**
  Routine in der täglichen Arbeit ist sehr häufig zeitsparend und kraftsparend, da nicht jeder Handgriff vorher überlegt werden muss. Effektivere Arbeitsmethoden, -techniken oder Zeitplanungsinstrumente werden deshalb selten systematisch gesucht. Ein

Überdenken der eigenen Aufgaben, der notwendigen oder möglichen Delegation von Aufgaben sowie eine den sich ändernden Erfordernissen angepasste Struktur der täglichen Aufgabenerledigung bergen oft ungeahnte Gewinne. Ein regelmäßiges ‚In-Frage-stellen' der eigenen Arbeitsweise und des bisherigen Betriebsablaufes sichert den technologischen Fortschritt, den Einzug von Innovationen und die Wettbewerbsfähigkeit des Betriebes. Sätze wie: „Das gab's doch noch nie!" „Das haben wir schon immer so gemacht!" oder „Seit wann gibt's denn so was?" sind Gift für ein zukunftsweisendes und fortschrittlich arbeitendes Unternehmen.

- **Mangelnde Flexibilität**
  Erfolgreiche Vorgesetzte nutzen die Erfahrung und das Wissen der Mitarbeiter bei der Entscheidungsfindung. Beharren sie trotzdem ohne ausreichende Begründung auf einem Standpunkt/einer Meinung, so können Widerstände erzeugt und Achtung, Anerkennung und Autorität bei den Mitarbeitern eingebüßt werden.

- **Betriebsblindheit**
  Ein Erfahrungsaustausch gerade von alten und neuen Mitarbeitern kann gezielt genutzt zu einer Leistungssteigerung des Betriebes führen. Hier gilt das alte Sprichwort: „Neue Besen kehren gut, aber alte kennen auch die Ecken!"
  Deshalb ist es für die Vorgesetzten ganz wichtig, sachliche und objektive Selbstkritik zu üben. Hier hilft ein offenes und ehrliches Feedback durch die Mitarbeiter.

- **Passives Verhalten**
  Zeigen Ausbilder/Führungskräfte zu wenig Interesse an Mitarbeitern und Azubis, so kann eine Distanz entstehen, die einem förderlichen Betriebsklima entgegenwirkt. Leistungsbereitschaft und Leistungsfähigkeit können dann stark absinken. Regelmäßige Kontrollen der Arbeitsergebnisse sind hier vonnöten, oft reichen sogar die reine Präsenz und wenige Worte, um den Leistungswillen wieder anzukurbeln.

- **Inkonsequenz**
  Werden Anweisungen erteilt, so muss deren Einhaltung kontrolliert werden. Bei Abweichungen müssen Konsequenzen gezogen werden, sonst werden diese Anordnungen auch in Zukunft von den Betroffenen wenig beachtet.

1.5.3 Ausbildung und Prüfung von Ausbildern

Es gilt die neue Ausbildereignungsverordnung (AEVO) von 1999.

Nicht nur fachliches Wissen, sondern auch die Fähigkeit zu beruflichem Handeln werden verlangt.

AUFGABEN

1. Der Prüfungsausschuss trifft fachpädagogische Werturteile, die nicht gerichtlich überprüfbar sind (nur Rechts- und Verfahrensfehler sind überprüfbar). Nennen Sie mindestens vier Anforderungen, die daher an die Person eines Prüfers gestellt werden müssen.
2. Halten Sie es für zulässig oder für problematisch, wenn die Qualifizierung der Azubis auf den späteren Einsatz im Betrieb ausgerichtet wird? Begründen Sie Ihre Aussage.
3. Ausbilder sind wichtige Bezugspersonen im Hinblick auf den erfolgreichen Abschluss der Ausbildung. Wie beurteilen Sie einen Ausbilderwechsel während der Ausbildung? Welche möglichen Folgen kann so ein Wechsel nach sich ziehen?

Handlungsfeld 2
Ausbildung planen

Im Kompetenzbereich von Ausbildern:
- Ausbildungsplanung – Personalplanung
- Ist der Betrieb geeignet?
- Organisationskonzept
  - betrieblicher Ausbildungsplan
  - individueller Ausbildungsplan
    - zeitliche Einschränkungen berücksichtigen
    - inhaltliche Verknüpfungen mit Lehrplan herstellen
- Beurteilungskonzept/System prüfen oder erstellen

2.1 Ausbildungsberufe auswählen

2.1.1 Ausbildungsordnung (AO) als Info-Quelle

Alle Ausbildungsordnungen sind im „Verzeichnis der anerkannten Ausbildungsberufe" vom Bundesinstitut für Berufsbildung enthalten. Eine Auflistung der staatlich anerkannten Ausbildungsberufe ist der Broschüre „Ausbildung und Beruf" angehängt.

Die AOs regeln bundesweit die Ziele, Inhalte und Prüfungsanforderungen, die einer Ausbildung zugrunde liegen. Die bundesweite **Einheitlichkeit der Anforderungen** ermöglichen eine **Vergleichbarkeit** und **Einschätzbarkeit von Fachkräften** mit dem gleichen Berufsabschluss. Außerdem erleichtern sie die **Flexibilität** von Fachkräften innerhalb des Bundesgebietes.
Außerdem dient die AO als Mittel zur Anpassung der Anforderungen eines Berufes an eine sich verändernde Wirtschaft/Technik.

AO enthält:
- Bezeichnung des Berufes
- Ausbildungsdauer
- Ausbildungsberufsbild
- Ausbildungsrahmenplan
- Prüfungsanforderungen

Das Ausbildungsberufsbild aus der AO kann als Informationsquelle zum schnellen Überblick über die Inhalte eines Ausbildungsberufes dienen. Es beinhaltet die Mindestanforderungen, die in dem entsprechenden Beruf ausgebildet werden müssen, und gibt so Anhaltspunkte über die Einsetzbarkeit von ausgebildeten Fachkräften dieses Berufes bzw. Aufgabengebiete, die durch die Ausbildung mit abgedeckt werden müssen.

■ Verschiedene Arten der AO

Nach § 5 Abs. 2 BBiG gliedert sich die Berufsbildung in eine breit angelegte berufliche Grundbildung und eine qualifizierende berufliche Fachbildung mit Erwerb der notwendigen Berufserfahrung.

Aus dieser Vorgabe entstanden verschiedene Arten von Ausbildungsberufen, die sich durch den Grad ihrer Spezialisierung und den Aufbau ihrer AO unterscheiden.

Monoberufe
- Ausbildungsberufe ohne Schwerpunkte und Fachrichtungen
- keine Unterscheidungen während der gesamten Ausbildungszeit
- einheitliches Ausbildungsberufsbild und gleiche Prüfungsanforderungen in der AO für alle Azubis

Monoberufe mit Spezialisierung ...
- 1. Ausbildungsjahr Grundbildung – keine Unterschiede
- Differenzierung nicht länger als 1/3 der Ausbildungszeit erlaubt
- durch die Differenzierung keine Anerkennung mehrerer Ausbildungsberufe

... nach Schwerpunkten
- einheitliches Ausbildungsberufsbild und einheitliche Berufsbezeichnung
- unterschiedliche Ausbildungsinhalte und Prüfungsanforderungen je nach Schwerpunkt (Beispiel: Hauswirtschaft – Schwerpunkt Familienhaushalt oder Großbetrieb mit langfristiger Betreuung oder mit kurzfristiger Betreuung)

... nach Fachrichtungen
- unterschiedliches Ausbildungsberufsbild
- Besonderheiten je Fachrichtung im Ausbildungsrahmenplan

Stufenausbildung, § 5 Abs. 2.1 BBiG
- AO regelt mehrere Ausbildungsberufe gleichzeitig
- 1. Stufe: berufliche Grundbildung
- 2. Stufe: allgemeine berufliche Fachbildung
- 3. Stufe: besondere berufliche Fachbildung
- nach jeder Stufe ist ein Ausbildungsabschluss erreicht und die Möglichkeit für Ausbildung in weiteren Stufen gegeben
- der Berufsabschluss der letzten Stufe ist Zugangsvoraussetzung für die Meisterprüfung

Vorteile: später leichterer Wechsel des Berufes möglich
Berufsabschluss nach jeder Stufe möglich, je nach Leistungsvermögen der Azubis

Nachteile: verfrühter Ausbildungsabbruch trotz ausreichender Leistungsfähigkeit

Ausbildungsberufsbild

Es enthält verbindliche Ausbildungsinhalte = **Mindestanforderungen.**

Ausbildungsberufsbild Hauswirtschafter/-in

(aus der Ausbildungsverordnung für Hauswirtschafter/Hauswirtschafterin vom 30. Juni 1999 BGBl S. 1495)

Ausbildungsberufsbild

(1) Gegenstand der Berufsausbildung sind mindestens die folgenden Fertigkeiten und Kenntnisse:

1 der Ausbildungsbetrieb, betriebliche Zusammenhänge und Beziehungen:
1.1 Aufbau und Organisation des Ausbildungsbetriebes,
1.2 Berufsbildung,
1.3 arbeits-, sozial- und tarifrechtliche Bestimmungen,
1.4 Sicherheit und Gesundheitsschutz bei der Arbeit,
1.5 Hygiene,
1.6 Umweltschutz;

2 Arbeitsorganisation, betriebliche Abläufe, wirtschaftliche und soziale Zusammenhänge:
2.1 Arbeitsorganisation,
2.2 qualitätssichernde Maßnahmen,
2.3 betriebliche, marktwirtschaftliche und soziale Zusammenhänge und Beziehungen,
2.4 Bedarf und Ansprüche von zu versorgenden und zu betreuenden Personen,
2.5 Beschaffen und Bewerten von Informationen,
2.6 betriebliche Geschäftsvorgänge;

3 Betriebsräume und Betriebseinrichtungen:
3.1 Einsetzen von Maschinen, Geräten und Gebrauchsgütern,
3.2 Beurteilen und Planen von Betriebseinrichtungen;

4 hauswirtschaftliche Versorgungsleistungen:
4.1 Speisenzubereitung und Service,
4.2 Reinigen und Pflegen von Räumen,
4.3 Gestalten von Räumen und des Wohnumfeldes,
4.4 Reinigen und Pflegen von Textilien,
4.5 Vorratshaltung und Warenwirtschaft;

5 hauswirtschaftliche Betreuungsleistungen:
5.1 personenorientierte Gesprächsführung,
5.2 Motivation und Beschäftigung,
5.3 Hilfeleisten bei Alltagsverrichtungen;

6 Fachaufgaben im Einsatzgebiet:
6.1 betriebsspezifische Produkt- und Dienstleistungsangebote,
6.2 Kundenorientierung und Marketing,
6.3 Kalkulation und Abrechnung von Leistungen.

(2) Bei der Vermittlung der Fertigkeiten und Kenntnisse nach Absatz 1 Nr. 6 ist eines der folgenden Einsatzgebiete zugrunde zu legen:
1. hauswirtschaftliche Versorgung und Betreuung spezifischer Personengruppen in Privathaushalten, sozialen Einrichtungen oder Haushalten landwirtschaftlicher Unternehmen,
2. erwerbswirtschaftlich orientierte Versorgungs- und Betreuungsleistungen in Haushalten landwirtschaftlicher Unternehmen oder in hauswirtschaftlichen Betrieben.
Das Einsatzgebiet wird vom Ausbildungsbetrieb festgelegt. Es kann auch ein anderes Einsatzgebiet zugrunde gelegt werden, wenn es bezogen auf Breite und Tiefe die Vermittlung der Fertigkeiten und Kenntnisse nach Absatz 1 Nr. 6 erlaubt.

Ausbildungsrahmenplan

... enthält:
- detaillierte Ausbildungsinhalte – Mindestanforderungen
- sachliche und zeitliche Gliederung, insbesondere die Angaben über die Ausbildungsinhalte, die bis zur Zwischenprüfung vermittelt sein müssen
- Aufgabenvorschläge, die zu eigenem aktiven Lernen und Handeln anregen

Der Ausbildungsrahmenplan dient den Ausbildern zur Erstellung des betrieblichen Ausbildungsplanes (vgl. 2.5). Alle hier aufgeführten Inhalte **müssen** vermittelt werden.

Anforderungen, die nicht durch die AO abgedeckt sind, können
- durch Aufstockung des betrieblichen Ausbildungsplanes abgedeckt oder
- durch berufliche Fort-/Weiterbildung nachgerüstet werden.

Prüfungsanforderungen

Die Prüfungsanforderungen der AO geben an, welcher Stoffumfang abgefragt wird, wann die Prüfungen abgelegt werden, welche Fächer/Aufgabenbereiche in welcher Zeit zu bearbeiten sind, welche Zulassungsvoraussetzungen zu erfüllen sind und wie das Prüfungsergebnis festgestellt wird.

AUFGABEN

1. Suchen Sie Beispiele für Anforderungen, die nicht durch die AO abgedeckt sind.
   a) Lesen Sie die AO aufmerksam.
   b) Stellen Sie Ausbildungsinhalte heraus, die einer technischen/wirtschaftlichen Entwicklung unterliegen.
   c) Stellen Sie diesen Inhalten moderne Verfahren/Techniken gegenüber.
2. Finden Sie heraus, welche Anforderungen ein Betrieb **nach dem BBiG** erfüllen muss, wenn er ausbilden will?
3. Finden Sie anhand der aktuellen AO für Hauswirtschafterinnen heraus, in welchem Zeitraum folgende Ausbildungsinhalte vermittelt werden sollen und welche Ausbildungsinhalte bereits in der Zwischenprüfung abgefragt werden können:
   a) Speisenzubereitung und Service,
   b) Gestaltung von Räumen und des Wohnumfeldes.
4. Stellen Sie anhand der AO für Hauswirtschafterinnen zusammen, welche Prüfungsbestandteile die Abschlussprüfung umfasst. Wie setzt sich die praktische Prüfung zusammen, welche Fächer umfasst die theoretische Prüfung?

2.1.2 Aufgaben der Personalplanung und -entwicklung

Unternehmensplanung kennen

Ausbilder, die ihre Aufgaben in vollem Umfang wahrnehmen möchten/sollen, brauchen hierzu detaillierte Informationen. In vielen Betrieben werden strategische Planungen jedoch „unter Verschluss" gehalten, um sich nicht „in die Karten schauen" zu lassen. Ergebnis eines solchen Verhaltens ist aber dann auch oft ein Arbeiten auf verschiedene Ziele hin, das dem Erreichen eines gemeinsamen Unternehmenszieles entgegenwirkt.

Ausbilder, die mit ihrer Arbeit das Erreichen der Unternehmensziele unterstützen wollen, brauchen also:

- Kenntnis der Unternehmensplanung (Betriebserweiterung, Schwerpunktverlagerung, Qualitätsansprüche usw.)
- Zugang zu Daten (Fluktuation, Altersstruktur, Kosten)
- Kenntnisse der Arbeitsmarktsituation
- Kenntnisse über die Personalentwicklungsplanung
  - gewünschte Qualifikation
  - benötigter Zeitpunkt
  - benötigter Umfang
- Informationen über technische/konjunkturelle Entwicklungen, um diese berücksichtigen zu können

Gründe für Personalplanung

Zur Erreichung einer guten und stabilen Marktposition muss ein Betrieb langfristig und zielorientiert planen. Die Ziele sind bei allen Betrieben ähnlich geartet:

- Erreichen und Sichern einer guten Marktposition
- hohe bzw. steigende Wertschöpfung durch optimale Auslastung der Kapazitäten
- Senkung der Kosten bei gleich bleibenden oder steigenden Qualitätsleistungen
- Erlangen von Qualitätszertifizierungen, um auf einem enger werdenden Markt größere Chancen zu haben

Ziele einer vorausschauenden Personalplanung

- Personalengpässe durch Fluktuation bzw. Ausscheiden aus Altersgründen können durch vorausschauende Planung rechtzeitig erkannt werden.
- Es können rechtzeitig geeignete Arbeitskräfte aufgebaut und bereitgestellt werden, um entstehende Lücken schnell schließen zu können.
- Durch eigene Personalplanung und -entwicklung wird eine Unabhängigkeit vom Arbeitsmarkt erreicht.
- Mitarbeiter, die innerhalb des Betriebes aufsteigen, zeigen meist eine höhere Motivation und sind dem Betrieb enger verbunden. Außerdem benötigen sie keine Anlernzeiten, da sie mit den Betriebsabläufen bereits vertraut sind. So können die Kosten für aufwändige Personalsuche und zeitraubende Einarbeitungen gespart werden.
- Eng mit dem Betrieb verbundene Mitarbeiter sollen herangezogen werden.
- Mitarbeiter, die sich durch Fort- und Weiterbildungen höher qualifizieren sichern so ihren Arbeitsplatz.
- Vorhandene Qualifikations- und Kapazitätspotenziale können sinnvoller und gewinnbringender genutzt werden, wenn die künftigen Einsatz- und Aufgabengebiete sowie die Arbeitsanforderungen klar sind.
- Nur mit qualifizierten Mitarbeitern sind die Voraussetzungen für Qualitätszertifizierungen zu schaffen.

Personalentwicklung

Über eine gute Personalentwicklung lassen sich die oben genannten Betriebsziele erreichen, wenn es gelingt,

- Mitarbeiter zu gewinnen oder auszubilden, die sich mit dem Betrieb identifizieren und sich langfristig an ihn binden;
- die Ausbildungsinhalte auf den neuesten Stand der Technik zu bringen und den aktuellen Erfordernissen anzupassen;
- die Begabungen und Entwicklungspotenziale, die in den Mitarbeitern und Azubis schlummern, durch gezielte Motivation, Lob und eine positive Erwartungshaltung zu wecken, auszubauen und im Sinne der Betriebsziele zu nutzen;
- Trends frühzeitig zu erkennen und für alle Innovationen aufgeschlossen zu sein;
- die Qualifikation der Mitarbeiter den sich ändernden Betriebsbedürfnissen frühzeitig anzupassen;
- die Bereitschaft der Mitarbeiter zu fortlaufenden Fort- und Weiterbildungen zu fördern;
- Mitarbeiter und Azubis zum selbstständigen Lernen bzw. Anpassen der notwendigen Qualifikationen zu befähigen;

- die individuellen Neigungen der Mitarbeiter und Azubis zu erkennen, zu fördern und zu lenken und damit besonders engagierte, gezielt geschulte künftige Fachkräfte heranzubilden.

Die Personalentwicklung umfasst also nicht nur die Ausbildung, sondern ebenso den Aufbau und die Fort- und Weiterbildung der vorhandenen Mitarbeiter. Eine funktionierende Personalplanung berücksichtigt daher alle Möglichkeiten, um rechtzeitig passendes Personal bereitzustellen. Sehr wichtig ist dabei zu berücksichtigen, wie lange es dauert, bis die anvisierten Personen dann die vorgesehenen Arbeitsplätze ausfüllen können.
Bei Azubis rechnet man ungefähr 5–6 Jahre, bis sie selbstständig einsatzbereit sind. Mitarbeiter, die durch Fort- und Weiterbildungen aufgebaut werden, brauchen je nach Schulungsdauer ca. $^{1}/_{2}$ bis $1^{1}/_{2}$ Jahre und neue Mitarbeiter vom Arbeitsmarkt ca. $^{1}/_{2}$ bis 1 Jahr.

AUFGABE

Wie lange dauert es von der Hinwendung zu einem neuen Ausbildungsberuf bis zur selbstständigen Facharbeit des ausgebildeten jungen Menschen?
Führen Sie eine begründbare Schätzung durch. Beachten Sie dabei folgende Punkte.

1. Orientierung über einen neuen Ausbildungsberuf
2. Beschluss zur Einführung des neuen Berufs über alle Entscheidungsebenen
3. Suche nach Ausbildungsplatzbewerbern
4. Einstellungsgespräche
5. Zwischenzeit zwischen Bewerbung und Ausbildungsbeginn
6. Ausbildung nach Ausbildungsordnung
7. mögliche Unterbrechungen der Ausbildungszeit (z. B. Wehrdienst)
8. erste Erfahrungen an Arbeitsplätzen
9. Übernahme eines eigenen Aufgabenbereiches

Ein Hinweis: Bei einer Kfz-Werkstatt machte man die Erfahrung, dass ein Mechaniker nach dreijähriger Ausbildung noch ca. zwei bis drei Jahre der Einarbeitung benötigt, bis er **selbstständig** Fehlerquellen an Fahrzeugen herausfinden und beheben kann.

2.1.3 Ausbildungspläne lesen

Lernziele

Um einen guten Ausbildungserfolg zu erreichen, müssen Ausbilder Kenntnisse über den sinnvollen Aufbau von Lernzielen haben. Es wird unterschieden in Richt-, Grob- und Feinlernziele.
Ein **Lernziel** beschreibt die Fähigkeiten und Kenntnisse, die Azubis am Ende eines Lernabschnittes erworben haben sollen.

Im Ausbildungsberufsbild der Arbeitsordnung stehen die **Richtlernziele** und im Ausbildungsrahmenplan die **Groblernziele,** die in der Summe die Richtlernziele ergeben.

Beispiel: Auszug aus dem Ausbildungsrahmenplan zum Hauswirtschafter/zur Hauswirtschafterin.

Ausbildungsberufsbild = Richtlernziel	**Ausbildungsrahmenplan = Groblernziel**
4.3 Gestalten von Räumen und des Wohnumfeldes	• Dekorationen erstellen • Gestecke und Sträuße herstellen

Jedem Groblernziel ist ein Tätigkeitswort hinzugefügt (erstellen, herstellen, anwenden, durchführen, kontrollieren, mitwirken, ...); sodass deutlich wird, welche Befähigungen die Azubis nach der entsprechenden Ausbildungseinheit als Lernergebnis vorweisen sollen.

Die weitere Aufteilung der Groblernziele in **Feinlernziele** legen die Ausbilder unter Berücksichtigung der betrieblichen Gegebenheiten, der Lernfähigkeit und Auffassungsgabe ihrer Azubis fest.

Lernzielbereiche

Alle Lernziele lassen sich mit ihrem Schwerpunkt einem der drei folgenden Lernbereiche zuordnen:

- **Kognitiver Lernbereich** (Wissen, Denken, Verstehen)
  Hier werden die Kenntnisse beschrieben, die Azubis erwerben sollen. Außerdem zählen hierzu intellektuelle Fähigkeiten, wie das Erkennen von Zusammenhängen und die Anwendung des erworbenen Wissens, z. B. über den Arbeitsablauf im Bereich der Wäscherei des Ausbildungsbetriebes.

- **Affektiver Lernbereich** (Verhaltensweisen, Einstellungen)
  Dieser Bereich umfasst Verhaltensweisen, die den Sozialkomptenzen und der Selbstkompetenz zugeordnet werden können. Sie variieren je nach gesellschaftlicher Struktur und hängen z.T. von den Wertevorstellungen des Betriebes ab.
  Hierzu zählen z. B. die Fähigkeiten, sachlich zu diskutieren, die Meinung anderer zu tolerieren, und die Teamfähigkeit, aber auch Ehrlichkeit, Ordnungsliebe, Sorgfalt und Zuverlässigkeit, Hygienebewusstsein, ...

- **Psychomotorischer Lernbereich** (motorische Fertigkeiten)
  Es handelt sich dabei um motorische Fertigkeiten wie die Bedienung einer Maschine (z. B. Einscheibenmaschine) oder die richtige Schneidetechnik in der Großküche, die Einübung von Bewegungsabläufen, Hand- und Fingerfertigkeiten sowie körperlicher Kraft und Ausdauer bei der Ausübung von beruflichen Tätigkeiten.

Die Zuordnung der Lernziele zu kognitiven, affektiven oder psychomotorischen Lernzielbereichen kennzeichnet lediglich die **Schwerpunkte** der einzelnen **Lerninhalte.** Tatsächlich treten jedoch bei jedem Lernprozess Veränderungen in allen drei Lernzielbereichen auf.

Lernzielstufen

In jedem Lernzielbereich können die Lernziele auch nach ihrem Schwierigkeitsgrad geordnet werden.
Es handelt sich dabei um Lernzielstufen, die eine Rangfolge ergeben. Die jeweils höhere Lernzielstufe ist für die Azubis erst dann zu erreichen, wenn sie die darunter liegenden Lernzielstufen beherrschen.

Lernzielstufen im affektiven Bereich

Wie oben bereits angesprochen können die Lernbereiche nicht strikt voneinander getrennt werden. Wer beispielsweise den sachlichen Verlauf eines Betreuungsgesprächs erlernt, übt sich gleichzeitig im Eingehen auf die zu betreuenden Personen.
Es gibt noch keine allgemein anerkannte Lernzielhierarchie im affektiven Lernbereich, da Stimmungen, Gefühle und Befinden bei jedem Menschen unterschiedlich sind.

Für das berufliche Lernen zeichnen sich drei Lernzielstufen als besonders bedeutsam ab:

Beispielhafte Erklärungen:

- **Bewusst wahrnehmen:**
  Die Ausbilderin macht die Azubi auf bestimmte Werte, Haltungen und Einstellungen aufmerksam, z. B. auf den passenden Ton im Umgang mit zu betreuenden Personen, auf Zuverlässigkeit und Pünktlichkeit im Arbeitsverhalten oder auf die Sorgfalt im Umgang mit Hygienevorschriften im Betrieb. Dadurch ist die Azubi in der Lage, ihr eigenes Verhalten und das der Kollegen bewusst wahrzunehmen.
- **Reagieren:**
  Diese bewusste Wahrnehmung ermöglicht es, entsprechende Reaktionen zu zeigen. Z. B. Für die genannten Beispiele bedeutet dies: Die Azubi bemüht sich um einen freundlichen Ton im Umgang mit zu betreuenden Personen; sie achtet auf ihre Pünktlichkeit und auf die Einhaltung von gemachten Zusagen. Als sie Geflügel bearbeitet, erfragt sie die erforderlichen Hygienemaßnahmen.
- **Werten:**
  Die Azubi kann ihr eigenes Verhalten und das ihrer Kollegen mit den geforderten Verhaltensweisen und Einstellungen vergleichen und realistisch einschätzen bzw. bewerten. Z. B.: Wie ist die Reaktion der betreuten Person? War der verwendete Umgangston freundlich genug, oder sollte hier noch eine Veränderung vorgenommen werden?

Lernzielstufen im kognitiven Bereich

- **Reproduktion – einfache Wiedergabe von Wissen**
  Hier handelt es sich z. B. um auswendig gelernte Formeln, Aufzählung oder Nennung von Fakten, Inhalten, Daten.
  Im Rahmenlehrplan verwendete Verben:
  nennen, angeben, kennen, aufzählen, berichten, wissen, zeigen …
- **Reorganisation – verstandesgemäße Verarbeitung und Aufbereitung von Wissen**
  Die Lerninhalte sollen beschrieben, begründet und erklärt werden. Unterschiede und Wissen sind auf praktische Fälle und Probleme anzuwenden. Abgrenzungen sind darzustellen, Vergleiche sind anzufertigen.
  Im Rahmenlehrplan verwendete Verben:
  abgrenzen, beschreiben, darstellen, erläutern, unterscheiden, vergleichen, verstehen, erklären …
- **Transfer – Anwendung bei ähnlichen Aufgaben**
  Ähnliche Aufgaben können mit dem bereits Gelernten bearbeitet werden, indem Argumente abgewogen, Ursachen bzw. Konsequenzen von Arbeitsabläufen berücksichtigt werden.
  Im Rahmenlehrplan verwendete Verben:
  anfertigen, anwenden, ausführen, entwickeln, untersuchen, finden, lösen …
- **Kreativität – Umsetzung eigener neuer Ideen, Entwicklung von Problemlösungen**
  Selbstständig gefundene Problemlösungen sind vorzutragen, Varianten gegeneinander abzuwägen, Stellungnahmen zu begründen. Dazu muss das Sachgebiet in den vorhergehenden Lernzielstufen beherrscht werden.
  Im Rahmenlehrplan verwendete Verben:
  begründen, bewerten, beurteilen, entscheiden, Folgerungen ziehen, Stellung nehmen …

Eine andere Abstufung im kognitiven Bereich beinhaltet die Lernzielstufen:
Wissen – Verständnis – Anwendung – Problemlösung/Kreativität – Bewertung/Prüfung.
Beide Abstufungen werden in der Praxis angewendet.

Lernzielstufen im psychomotorischen Bereich

Auch hier gilt die Regel, dass psychomotorische Lernziele nicht isoliert, sondern nur in Verbindung mit kognitiven Lernzielen erreicht werden. Eine Azubi kann z. B. die Bedienung des Fußpedals der Heißmangel erklären, aber erst durch Übung lernt sie das richtige Heben und Senken der Bügelmulde im richtigen Moment.
Auch hier ist eine allgemein gültige Lernzielstufung nicht vorhanden. Eine Ausbilderin kann sich aber an folgenden drei Stufen orientieren:

- **Ausführung einfacher Handlungs- und Bewegungsabläufe**
  Die Azubi lernt, zu bestimmten Anlässen bestimmte Bewegungen auszuführen oder zu unterlassen. Nach einer gewissen Übungsphase erfolgen diese Bewegungen meist unbewusst.
- **Durchführung komplexer Arbeitsgänge**
  Verwendung von Hand und Fuß oder beiden Händen mit unterschiedlichen Bewegungen bei bestimmten Arbeitsgängen.
- **Transfer**
  Übertragung bereits gelernter Arbeitsgänge auf andere/neue Einsatzbereiche und Aufgabengebiete. Umsetzung und Anwendung von bekannten Methoden und Fertigkeiten in fremden Situationen.

2.2 Eignung des Ausbildungsbetriebes überprüfen

2.2.1 Voraussetzungen für die Eignung des Betriebes nach BBiG

Das BBiG sagt über die Eignung der Ausbildungsstätte in § 27:

„1. Azubis dürfen nur eingestellt werden, wenn
 1. die Ausbildungsstätte nach Art und Einrichtung für die Berufsausbildung geeignet ist,
 2. die Zahl der Azubis in einem angemessenen Verhältnis zur Zahl der Ausbildungsplätze oder zur Zahl der beschäftigten Fachkräfte steht, es sei denn, dass andernfalls die Berufsausbildung nicht gefährdet wird.
2. Eine Ausbildungsstätte, in der die erforderlichen Kenntnisse und Fertigkeiten nicht in vollem Umfang vermittelt werden können, gilt als geeignet, wenn dieser Mangel durch Ausbildungsmaßnahmen außerhalb der Ausbildungsstätte behoben wird."

Dies bedeutet:

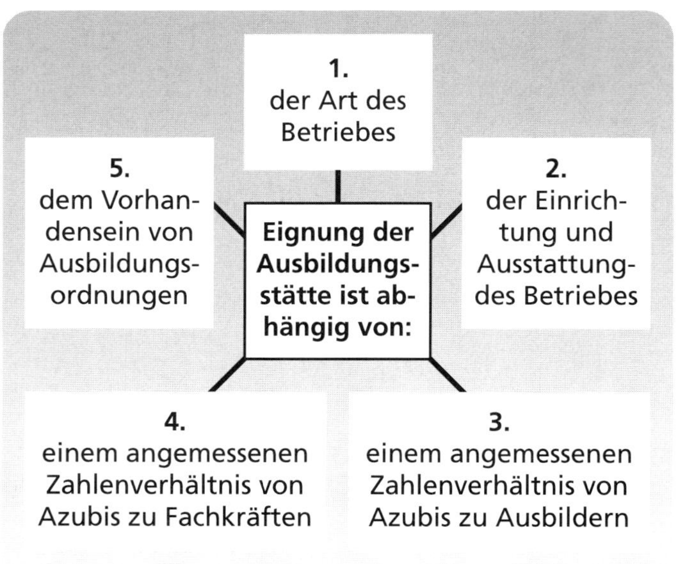

1. **Eignung nach der Art des Betriebes**
   - Alle in der AO genannten Fertigkeiten und Kenntnisse des Ausbildungsberufes müssen im normalen Betriebsablauf mit zeitgemäßen Techniken und Arbeitsverfahren vermittelbar sein.
   - Entsprechende Arbeitsaufträge oder Arbeitsaufgaben müssen für die realitätsnahe Vermittlung gegeben sein.
   - Ausbildungsinhalte, die mangels Möglichkeiten nicht vermittelt werden können, dürfen durch Ausbildung in einem anderen Betrieb (Kooperation) oder in überbetrieblichen Ausbildungsstätten vermittelt werden, sofern sich deren Umfang in angemessenem Rahmen hält.

2. **Eignung nach Einrichtung des Betriebes**
   Um die Fertigkeiten und Kenntnisse praxisnah und zeitgemäß vermitteln zu können, müssen die Räumlichkeiten und die Ausstattungen mit Arbeitsmitteln und -geräten in ausreichendem Umfang vorhanden sein.
   Inwieweit die vorhandenen Einrichtungen ausreichend sind, ist Ermessenssache und muss im Einzelfall mit dem Ausbildungsberater der zuständigen Stelle geklärt werden.

3. **Eignung nach einem angemessenen Zahlenverhältnis von Azubis zu Ausbildern**
   Das BBiG macht hier keine eindeutige Aussage, sodass das angemessene Verhältnis ebenfalls eine Ermessenssache ist.
   Als Richtwerte werden häufiger folgende Zahlen genannt:
   Nebenberufliche Ausbilder sollten nicht mehr als drei Azubis betreuen,
   hauptamtliche Ausbilder nicht mehr als 16.
   Bei sehr gefahrenanfälligen Tätigkeiten können aber bereits diese Zahlen zu hoch sein.

4. **Eignung nach einem angemessenen Zahlenverhältnis von Azubis zu Fachkräften**
   Auch hier macht das BBiG keine eindeutige Aussage, jedoch hat der Bundesausschuss für Berufsbildung 1972 folgende Zahlen als Empfehlung herausgegeben:

Zahl der Fachkräfte	Zahl der Azubis
1 – 2	1
3 – 5	2
6 – 8	3
je 3 weitere	+1

   Als Fachkräfte werden danach angesehen:
   - Ausbildende
   - bestellte Ausbilder
   - Mitarbeiter mit Berufsabschluss der entsprechenden Fachrichtung
   - Mitarbeiter, die mindestens die doppelte Zeit, die als Ausbildungszeit vorgeschrieben ist, in diesem Beruf tätig sind.

5. **Vorhandensein von Ausbildungsordnungen**
   Nach § 11 Abs. 1.1 BBiG ist eine sachliche und zeitliche Gliederung sowie das Ziel der Berufsausbildung in die Vertragsniederschrift mit aufzunehmen. Diese Informationen enthält die AO in gebündelter und aktuellster Ausfertigung.

2.2.2 Eignungsfeststellung

§ 32 BBiG Abs. 1

„Die zuständige Stelle hat darüber zu wachen, dass die persönliche und fachliche Eignung sowie die Eignung der Ausbildungsstätte vorliegen".

- In Betrieben, die erstmals oder nach längerer Unterbrechung wieder ausbilden, ist die Eignung festzustellen (in der Hauswirtschaft übernimmt dies die Ausbildungsberaterin der zuständigen Stelle in anderen Bereichen prüft der Betrieb selbst die Eignung und meldet das Ergebnis der Kammer, die nur stichprobenartig oder nach Eingang von Beschwerden, Betriebsbesichtigungen durchführt).

- Bei Feststellung von Mängeln, die die Azubis nicht gefährden, werden die Ausbildenden aufgefordert, die Mängel innerhalb angemessener Frist zu beheben.
- Werden die Mängel nicht innerhalb der gesetzten Frist behoben, so kann die Berechtigung zum Ausbilden durch die zuständige Landesbehörde widerrufen werden (bei der Hauswirtschaft ist die zuständige Stelle zugleich die zuständige Landesbehörde).
- Wurde die Ausbildung untersagt, dürfen die Ausbildenden weder Azubis einstellen noch diese in der Ausbildungsstätte ausbilden.
- Änderungen des Betriebes, die sich auf das Ausbildungsziel auswirken können (= Änderungen der Betriebseignung), haben die Ausbildenden unverzüglich der zuständigen Stelle zu melden. Betriebsbesichtigungen durch die zuständige Stelle sind zu gestatten.
- § 102 BBiG Ordnungswidrigkeiten: Wer gegen die Anforderungen der §§ 11, 14, 15, 28, 33, 36 oder 76 des BBiG verstößt, macht sich strafbar und kann mit Geldbußen bis zu 5000 € belegt werden.

2.2.3 Ausbildungsmaßnahmen außerhalb des Betriebes

Nach § 27 Abs. 2 BBiG dürfen auch Betriebe ausbilden, die die erforderlichen Kenntnisse und Fähigkeiten nicht in vollem Umfang vermitteln können, wenn sie diesen Mangel durch Ausbildungsmaßnahmen außerhalb des Betriebes beheben.

Gründe für Mangel:
- fehlende Einrichtungen
- fehlende Arbeitsprozesse
- starke Spezialisierung des Betriebes
- Betriebsvolumen insgesamt zu gering

Um diesen Mangel auszugleichen, gibt es verschiedene Möglichkeiten:
- Ausbildungsverbund
- überbetriebliche Ausbildungsstätten

Varianten der Verbundausbildung

1. **Konsortium**
   - Zusammenschluss verschiedener Betriebe.
   - Jeder Betrieb schließt selbst die Verträge mit den Azubis.
   - Zu bestimmten Phasen tauschen die Azubis die Betriebe.

2. **Auftragsausbildung**
   - Die Azubis werden in bestimmten Ausbildungsabschnitten zur Ausbildung genau benannter Ausbildungsinhalte in einen anderen Betrieb entsandt (z. B. Wäscherei).

3. **Leitbetrieb mit Partnerbetrieben**
   - Ein Betrieb (der Leitbetrieb) stellt Azubis ein.
   - Verantwortung und Organisation der Ausbildung liegen beim Leitbetrieb.
   - Partnerbetriebe nehmen die Azubis zur Vermittlung festgelegter Ausbildungsinhalte auf.

4. **Ausbildungsverein (auch Ausbildungsgesellschaft genannt)**
   - Verschiedene Betriebe schließen sich zu einem Verein zusammen und tragen diesen dann auch finanziell.
   - Der Verein stellt die Azubis ein (= Ausbildender), und übernimmt die Organisation und Verwaltungsaufgaben.
   - Die Ausbildung findet in den dem Verein angeschlossenen Betrieben statt.

Überbetriebliche Ausbildungsstätten

- Sie bieten die Möglichkeit, Teile der Berufsausbildung außerhalb des Betriebes durchführen zu lassen.
- Ein Nachteil ist sicherlich die relativ lange Abwesenheit vom Ausbildungsbetrieb und damit von der beruflichen Praxis.

Vorteile von Zusammenschlüssen im Sinne der Ausbildung

- Ein Vorteil ist die sehr gezielte Ausbildung bestimmter Ausbildungsinhalte.
- Sinnvoll ist diese Art, wenn in einer Branche starke Spezialisierung der einzelnen Betriebe vorliegt, die Ausbildung aber alle Bereiche abdecken soll. (Beispiel: Molkereien; Spezialisierung auf Hart- oder Weichkäse, der Molkereifachmann soll aber die Herstellung der gesamten Produktpalette erlernen – dazu werden die Grundtechniken in der überbetrieblichen Ausbildung in der Molkereifachschule gelehrt. Die Finanzierung erfolgt durch den milchwirtschaftlichen Verein, den die angeschlossenen Molkereien gegründet haben.)

AUFGABEN

1. Überlegen Sie sich Aufgabenfelder/-bereiche aus der Hauswirtschaft, die in einem Betrieb nicht ausgebildet werden können, und suchen Sie Gründe dafür.
2. Diskutieren Sie im Kollegenkreis, ob es in Zukunft mehr Verbundausbildungen geben wird oder nicht. Begründen Sie Ihre Aussagen.
   a) Wie sieht die Zukunft in den hauswirtschaftlichen Betrieben aus?
   b) Welche Tendenzen sind bereits heute zu erkennen?

2.3 Organisation der Ausbildung festlegen

2.3.1 Lernorte auswählen

Lernorte der Ausbildung:
- Betrieb
- Berufsschule
- außerbetriebliche Ausbildungsstätte

■ Lernorte im Betrieb

Im Folgenden werden die verschiedenen Lernorte eines Betriebes vorgestellt – mit Bezug auf die Ausbildungsinhalte, die dort vermittelt werden.
Nicht in jedem Betrieb gibt es alle diese verschiedenen Lernorte, trotzdem sollen hier alle Möglichkeiten kurz vorgestellt werden.

■ Arbeitsplatzunabhängige Lernorte

Hier sind alle Azubis zusammengefasst.

Unterrichtsraum
Geeignet für:
- Zusatzunterricht neben der praktischen Tätigkeit
- als Ergänzung zum Berufsschulunterricht
- Orientierung über die Eigenarten des Betriebes, seiner Organisationsstruktur, seines Produktions- und Lieferprogramms, seiner Geschichte
- Vermittlung der Unternehmensgrundsätze
- systematische Vermittlung der in den Abteilungen ausgeübten Tätigkeiten
- besseres Erkennen der Zusammenhänge
- bessere Zuordnung des Sinns der ausgeführten Arbeit für das Betriebsganze
- Erwerben von Hintergrundwissen

Ausbildungswerkstatt / Ausbildungsküche
Geeignet für:
- die systematische Vermittlung von Grundtechniken
- das Üben mit den Produktionsmaschinen, ohne die Produktion zu behindern
- die systematische Vermittlung der neuen Techniken, vor allem auch der PC-Technik
- die Durchführung von Projektarbeit im Team
- die Vorbereitung auf die Prüfungen
- Anfertigung von Einzelstücken und Sonderanfertigungen für den Betrieb
- bereits ausgebildete Fachkräfte, die hier den Umgang mit neuer Technik erlernen und einüben können

Die Einrichtung einer solchen Werkstatt / Küche lohnt nur für große Betriebe. Die Azubis verbringen 50–70 % der Ausbildungszeit in dieser Werkstatt. Eine gut eingerichtete Ausbildungswerkstatt verursacht recht hohe Kosten, die gute Ausbilder durch gezielten Einsatz / gezielte Sonderproduktionen für den Betrieb senken. So kann auch hier ein Nutzen erwirtschaftet werden.

Lernbüro
Geeignet:
- hauptsächlich für den Einsatz bei Büroberufen
- als Ergänzung zur Arbeit am Arbeitsplatz
- für die Vermittlung von Hintergrundwissen und Zusammenhängen
- für systematisches Einüben der kaufmännischen und verwaltenden Aufgaben
- für die Bearbeitung von echten Aufgaben oder simulierten Vorgängen
- für die Durchführung des Planspiels
- für die selbstständige Bearbeitung von komplexen Aufgabenbereichen bei dem Einsatz der Leittextmethode

■ Lernorte „Vor Ort"

Arbeitsplatz
- Lernen und Arbeiten am Arbeitsplatz
- Kennenlernen der realen Arbeitsatmosphäre
- schnelleres selbstständiges, handlungsfähiges und problembewusstes Handeln
- Gefahr, dass nicht alle Ausbildungsinhalte vermittelt werden, weil sie gerade im Arbeitsalltag nicht auftreten
- systematisches Erlernen von Grundtechniken und Arbeitsabläufen oft nicht möglich
- Fachbildung wird am Arbeitsplatz nur sehr ungenügend und unzusammenhängend vermittelt
- Gefahr des Ausnutzens als billige Arbeitskraft, wenn ausschließlich am Arbeitsplatz ausgebildet wird
- hohes Arbeitstempo und Gleichartigkeit der Arbeitsaufgaben

Lehrecke
- in der Nähe des Arbeitsplatzes mit Kontakt zum Arbeitsplatz
- Azubis können sich zeitweise zurückziehen, um einzelne Ausbildungsinhalte genauer, intensiver und systematischer anzugehen.
- Hier können theoretische Grundlagen aufgearbeitet und Arbeitstechniken systematisch eingeübt werden, ohne den Arbeitsablauf dadurch zu behindern.
- Eine Lernecke umfasst nur eine geringe Anzahl an Arbeitsplätzen.
- Die Lernecke ist so ausgestattet wie ein normaler Arbeitsplatz.
- Ein Mitwirken der Azubis am normalen Arbeitsablauf ist jederzeit gewährleistet.

Lerninsel
- Einsatz in großen Firmen, die mehrere gleichartige Arbeitsbereiche (Fertigungsinseln) haben.
- Die Lerninsel ist ebenso aufgebaut wie die Fertigungsinsel und bekommt die gleichen Arbeitsaufgaben – nur mehr Zeit für die Bewältigung der Aufgaben.
- Hier arbeiten mehrere Azubis im Team zusammen.
- Sie können sich Hilfe holen von einem ihnen zugeordneten Facharbeiter, der aber nicht als Ausbilder fungiert und ihre Arbeiten überprüft, sondern lediglich angeforderte Hilfestellung gibt.
- Diese Lerninsel erwirtschaftet mit ihrer Arbeit „Kapital", das auf einem Konto verbucht wird, hiervon wird der Einsatz der Fachkraft abgezogen, dadurch bekommen die Jugendlichen eine Vorstellung davon, wie viel ihre Arbeit der Firma einbringt oder wie viel ihre Ausbildung den Betrieb kostet.
- Diese Art von Lernort eignet sich nur für industrielle Großbetriebe.
- Die Jugendlichen lernen Teamarbeit und das Umgehen mit realen Arbeitsabläufen, allerdings unter erleichternden Bedingungen.

Juniorfirma
- Eine echte Firma mit einem begrenzten Aufgabengebiet wird Junioren zur Verfügung gestellt.
- Sie haben bestimmte Dienstleistungen oder Produkte zu vermarkten.
- Kleine Abteilungen ermöglichen den Jugendlichen, sich einen schnellen Gesamtüberblick über die Firma zu verschaffen.
- Eine begrenzte Ausbildungszeit verbringen die Azubis täglich in dieser Firma und betreiben sie so.
- Die Firma wird durch verschiedene Gesellschafter (ortsansässige Firmen, Banken und die Berufsschule) unterstützt und finanziert.
- Eine sehr praxisnahe Ausbildung mit großer Motivation für die Jugendlichen ist möglich.
- Starke Förderung des Verantwortungsbewusstseins und der Selbstständigkeit ist das Ziel.

■ Lernorte außerhalb des Betriebes

Überbetriebliche Ausbildung:
- Übernahme von Azubis aus verschiedenen Ausbildungsbetrieben in eine überbetriebliche Ausbildungsstätte
- systematische Vermittlung von Grundfertigkeiten und Grundtechniken
- sehr hoher Kostenaufwand
- Vermittlung von Ausbildungsinhalten, die durch Spezialisierung der Betriebe sonst nicht vermittelt werden können

Außerbetriebliche Ausbildung:
- Die Azubis werden zur Vermittlung bestimmter Lerninhalte in einen Partnerbetrieb entsandt.
- Die Ausbildungsverantwortung liegt nach wie vor beim Grundbetrieb.
- Die Entsendung findet für einen begrenzten Zeitraum und ein begrenztes Ausbildungsvolumen statt.

AUFGABE

Überlegen Sie praktische Beispiele für Arbeitsaufgaben, die Azubis besser am Arbeitsplatz erlernen können, und Beispiele für Tätigkeiten, die besser in einer Lehrwerkstatt/Schulküche vermittelt werden können.

2.3.2 Kooperation verschiedener Lernorte

Je größer der Betrieb und je weiter die einzelnen Ausbildungsorte voneinander entfernt sind, umso wichtiger ist die Zusammenarbeit/der Austausch dieser Lernorte untereinander und mit den Ausbildern. Werden auch noch einzelne Ausbildungsinhalte extern ausgebildet, ist dies noch wichtiger, um ein gutes Ausbildungsergebnis zu erreichen.

Daher müssen:
- mehrere Lernorte durch organisatorische Maßnahmen sinnvoll miteinander verknüpft werden
- häufig Gespräche mit mitausbildenden Fachkräften geführt werden, um zu erkennen,
  - ob die Ausbildung planmäßig läuft,
  - wie die Kenntnisse und Fähigkeiten umgesetzt werden
- häufig Gedanken ausgetauscht werden, um
  - Probleme zu erkennen und rechtzeitig Abhilfe zu schaffen,
  - Schwachstellen und Kooperationsschwierigkeiten zu beheben
- mitausbildende Fachkräfte mit in die Planung einbezogen werden

AUFGABEN

<u>Situation 1:</u>
Sie sind Ausbilderin in einem 1000-Betten-Haus, dessen Abteilungen alle sehr selbstständig arbeiten. Außer an direkten Schnittstellen finden kaum Kontakte zwischen den einzelnen Abteilungen statt. Die Azubis durchlaufen die verschiedenen Abteilungen nacheinander.

1. Wie könnte hier durch eine gezielte Ausbildungsorganisation eine Verknüpfung der verschiedenen Abteilungen stattfinden?
2. Welche Kooperationen zwischen den Abteilungen sind notwendig? Geben Sie Beispiele.
3. Warum ist diese Kooperation so wichtig?

Situation 2:
Sie haben die Wäschepflege an eine externe Firma vergeben und möchten, dass ihre Azubis diesen Teilbereich der Ausbildung extern erlernen.

4. Welche Kooperationen/Absprachen sind für eine gute Ausbildung Ihrer Azubis notwendig? Geben Sie Beispiele und begründen Sie Ihre Aussagen.

2.4 Organisation und Inhalte mit der Berufsschule abstimmen

2.4.1 Ausbildungsaufgaben der Berufsschule

- erweiterte Allgemeinbildung (Wirtschaft- und Sozialkundeunterricht, Mathematik, Deutsch)
- berufliche Grund- und Fachbildung
- vermittelt betriebsunabhängige Grundfertigkeiten und -kenntnisse
- erläutert und vertieft das Verständnis für die betrieblichen Arbeitsabläufe und -zusammenhänge
- hilft beim Wechsel zwischen zwei Sozialisationsräumen (Schule/Betrieb)
- Berufsschule gibt Gelegenheit, sich dem Druck der betrieblichen Anforderungen zu entziehen (Druck des neuen unbekannten Sozialisationsraumes Betrieb)

2.4.2 Abstimmung zwischen Betrieb und Berufsschule

- Zeitliche Abstimmung: Der Betrieb muss über die Berufsschulzeiten informiert sein:
  Welcher/welche Wochentag/e ist/sind Unterricht?
  Wird als Blockunterricht unterrichtet?
  Wie lange ist Unterricht?
- Rahmenlehrplan und AO sind aufeinander abgestimmt – die Kenntnis des Ausbildungsplanes des Partners kann Doppelarbeit ersparen.
- Abstimmung der Ausbildungsinhalte – ist die Theorie bereits durchgenommen, spart dies Zeit in der Praxis bzw. ein Zurückgreifen auf praktische Erfahrungen der Azubis machen den theoretischen Unterricht abwechslungsreicher und anschaulicher. Die Azubis werden besser ausgebildet, da die so vermittelten Inhalte besser haften bleiben.
- Zusammenarbeit bei größeren Projekten – spart Zeit, macht den Schulalltag attraktiver und schafft Verbindungen und persönliche Kontakte. Handlungsfähigkeit wird geschult und bei einer derartigen Zusammenarbeit von Betrieb und Schule können beide Beteiligten Kosten sparen.
- Engagement in Prüfungsausschüssen – bietet die Möglichkeit zum Kontakt und zum Informationsaustausch. Hier können sowohl Absprachen über anzuwendende Arbeitsverfahren und –techniken getroffen werden als auch die Aktualität der bestehenden Ausbildungsinhalte diskutiert werden.
- Mitarbeit in Gesprächs- und Arbeitskreisen bietet ähnliche Möglichkeiten wie das Engagement in Prüfungsausschüssen. Gute Kontakte zwischen Schule und Betrieb erschweren ein gegenseitiges Ausspielen durch die Azubis.
- Nutzung des Berichtsheftes als Infoquelle – ein Aufgreifen gemachter Erfahrungen von Schülern macht den Unterricht lebhafter und praxisnäher. Außerdem erkennt der Lehrer ob die Azubis die theoretischen Hintergründe der gemachten Arbeit durchschaut haben.

Guter Kontakt zwischen Ausbildern und Lehrern fördert wechselseitige Unterstützung.

2.4.3 Kooperation in der Praxis

- Ausbilder sind oft arbeitsmäßig überlastet und erhalten von ihrem Betrieb keine Rückendeckung für zusätzliches Engagement für die Ausbildung.
- Die Lehrkräfte können aus zeitlichen Gründen nicht mit allen Ausbildern einen engen Kontakt pflegen und werden hierfür von den Schulen auch wenig unterstützt.
- Es existieren nur geringe Kontakte, meist nur wegen Disziplin- oder Lernschwierigkeiten.
- Zusammenarbeit findet fast gar nicht statt, da eine Abstimmung der Lerninhalte aus organisatorischen Gründen oft nicht möglich ist.
- Informationsaustausch findet fast ausschließlich über die Azubis statt.
- Häufig besteht eine Geringschätzung oder ein Vorurteil gegenüber dem Partner.
- Gesprächs- und Arbeitskreise haben keine breite Basis.
- Wenige sehr engagierte Lehrkräfte und Ausbilder opfern Freizeit für zusätzliche Kontakte und Zusammenarbeit.

AUFGABEN

Die Kooperation zwischen Berufsschule und Betrieb ist meist ein „heikles Thema".

1. Nehmen Sie Stellung zu folgenden Meinungen:
   - Ausbilder meinen: „Lehrer kennen den betrieblichen Alltag zu wenig und sind für neue Entwicklungen nicht hinreichend aufgeschlossen."
   - Lehrer meinen: „Ausbilder haben nur geringe pädagogische Kompetenz und zu wenig Zeit für Kooperationen."
   - Ausbilder Mayer sagt: „Ich bin ein unabhängiger Unternehmer, die Berufsschule interessiert mich nicht. Die sollen froh sein, dass ich einen Ausbildungsplatz zur Verfügung stelle."

2. Finden und beschreiben Sie Gründe für die geringe Zusammenarbeit zwischen den Ausbildungspartnern und überlegen Sie Maßnahmen zu deren Beseitigung.

2.5 Ausbildungsplan erstellen

2.5.1 Grundelemente eines Ausbildungsplanes

Vorgabe durch das BBiG § 5 Abs. 1.4 sind die Angaben über die sachliche und zeitliche Gliederung sowie das Ziel der Ausbildung.
Daher müssen Ausbilder ihre **Ausbildungsziele** festlegen und aufbauend anordnen.
Diesen Ausbildungszielen werden Ausbildungs**inhalte** bzw. Arbeits**aufgaben** zugeordnet, durch die den Azubis die Fertigkeiten und Kenntnisse möglichst umfassend vermittelt werden können.
Die Arbeitsaufgaben und Ausbildungsinhalte müssen dann in ein **Zeitraster** eingefügt werden, das Ausfallzeiten durch Berufsschule, Urlaub und überbetriebliche Ausbildung berücksichtigt.

2.5.2 Verschiedene Arten von Ausbildungsplänen

Es gibt eine große Anzahl verschiedener Pläne, die zur Organisation der Berufsausbildung dienen können. Die wichtigsten Ausbildungspläne sind jedoch der **betriebliche Ausbildungsplan** und der **individuelle Ausbildungsplan.**
In der Praxis wird in einem Ausbildungsbetrieb einmal zu Beginn der ersten Ausbildung ein **betrieblicher Ausbildungsplan** erstellt, der dann für die Ausbildung in diesem Betrieb seine Gültigkeit behält, bis der Lehrplan sich ändert oder der Betrieb seine Struktur ändert.
Der **Individuelle Ausbildungsplan** wird auf die jeweiligen Azubis abgestimmt und diesen vor Beginn der Ausbildung ausgehändigt. Er enthält Abweichungen von der Regelausbildungszeit, zeitliche Angaben über die Ausbildung in den entsprechenden Fachabteilungen, Besonderheiten, die zu beachten sind, wie Lernschwierigkeiten, Sprachprobleme oder Behinderungen, ...
In größeren Betrieben mit mehreren Azubis, die die Abteilungen unterschiedlich durchlaufen, ist es zusätzlich sinnvoll, Pläne zu erstellen, die erkennen lassen, wann wie viele Azubis in welcher Abteilung ausgebildet werden.
Hierzu eignen sich **Durchlaufpläne, Belegungspläne** oder **Versetzungspläne.**

Beispiel eines Beleg-/Versetzungsplanes

Abteilung	**Aug. 05 – Okt. 05**	**Nov. 05 – Jan. 06**	**Febr.06 – Apr. 06**
Küche	Azubi 1	Azubi 1	Azubi 2+4
Waschküche	Azubi 2	Azubi 3	Azubi 5
Service	Azubi 3+4	Azubi 2+5	Azubi 1
Reinigung	Azubi 5	Azubi 4	Azubi 3

Aus einem derartigen Plan lässt sich leicht erkennen, **wo** welche Azubi **wann** eingesetzt ist und wann **wie viele** Azubis in welchen Abteilungen ausgebildet werden. So können auch Arbeitsschwerpunkte in bestimmten Abteilungen durch gezielten Einsatz der Azubis gemindert werden.

2.5.3 Grundregeln für die Erstellung eines Ausbildungsplanes

Die Ausbildungsinhalte des Ausbildungsrahmenplans sind nach Sachgebieten gegliedert.
Diese wiederum beinhalten bereits eine lernpsychologische Staffelung der Lerninhalte für die einzelnen Ausbildungsjahre.
Ausgehend von einer breit angelegten fachlichen Grundbildung im 1. Ausbildungsjahr baut sich darauf eine allgemeine Fachbildung und eine vertiefende Fachbildung auf.

Dieser Aufbau erfolgt nach den allgemein gültigen **pädagogischen Grundregeln:**
1. vom Einfachen zum Schwierigen
2. vom Einzelbaustein zum zusammengesetzten
3. vom Nahen zum Fernen
4. vom Leichten zum Komplizierten
5. vom Grundwissen zum Fachwissen (= Allgemeinen – Speziellen)
6. vom Konkreten zum Abstrakten
7. von der Regel zur Ausnahme

Nach diesen Grundsätzen sollte auch die Reihenfolge der verschiedenen Ausbildungsinhalte beim Erstellen eines Ausbildungsplanes festgelegt werden. Diese pädagogischen Grundregeln werden auch bei der Gestaltung einer Unterweisung angewendet (vgl. 4.3.1 „Prinzipien der handlungsorientierten Arbeitsunterweisung").

Die Didaktik (= die Lehre des Lehrens und Lernens) kennt noch weitere Grundregeln, die das Lehren und Lernen erleichtern und sichern. Der Aufbau jeder Lerneinheit/Ausbildungseinheit sollte nach den folgenden Regeln gestaltet werden, um einen möglichst großen Lernerfolg/eine hohe Behaltensquote zu erreichen:

Orientierung an den Azubis
Der Umfang und die Schwierigkeit des neu zu vermittelnden Ausbildungsinhaltes müssen an die Vorkenntnisse und die Leistungsfähigkeit der Azubis angepasst werden. So können diese die neuen Inhalte in ihrer Ganzheitlichkeit erfassen und begreifen. Durch diese Regel wird eine Überforderung vermieden und der Lernerfolg sichergestellt.

Veranschaulichung
Durch eine Darstellungsweise, die möglichst **viele Sinne anspricht,** können Lernprozesse leichter in Gang gebracht werden (vgl. 4.3.1 „Prinzipien der handlungsorientierten Unterweisung").
Je mehr Sinne (Sehen, Hören, Fühlen, Schmecken, Riechen) bei der Vermittlung eines Lerninhaltes angesprochen werden, umso leichter können sich Azubis eine Vorstellung vom Lerninhalt machen. Die Veran-

schaulichung beeinflusst so in erheblichem Maße den Lernerfolg.

Beispiel:
Gerade so abstrakte Lerninhalte wie die Funktionsweise eines Wäschetrockners lassen sich ohne Anschauungsmaterial wie schematische Funktionszeichnungen oder Modelle nicht begreifen.

Praxisbezug
Viele Azubis erwarten in ihrer Berufsausbildung hauptsächlich praktische Lerninhalte. Daher muss jeder theoretische Lerninhalt in **Bezug zur Praxis** gesetzt werden, um so eine **Lernbereitschaft hervorzurufen.**
Erst im Laufe der Ausbildung werden einige Azubis erkennen, dass das theoretische Hintergrundwissen notwendig ist für die Tätigkeit, die sie gerade ausführen.

Handlungsorientierung
Die **Handlungsorientierung** im erweiterten Sinne bedeutet, dass die Azubis befähigt werden, sich ihre Lerninhalte selbstständig zu erschließen durch **selbstständiges Planen, Durchführen und Kontrollieren.** Schon bei der Erstellung des Ausbildungsplanes muss diese Vorgabe des Ausbildungsrahmenplanes der AO berücksichtigt werden.
Es muss daher nicht nur die Durchführung verschiedener Lerninhalte eingeplant werden, sondern bereits hier müssen geeignete Lerninhalte ausgesucht werden, an denen dieses Handlungsschema eingeübt werden kann.

Aktivierung
Wie die Behaltensquoten (vgl. S. 81 Grafik „Behalten und Vergessen") zeigen, ist der Lernerfolg dann am höchsten, wenn zum Hören und Sehen die Aktivität – die Handlung – dazukommt. Daraus ergibt sich für die Ausbildungsplanung, dass die Azubis möglichst frühzeitig und umfassend in die Tätigkeiten mit einbezogen werden müssen, um so den Lernerfolg zu steigern.

Übung / Erfolgssicherung
Um ein kompaktes Ausbildungsziel als Ganzes zu erreichen, müssen Teilerfolge gesichert werden. Durch die Kontrolle des Lernerfolges und das Einüben einzelner Teilbereiche wird sichergestellt, dass darauf aufbauende Ausbildungsbereiche erfolgreich vermittelt werden können.
Daher ist es auch in der praktischen Ausbildung notwendig, immer wieder Lernzielkontrollen bzw. Arbeitskontrollen oder genaue Arbeitsbeobachtungen durchzuführen, um eventuell entstandene Lücken rechtzeitig beheben zu können und einen erfolgreichen Berufsabschluss zu ermöglichen.

2.5.4 Erstellen eines betrieblichen Ausbildungsplanes

Folgende Vorgaben sind einzuhalten:

- Die Mindestanforderungen des Ausbildungsrahmenplanes müssen vollständig enthalten sein.
- Die zeitliche Gliederung muss so gestaltet werden, dass bis zur Zwischenprüfung die hierfür erforderlichen Fertigkeiten und Kenntnisse vermittelt sind.
- Die sachliche Gliederung soll so strukturiert werden, dass sinnvolle Ausbildungseinheiten entstehen, die z. B. die Tätigkeiten einer Abteilung, eines Fachbereiches zusammenfassen.
- Einzelne Ausbildungsabschnitte sollen zeitlich überschaubar bleiben (max. $^1/_2$ Jahr).
- Die oben aufgeführten Grundregeln sollen beachtet werden.
- Eine zeitliche Änderung der Vorgaben des Ausbildungsrahmenplanes kann sinnvoll und notwendig sein, wenn
  - die Azubis eine höher schulische Vorbildung haben,
  - das Berufsgrundschuljahr oder die Berufsfachschule absolviert wurde,
  - die Lernfähigkeit der Azubis dies erfordert,
  - besondere Gegebenheiten des Betriebes oder außerbetriebliche Ausbildungseinheiten dies erfordern.

Aufbau eines Ausbildungsplanes

- Die erforderlichen Kenntnisse und Fertigkeiten werden dem Ausbildungsrahmenplan entnommen, diesem können dann bereits genau definierte Lernziele zugeordnet werden.
- Diesen Kenntnissen und Fertigkeitsanforderungen werden nun geeignete Lernorte zugeordnet.
- Alle Anforderungen eines Lernortes werden nun zusammengefasst und mit steigendem Anspruchsniveau in eine sinnvolle Reihenfolge gebracht.
- Bereits hier ist es sinnvoll, Schlüsselqualifikationen, auf die bei der späteren Ausbildung besonderer Wert gelegt werden soll, zu definieren und kenntlich zu machen.
- Außerdem werden hier schon Möglichkeiten für Projektarbeiten (vgl. 6.6.2 „Methoden der Teamarbeit") oder andere handlungsorientierte Ausbildungsmethoden vermerkt.
- Auch die Durchführung von Lernzielkontrollen nach Abschluss eines Ausbildungsabschnittes sollte hier bereits eingeplant werden.
- Werden die Azubis in den verschiedenen Bereichen von mitausbildenden Fachkräften betreut, so kann es sinnvoll und motivierend für diese Personen sein, wenn mit ihnen der so aufgestellte Plan durchgesprochen wird. Sinnvolle Anregungen können dann noch mit aufgenommen werden. Die Mindestanforderungen des Ausbildungsrahmenplanes dürfen dabei allerdings nicht beeinträchtigt werden.

Ein so aufgestellter Ausbildungsplan für die einzelnen Abteilungen oder Fachbereiche kann als Grundlage zur weiteren individuellen Planung verwendet werden.

AUFGABEN

Situation: Sie bilden erstmals in Ihrem Privathaushalt eine Hauswirtschafterin aus und wollen nun den betrieblichen Ausbildungsplan erstellen. Da hier keine Fachabteilungen sind und die Arbeiten täglich sehr gemischt anfallen, wollen sie für die einzelnen Fachbereiche gezielt eine Zusammenfassung von Ausbildungseinheiten schaffen, um so auch sicherzustellen, dass alle Mindestanforderungen erfüllt werden.

1. Erstellen Sie nach den Vorgaben des Ausbildungsrahmenplanes für Hauswirtschafterinnen einen betrieblichen Ausbildungsplan für den Bereich „Reinigen und Pflegen von Textilien".
   Berücksichtigen Sie bei der Planung, dass Ihre Azubi bereits das Berufsgrundschuljahr für Hauswirtschaft absolviert hat, und planen Sie sowohl eine Vertiefungsphase als auch eine Übungsphase mit ein.
2. Überlegen Sie, wie Sie die Aktivierung der Azubi fördern können.
3. Nennen Sie Möglichkeiten, in diesem Ausbildungsbereich die Handlungsorientierung zu vermitteln.

2.5.5 Der individuelle Ausbildungsplan

Inhalt:

- Angaben über die **zeitliche Gliederung** der Ausbildung für die einzelne Azubi. Wie in § 14 BBiG gefordert, muss dieser Plan vor Beginn der Ausbildung den Azubis ausgehändigt werden.
  Beispiel: In einem Altenheim werden mehrere Azubis ausgebildet, die die einzelnen Fachabteilungen (Wäscherei, Küche, Buchhaltung, Speisesaal, Reinigung usw.) in versetztem Zyklus durchlaufen. Im individuellen Ausbildungsplan ist angegeben, wann die Ausbildung in den einzelnen Fachabteilungen für die jeweilige Azubi stattfindet.
- Berücksichtung von **Abweichungen der Ausbildungszeit** von der Regelausbildungszeit, z. B. durch höhere Schulbildung, fachliche Vorbildung, berufliche Grundbildung usw.
- Erst im Laufe der Ausbildung ergeben sich Änderungen durch Ausbildungsverkürzung durch besondere Leistungen oder Verlängerung der Ausbildungszeit durch Lernschwierigkeiten.
- Auch Urlaub der Azubis muss berücksichtigt werden. Ist z. B. der Ausbildungsabschnitt in der Buchhaltung für nur 4 Wochen eingeplant und die Azubi nimmt in dieser Zeit 3 Wochen Urlaub, kann sonst das Erreichen des Ausbildungszieles gefährdet sein.
- Vermerk **persönlicher Besonderheiten,** z. B. Behinderungen, Linkshändigkeit usw.

In größeren Betrieben ist es sinnvoll, diese individuellen Ausbildungspläne nach Abteilungen zu untergliedern. Dieser Plan kann dann an die entsprechende mitausbildende Fachkraft weitergegeben werden und von dieser zur **Organisation** der Ausbildung als auch als **Kontrollmittel** für die bereits durchgeführten Ausbildungseinheiten verwendet werden.

Wird dieser Plan auch den Azubis ausgehändigt, bietet sich an, hier die **Weisungsberechtigten** der jeweiligen Abteilungen/Lernorte mit anzugeben. So kann Unsicherheiten und Unklarheiten vorgebeugt werden.

Auch kleinere Betriebe, in denen es keine Fachabteilungen gibt, können diese individuellen Ausbildungspläne als Kontrollmittel für die vollständige Durchführung der Ausbildung nutzen.

Beispiel für einen Teil-Ausbildungsplan

Teil-Ausbildungsplan für *Nadine Meier*

Arbeitsplatz: *Waschküche*

Weisungsberechtigt:

Zeit: *Juli – September*

Urlaub:

Vorkenntnisse: *Service: Umgang mit Tischwäsche*
Station: Umgang mit Bettwäsche und Handtüchern

Lernziele	Besonderheiten	Vermittlungsart	Datum
Umgang mit Schmutzwäsche			
• Sortieren – gemischter Wäsche		MA	
• Vorbereiten zum Waschen		U	
• Hygieneverordnungen beachten		LT	
• Maschinenbedienung		AB	
• Waschmittelkenntnisse	(Allergie!)	LB	
•			
Wäsche legen und schrankfertig machen			
• Falttechnik für Glattwäsche			
• Sorgfalt/Ordnung			
• Hygiene-VO kennen und anwenden			
•			

Vermittlungsart: MA = Mitarbeit;
LT = Leittext;
LB = Lehrbuch
U = Unterweisung;
AB = Arbeitsblatt

AUFGABEN

1. Situation: Sie arbeiten in einem Kurheim und betreuen dort mehrere Azubis . Maria ist im 2. Ausbildungsjahr und soll demnächst in die Großküche versetzt werden. Der Küche ist die Speisenausgabe mit angegliedert. Maria war bereits im Service und kennt daher den Bereich der Speisenausgabe schon aus dieser Sicht.
   Gehen Sie von durchschnittlichen Leistungen aus.
   a) Überlegen Sie, von welchen Grundlagen Sie bereits ausgehen können, worauf Sie aufbauen können.
   b) Erstellen Sie für Maria einen Teil-Ausbildungsplan für die Ausbildung in der Speisenausgabe.
   c) Welche Möglichkeiten der Erfolgskontrolle bieten sich hier an?

2. Situation: Sie arbeiten in einer Erholungseinrichtung für Orthopädie mit 300 Betten.
   Es wird eine neue Azubi eingestellt, deren Ausbildungsplanung nun erstellt werden soll. Die Hausreinigung Ihres Betriebes ist extern vergeben.
   a) Wie viele Wochen planen Sie die Azubi in den einzelnen Abteilungen ein (Gesamtversetzungsplan)?
   b) Welche Gesichtspunkte des Betriebsablaufes sollten Sie bei diesem Jahresplan berücksichtigen?
   c) Welche Ausbildungsinhalte sind zu vermitteln?
   d) Welchen Bereichen, Abteilungen wollen Sie diese Inhalte zuordnen?
   e) Welchen Zeitaufwand benötigen Sie für deren Vermittlung?
   f) Wo wird 4.3 des Ausbildungsrahmenplans (Gestalten von Räumen und des Wohnumfeldes) ausgebildet?
   g) Die Hausreinigung ist in Fremdvergabe. Welche Möglichkeiten bieten sich Ihnen – wie können Sie gewährleisten, dass die AO erfüllt wird?
   h) Erstellen Sie für 3.4 aus Abschnitt II des Ausbildungsrahmenplans für den Aufenthalt in der Waschküche einen detaillierten Ausbildungsplan, den Sie auch einer Ausbildungsbeauftragten an die Hand geben können.
   i) Welche Zusatzinformationen oder Materialien haben Sie für die Ausbildungsbeauftragte in der Waschküche anzubieten? Erstellen Sie eine Liste des notwendigen Infomaterials.
   j) Erstellen Sie einen Tagesarbeitsplan für die Ausbildung in der Waschküche.
   Wählen Sie geeignete Ausbildungsinhalte und gestalten Sie den Plan nach den Gesichtspunkten der Ergonomie.
3. Sollten Azubis während ihrer Ausbildungszeit jede Abteilung nur einmal durchlaufen oder mehrfach?
   a) Sammeln Sie Vor- und Nachteile für jede der beiden Möglichkeiten.
   b) Entscheiden Sie sich für eine Möglichkeit.
   c) Begründen Sie Ihre Entscheidung und präsentieren Sie diese der Betriebsleitung.

2.6 Beurteilungssystem festlegen

Manchmal wird eine Unterscheidung zwischen Beurteilen und Bewerten gemacht, wobei das Beurteilen sich auf eine Einschätzung von Persönlichkeitsmerkmalen bezieht, während das Bewerten Leistungen misst.
Da das Beurteilungssystem bei der Ausbildung bzw. im Betrieb beide Kriterien erfasst und damit auch das Ziel einer charakterlichen Förderung verfolgt, soll hier auf diese Differenzierung nicht weiter eingegangen werden.

Wichtig bei Beurteilungen und Bewertungen ist vor allem, dass damit ein sehr sensibler Umgang notwendig ist und dass die Ergebnisse absolute Diskretion erfordern.

Eine Beurteilung darf nie als Mittel der Machtdemonstration oder Machtausübung missbraucht werden.

2.6.1 Beurteilungen als Leistungskontrolle und Rückmeldung

Nicht nur für den Betrieb, sondern auch für die Azubis ist es von ganz entscheidender Bedeutung, eine **regelmäßige Leistungskontrolle** (z. B. im Abstand von 4 Wochen) der Azubis durchzuführen. Als besondere Anlässe für solche Kontrollen können das Ende der Probezeit, Wechsel zwischen verschiedenen Abteilungen, anstehende Prüfungen oder Abschluss größerer Ausbildungsabschnitte sein.
Die Kontrolle allein bewirkt allerdings nicht viel, wenn nicht hinterher durch ein Gespräch die Ergebnisse auch den Azubis mitgeteilt werden, die ohne diese **Rückmeldung** sonst keine Möglichkeit der Reaktion haben.

Hierdurch können:

- frühzeitig Leistungs-/Lernschwächen erkannt werden, um diesen dann gezielt zu begegnen
- Verhaltensweisen der Azubis angesprochen und evtl. korrigiert werden
- Erwartungen und Einschätzungen des Betriebes klargestellt werden
- Azubis sich selbst und ihr Verhalten einschätzen lernen
- Azubis Orientierung finden in dem für sie noch fremden Umfeld und Sozialisationsraum
- Azubis in ihrer Entwicklung und ihrem Lernprozess, gerade auch der charakterlichen Entwicklung, unterstützt und gefördert werden.

2.6.2 Anforderungen an Beurteilungsbögen

Um die Beurteilung als **Erziehungs- und Lenkungsmittel** zu nutzen, muss eine Vielzahl von Anforderungen an die Beurteilungen erfüllt werden.

- Die Beurteilungen müssen in regelmäßigen, festgelegten Abständen erfolgen.
- Der Beurteilung müssen fundierte, gesicherte Fakten aus Beobachtungen, Arbeitsproben, Lernzielkontrollen oder Lehrgesprächen zugrunde gelegt werden.
- Jeder größere Ausbildungsabschnitt sollte mit einer Beurteilung abgeschlossen werden.
- Der Beurteilung müssen einheitlich verwendete Maßstäbe zugrunde gelegt werden.
- Den Abstufungen müssen klare Erläuterungen beigefügt werden.
- Die durchgeführte Beurteilung muss immer mit der beurteilten Person besprochen werden, (vgl. 4.7 „Beurteilungsgespräche") mit dem Ziel, vorhandene Potenziale herauszustellen und zu verstärken und Mängel im Verhalten bzw. Leistungsschwächen zu reduzieren.
- Der verwendete Beurteilungsbogen muss übersichtlich und klar gestaltet sein.
- Die Beurteilungskriterien müssen eindeutig definiert sein.
- Es muss eine Abstufung, die nachvollziehbar ist, möglich sein.
- Die Beurteilung muss die verschiedenen Kompetenzbereiche (Sozialkompetenz, Fach-/Sachkompetenz und Selbstkompetenz) erfassen.

Beurteilungskriterien

- Die **Auswahl** der Beurteilungskriterien richtet sich **nach dem Hintergrund** der Beurteilung. Für eine reine Leistungskontrolle werden andere Kriterien verwendet als z. B. für die Auswahl von Stellenbewerbern oder das Ende der Probezeit.
- Viele Beurteilungskriterien überschneiden sich, daher ist bei der **Auswahl** der Kriterien darauf zu achten, dass ein möglichst **breites Spektrum** mit einer relativ geringen Anzahl an Kriterien abgedeckt wird.
- Die ausgewählten Kriterien sollten aufgrund der Übersichtlichkeit zu Gruppen zusammengefasst werden. Hier bietet sich eine Unterteilung nach den Kompetenzbereichen an.
- Wichtig ist außerdem, dass nur eine **gut überschaubare Anzahl** an Kriterien ausgewählt wird, da sonst die Beurteilung zu aufwändig wird und eher unterbleibt. Das wiederum führt zu Lücken in der Kontinuität der belegbaren Fakten. Gute Erfahrungen wurden mit **4–6 Kriterien je Kompetenzbereich** gemacht. Weniger Kriterien ermöglichen keine genauen Aussagen, mehr wirken unübersichtlich und zu aufwändig. Wird nicht in Kompetenzbereiche untergliedert, so sollte eine Gesamtzahl von 10–12 Kriterien nicht überschritten werden.

Beispiele für Beurteilungskriterien:
Personale Kompetenz / Selbstkompetenz: Sorgfalt, Ordnung, Genauigkeit, Pünktlichkeit, Zuverlässigkeit, Interesse, Engagement, Selbstständigkeit usw.

Fach-/Sachkompetenz: Denkfähigkeit, Planungsfähigkeit, Arbeitstempo, Arbeitsgüte, Arbeitsqualität, Fehlerquote, Arbeitsweise, Auffassungsgabe, Lernaktivität, Arbeitsstil, Lernwilligkeit, Arbeitssicherheit, Hygiene usw.

Sozialkompetenz: Teamfähigkeit, Kommunikationsfähigkeit, Kollegialität, Hilfsbereitschaft, Integrationsfähigkeit, usw.
Diese absolut unvollständige Liste zeigt, aus welcher Vielfalt an Kriterien ausgewählt werden kann, was die Auswahl in keiner Weise erleichtert. Hier müssen die Ausbilder sich sehr genau überlegen, welche Begrifflichkeiten ihren Ansprüchen am ehesten genügen.
Es ist auch gut möglich, unter einem Überbegriff verschiedene Kriterien zu vereinen und das dann auch entsprechend auf dem Beurteilungsbogen aufzuführen.

Beispiel: Arbeitsgüte kann die Arbeitsqualität, das Tempo, die Arbeitsweise und den Arbeitsstil in sich vereinen.
Wird der Beurteilungsbogen von verschiedenen Personen genutzt, so müssen die Abstufungen, aber auch die verwendeten Begriffe klar definiert werden.

Formen des Beurteilungsbogens

Die ausgewählten Beurteilungsmerkmale müssen nun in einen Bogen integriert werden, der eine Abstufung von Leistungen sichtbar macht bzw. der unterschiedliche Verhaltensweisen erkennen lässt.

Mögliche Formen des Beurteilungsbogens:

- **Ungebundene, freie, verbale Form**
  Hier werden alle Beobachtungen kurz formuliert eingetragen. Diese Form ist abhängig von der Ausdrucksfähigkeit des Beurteilers und somit schwer vergleichbar. Allerdings bietet diese Form den Vorteil, dass Stärken und Schwächen am besten darstellbar sind.

- **Gebundene, quantifizierende Form**
  Hier sind die Beurteilungen durch vorgegebene Begriffe oder Skalen vereinheitlicht. Es entsteht ein objektiver Maßstab, die Beurteilung ist schnell und einheitlich durchzuführen. Durch geringe Abstufungsmöglichkeiten entsteht jedoch die Gefahr der „Schwarz-Weiß-Malerei".

Aufbau und Inhalt eines Beurteilungsbogens

Soll der Beurteilungsbogen auch als rechtlich wirksames Instrument für die Belegbarkeit der Ausbildung dienen, so sollte er über folgende Mindestinhalte und Merkmale verfügen:

- Name der zu beurteilenden Person
- Name und Unterschrift des Beurteilers
- Zeitraumangabe der Beurteilung, evtl. Abteilungsangabe
- übersichtliche Aufteilung des Bogens
- überschaubare Anzahl der Beurteilungskriterien je Gruppe (4 max. 6)
- Möglichkeit der Abstufung von Leistungen für jedes Beurteilungskriterium
- Erläuterung des Maßstabes muss angefügt oder aufgeführt sein
- Beurteilungskriterien nach Gruppen sortiert
- Raum/Platz für Zusatzbemerkungen

Gesetzliche Bestimmungen zu Beurteilungen

Der Gesetzgeber hat in einer Vielzahl von Gesetzen Aussagen und Regelungen bezüglich der Beurteilungen getroffen. Dieses sind:
- § 82 Abs. 2 Betr.VG: Jeder Arbeitnehmer – und damit auch die Azubis – haben Anspruch auf eine Erörterung der Beurteilung ihrer Leistungen.
- § 94 Abs. 2: Bei Verwendung einheitlicher Beurteilungsbögen hat der Betriebsrat ein Mitbestimmungsrecht bei der Auswahl der Beurteilungskriterien.
- § 45 Abs. 1 BBiG: Azubis sind vorzeitig zur Abschlussprüfung zuzulassen, wenn ihre Leistungen in Berufsschule und Betrieb dies rechtfertigen, dazu muss der Betrieb eine schriftliche Beurteilung erstellen.
- § 16 BBiG: Azubis haben bei Beendigung ihrer Ausbildung Anspruch auf ein Zeugnis, das auf Verlangen auch Angaben zu Führung, Leistung und besonderen fachlichen Fähigkeiten enthalten muss.

2.6.3 Anforderungen an den Beurteiler

■ Regeln für die Durchführung einer Beurteilung

- Jede Beurteilung muss sich auf möglichst viele fundierte und gesicherte Fakten stützen. Hierzu zählen eigene Beobachtungen, Berichte von Kollegen, die Kontrolle des Ausbildungsnachweises oder Informationen aus der Berufsschule.
- Alle Beobachtungen, die in Beurteilungen mit einfließen sollen, müssen schriftlich niedergelegt werden. Hier reicht auch eine Kurznotiz aus.
- Die Beurteilung sollte nach einheitlichen Bewertungsmaßstäben durchgeführt werden, um eine größtmögliche Objektivität zu erreichen.
- Die Beobachtungen dürfen nicht sporadisch, sondern sollten systematisch in festgelegten Abständen erfolgen, da sonst die Gefahr besteht, dass je nach Sympathie nur positive oder negative Beobachtungen festgehalten werden.
- Jede Beurteilung muss auf eventuelle Beurteilungsfehler geprüft werden.
- Jeder Beurteilung muss ein Beurteilungsgespräch folgen, das mit einer Zielvereinbarung abschließt, die dann auf ihre Einhaltung kontrolliert wird (vgl. 4.7 „Beurteilungsgespräche").

Weit verbreitet ist die Meinung, dass der **erste Eindruck** von einem Menschen der wichtigste sei. Sicherlich ein erstaunliches Phänomen, trotzdem sollten sich Ausbilder bei ihrer Beurteilung auf gesicherte Beobachtungen und dokumentierte Fakten stützen.

Diverse Faktoren bestimmen den **„ersten Eindruck"**. Dies sind z.B.:

- Vorurteile gegenüber bestimmten Personengruppen
- Erinnerungen an frühere Erfahrungen, die mit anderen Menschen gemacht wurden, an die einen der andere erinnert
- die persönliche Grundeinstellung anderen Menschen gegenüber
- die eigene momentane Stimmungslage

Als Erklärung für die häufige Bestätigung des ersten Eindrucks führt die Psychologie die sich **„selbst erfüllende Prophezeiung"** an.
Diese besagt, dass:

1. Menschen dazu neigen, Eindrücke, die den ersten Eindruck bestätigen, deutlicher wahrzunehmen und zu speichern, als Eindrücke, die diesem widersprechen
2. Menschen dazu neigen, die an sie gerichteten Erwartungen zu erfüllen

Beispiel: Eine Ausbilderin bekommt nicht die Azubi, die sie gerne gehabt hätte, sondern ein Mädchen, dem sie nicht zutraut, die Ausbildung zu schaffen. Auch ohne Worte wird sie ihrer Erwartungshaltung Ausdruck verleihen und die Azubi wird die Ausbildung nicht schaffen, da sie dem an sie gerichteten Erwartungsdruck nachgibt.
Bei einem Wechsel zu einer grundsätzlich positiv und hoffnungsvoll eingestellten Ausbilderin besteht die Azubi die Prüfung ohne Probleme, da sie ohne den negativen Erwartungsdruck ihre Entwicklungspotenziale frei entfalten kann.

Beurteilungen, die sich auf einen ersten Eindruck oder ähnliche kurzfristige Eindrücke stützen, sind ungeeignete Vorgehensweisen, um anderen Menschen damit gerecht zu werden.

Es sollte also jeder, der mit anderen Menschen zu tun hat und diese auch noch beurteilt, eine grundsätzlich **positive Grundeinstellung** und **positive Erwartungshaltung** dem anderen gegenüber haben.

■ Häufige Beurteilungsfehler

Uneinheitliche Beurteilungsmaßstäbe
Gerade in größeren Betrieben, in denen verschiedene Personen Beurteilungen durchführen, ist es ganz wichtig, einheitliche ‚Maßstäbe' in Form von Fragebögen, Formblättern oder Beurteilungsskalen zu verwenden. Diese ‚Maßstäbe' müssen dann für die verschiedenen Beurteiler noch mit Richtlinien für die einheitliche Verwendung versehen werden. Diese Richtlinien sollten in erster Linie die Frequenz der durchzuführenden Beobachtungen und eine Anleitung zur Verwendung der aufgeführten Skala enthalten.

Der erste Eindruck
Der erste Eindruck, den man von einem Menschen bekommt, wirkt sich oft in einer Erwartungshaltung aus, die dann entsprechende Urteile beeinflusst. Auch einmal gefällte Urteile, die nicht überdacht und evtl. durch neuerliche Beobachtung korrigiert werden, beeinflussen die Beurteilungen.
Deshalb ist es wichtig, dass Ausbilder sich bewusst machen, welchen ersten Eindruck sie von einem zu beurteilenden Menschen gewonnen haben oder welche früheren Beurteilungen ihre Urteilsfindung beeinflusst haben könnten. Eine kritische Prüfung ihrer aktuellen Beurteilungen ist deshalb unbedingt notwendig.

Das Vorurteil
Ähnlich wie beim ersten Eindruck beeinflussen bestehende Vorurteile die Urteilsfähigkeit eines Menschen. Daher muss jeder, der andere Menschen beurteilt, sich selbst sehr kritisch prüfen, ob und welche Vorurteile er gegenüber anderen Menschen hegt.
Beim Vorurteil und beim ersten Eindruck unterstützt die Erwartungshaltung, die der beobachteten Person gegenüber besteht, zusätzlich ein entsprechendes Verhalten.
Beispiel: Wenn ich von einer anderen Person erwarte, dass sie unfreundlich reagiert, dann wird der Ton (und sei er auch neutral) für mich immer unfreundlich klingen, was meine Erwartungen wiederum bestätigt.

Überzogenes Anspruchsniveau / Kontrastfehler
Haben Ausbilder an sich selbst und ihre Umgebung sehr hohe Erwartungen und legen sie dieses Niveau dem Maßstab für die Beurteilung der Azubis zugrunde, dann

führt dies zu einer zu strengen Beurteilung. Hiervon betroffen sind insbesondere Beurteilungskriterien wie Pünktlichkeit, Zuverlässigkeit, Fleiß, Ordnungssinn, Genauigkeit usw.

Vorsichtsfehler / Tendenz zur Mitte
Manche Ausbilder beurteilen ihre Azubis sehr vorsichtig und tendieren dabei zur Mitte der Beurteilungsskala. Dieser Beurteilungsfehler tritt häufig dann auf, wenn die Ausbilder selbst wenig Selbstvertrauen besitzen und fürchten, sich für besonders gute oder besonders schlechte Beurteilungen rechtfertigen zu müssen, oder wenn sie ihren Beurteilungen nicht ausreichend Fakten zugrunde legen können. Negative Auswirkungen hat dieser Beurteilungsfehler vor allem auf Azubis mit überdurchschnittlichen Leistungen, während eher schwache Azubis von diesem Beurteilungsfehler eher profitieren.

Mildefehler
Aus Angst vor negativen Rückschlüssen auf die eigene Ausbildungsleistung oder davor, die Azubis zu kränken oder zu verletzen, werden keine negativen Beurteilungen verteilt.

Sympathiefehler
Gefühlsmäßige Empfindungen wie Sympathie und Antipathie beeinflussen in erheblichem Maße die Beurteilung. Daher sind Ausbilder gehalten, die Beurteilungen von eher unbeliebten Azubis kritisch auf Objektivität zu prüfen.

Hofeffekt / Überstrahlungsfehler
Ähnlich dem „Vorurteilsfehler" und dem „ersten Eindruck" verfälschen einmalige, herausragende Vorfälle oder sehr markante Eigenschaften einer Person – im positiven wie im negativen Sinne – die Beurteilung. Die Wahrnehmung dieser Erlebnisse und Eigenschaften überstrahlt andere Beobachtungen, Eigenschaften und Persönlichkeitsmerkmale.

AUFGABEN

1. Situation: Sie wollen für Ihren Betrieb einen Beurteilungsbogen erstellen, mit dem Sie insbesondere die praktischen Grundfertigkeiten Ihrer Azubis im ersten Ausbildungsjahr beurteilen können, um rechtzeitig entstehende Schwächen aufzufangen.
   a) Welche Form wählen Sie?
   b) Welche Beurteilungsmerkmale scheinen Ihnen für diesen Zweck am besten geeignet?

2. Situation: Eine Ihrer Azubis zeigt immer häufiger Verhaltensauffälligkeiten, vor allem im Umgang mit Kollegen. Sie benötigen konkrete Daten für ein Gespräch.
   c) Welche Art der Datensammlung scheint Ihnen hier geeignet?
   d) Welche weiteren Informationsquellen können Sie mit einbeziehen?

Handlungsfeld 3
Auszubildende einstellen

3.1 Auswahlkriterien aufstellen

3.1.1 Personalentwicklung

Wie in 2.1.2 „Aufgaben der Personalplanung und -entwicklung" bereits erläutert, müssen Ausbilder die **Unternehmensplanung kennen,** um sich aktiv und im Sinne des Betriebes an der Personalentwicklung des Betriebes beteiligen zu können.
Nur die **Informationen über Quantität und Qualität bzw. Anzahl und Einsatzbereich** der in Zukunft benötigten Kräfte ermöglichen die richtige Auswahl der Stellenbewerber.

Beispiel: Sollen gute, dem Betrieb verbundene Fachkräfte herangebildet werden, oder sucht man Kräfte, die nach der Fachausbildung durch Fort- und Weiterbildung zu höheren Qualifikationen aufgebaut werden können, die später Führungspositionen übernehmen können.

Mitarbeiter, die die Ausbildung im Betrieb absolviert haben und hier die Unterstützung und die Möglichkeit zu Aufstiegsfortbildungen erhalten, werden **dem Betrieb** immer besonders **stark verbunden** sein. Allerdings besteht die Gefahr der **Betriebsblindheit** und so ist im Einzelfall zu entscheiden, welche Personalentwicklungsstrategie gewählt wird.
Sicherlich ist ein Mix aus eigenen qualifizierten Fachkräften und „eingekauftem" Personal ein guter Weg, besonders für den Aufbau der Führungsebene. Aber auch **Offenheit gegenüber Neuerungen** und ständige Entwicklung und Anpassung durch Aufgeschlossenheit und Interesse an den Erfordernissen des Marktes verhelfen zu einer guten Marktposition.

Bei Fachkräften ist die gezielte Ausbildung im Betrieb oft von größerem Vorteil, da

- **Wertvorstellungen** und **Erwartungen des Betriebes** von Anfang an vermittelt werden können und dadurch weniger in Frage gestellt werden;
- die **Besonderheiten des Betriebes** bereits in die Ausbildung Eingang finden können;
- eine größere **Betriebsverbundenheit**/Identifikation mit dem Betrieb geschaffen wird;
- durch die Ausbildung in allen Bereichen des Betriebes ein **Verständnis füreinander** und ein **Erkennen von Betriebszusammenhängen** erreicht wird, das bei später – nur für einen bestimmten Fachbereich – eingestellten Kräften nicht vorhanden ist.

Sicher ist auf jeden Fall, dass durch die **Qualität und das Engagement** der Mitarbeiter der Erfolg des Betriebes bestimmt wird (vgl. 8.4 „Motivation, Förderung und Qualifizierung von Mitarbeitern"). Ohne fortschreitende **Qualifizierung der Mitarbeiter** kann heute kein Betrieb mehr überleben, da die Forderungen nach immer **höheren Qualitätsstandards** und steigender Qualitätssicherung mit **Zertifizierungen** dies erfordern.

3.1.2 Arbeits- und Ausbildungsstellenmarkt

Nicht nur die Wunschvorstellungen eines Betriebes beeinflussen die Auswahl an künftigem Personal, sondern auch das Angebot des jeweiligen Stellenmarktes.

In Zeiten großer Arbeitslosigkeit haben die Betriebe sicherlich die besten Möglichkeiten, sich bei der Auswahl möglichst viele Wünsche zu erfüllen, aber die Entscheidung über die Wahl eines Ausbildungsberufes wird von vielerlei Faktoren bestimmt:

- Welcher Beruf ist gerade **„in Mode"?**
- Wie sehen die späteren **Aufstiegs- und Entwicklungschancen aus?**
- Wie hoch ist das **Einkommen** während der Ausbildung und später?
- Welchen Beruf wählen die **Freunde?**
- Welchen Beruf haben Eltern, Verwandte, Bezugspersonen?

Ein besonders breites Angebot an Ausbildungswilligen bzw. an Stellenbewerbern kann nun dazu verleiten, dass Betriebe Bewerber mit höheren Qualifikationen auswählen, als sie eigentlich benötigen würden. Das hat oftmals weitreichende Konsequenzen:

- Die ausgebildete Fachkraft fühlt sich nicht ausreichend gefordert in ihrem Beruf, wird unzufrieden und damit sinken die Arbeitsmotivation, die Arbeitsqualität und das Engagement.
- Die Fachkraft strebt Weiterbildungen an, für die sie den Betrieb verlässt, dann sind die Kosten, die der Betrieb in die Ausbildung investiert hat, verloren.
- Durch eine höhere Grundausbildung/Allgemeinbildung fühlt sich die Fachkraft den Kollegen gegenüber überlegen und es entstehen Spannungen im Betriebsklima.

Manche Branchen haben selbst in Zeiten des Mangels an Ausbildungsplätzen Probleme, ihre Stellen zu besetzen. Diesen Betrieben bleibt dann oft nur die Wahl, das zu nehmen, was sich gerade anbietet, oder die Ausbildung zu unterlassen.

3.1.3 Förderung besonderer Zielgruppen

Einige Betriebe setzen trotz großem Bewerberangebot gezielt auf die Auswahl von Randgruppen. Hier einige Gründe für eine derartige Auswahl:

- Das Einstellen von Menschen mit Behinderungen zu einem gewissen Prozentsatz der Mitarbeiter ist vom Gesetzgeber vorgeschrieben, so kann eine „Strafabgabe" verhindert werden.
- Der Betrieb hat sich ein besonderes soziales Engagement als Ziel gesetzt.
- Der Betrieb hat gute Erfahrungen mit der Beschäftigung von Randgruppen gemacht.

Ein solches Verhalten kann verschiedene Auswirkungen haben.

- Die künftigen Azubis zeigen besonderes Engagement, da sie für die Chance, die ihnen so geboten wird, dankbar sind.
- Ein besonderes Eingehen auf die ausgewählte Personengruppe und deren Integrationsschwierigkeiten, Lernprobleme oder Verhaltensauffälligkeiten ist nötig.
- Besondere Hilfsangebote/Unterstützungen müssen ermöglicht/angenommen werden

(Beachten Sie hierbei auch die Handlungsbereiche 5.4 „Auf Lernschwierigkeiten und Verhaltensauffälligkeiten reagieren“, 5.5 „Kulturelle Unterschiede berücksichtigen“ und 5.6 „Mit externen Stellen kooperieren“.)

AUFGABEN

1. Welche Gründe können trotz der genannten Gefahren für eine Auswahl von höher qualifizierten Personen sprechen? Berücksichtigen Sie bei Ihren Ausführungen die einfache Facharbeit, die anspruchsvolle Facharbeit und Führungspositionen.
2. Wie kann die Chancengleichheit unterschiedlicher Gruppen von Bewerbern gefördert werden (sozial Benachteiligte, Ausländer, Jungen, Mädchen, Menschen mit Behinderungen)?
3. Derzeit besteht ein Trend zu immer höheren Schulabschlüssen. Welche Auswirkungen hat dies auf den Ausbildungsstellenmarkt und die Ausbildungssituation in den Betrieben?
4. Auch die Anforderungen der Betriebe verändern sich. Welche Auswirkungen hat dies auf die Ausbildungsberufe und die Chancen für Jugendliche mit einfachem oder ohne Bildungsabschluss (Hauptschulabschluss?)

3.1.4 Anforderungsprofil

In jedem Betrieb erfolgt wohl eine Auseinandersetzung mit den Auswahlkriterien für die künftigen Azubis. Aus drei grundlegenden Bereichen werden hierfür die Vorgaben zusammengetragen:

- Die oben aufgeführten **Personalentwicklungsvorgaben** müssen hierbei beachtet werden.
- Die AOs geben Anhaltspunkte über die notwendigen **Qualifikationspotenziale.**
- Die betriebliche Struktur und die **betrieblichen Wertvorstellungen** und Einstellungen beeinflussen die Auswahlkriterien ebenso wie die betriebliche Aufgabenstellung und die Art der produzierten Waren oder Dienstleistungen.

Aus diesen Vorgaben werden dann **Schlüsselqualifikationen** und **fachliche Anorderungen** abgeleitet, die zur Erreichung des Berufsabschlusses notwendig sind.
Stellt man diese Anforderungen zusammen, erhält man ein **Anforderungsprofil,** an dem die Bewerber gemessen werden und mit dessen Hilfe eine Auswahlentscheidung gefällt wird.

Schlüsselqualifikationen

Schlüsselqualifikationen sind berufs- und fachübergreifende Fähigkeiten, die der Persönlichkeit eines Menschen entspringen und so grundlegend das jeweilige Arbeitsverhalten bestimmen. Sie sind nur in sehr geringem Maße von der technischen Entwicklung und anderen Veränderungen im Arbeitsprozess abhängig.

Schlüsselqualifikationen sind z. B.:

- Engagement/Motivation
- Einsatzbereitschaft
- Leistungswille
- Zuverlässigkeit/Beständigkeit
- Selbstständigkeit/Zielstrebigkeit
- Interesse/Eigeninitiative
- Handlungsfähigkeit
- Verantwortungsbewusstsein
- Arbeitseinstellung
- Konzentrationsfähigkeit
- Problemlösefähigkeit
- Teamfähigkeit
- Logisches Denkvermögen
- Strukturiertes Denken
- Ausdauer/Belastbarkeit
- Kommunikationsverhalten
- Planungsfähigkeit
- Begeisterungsfähigkeit
- Kritikfähigkeit
- Kreativität/Ideenvielfalt
- Organisationsfähigkeit
- usw.

Fachliche Anforderungen

Da Schulabgänger noch kein berufsspezifisches Fachwissen vorweisen können, müssen andere Informationsquellen genutzt werden, um **Begabungen** und **Qualifikationspotenziale** zu erkennen.

Was sagen Zeugnisnoten über persönliche Begabungen aus?
Die Antwort liegt etwas verborgen: Wer gut in **musischen Fächern** wie Kunst, Musik, Werken, Handarbeit ist, zeigt somit eine entsprechend **kreative Begabung,** die je nach Betätigungsfeld für bestimmte Betriebe von nicht unerheblicher Bedeutung ist.
Gute Leistungen in den **Naturwissenschaften** weisen auf ein gutes **logisches Denkvermögen** hin und bereits abgeleistete **Praktika** zeigen **Einsatzbereitschaft und Engagement.** Gute Schulnoten in den Fächern **Geschichte und Erdkunde** lassen **Fleiß** erkennen ...

Von diesen „verborgenen Qualifikationen“ gibt es noch viele mehr, auf die Personalsachbearbeiter gezielt geschult werden und die für die Entscheidungsfindung bei der Bewerberauswahl von nicht zu unterschätzender Bedeutung sind.

■ Weitere Auswahlkriterien

Neben den bereits genannten Auswahlkriterien gibt es noch weitere Gesichtspunkte, die bei der Auswahl Berücksichtigung finden:

- Mindest-/Höchstalter
- Wohnort/Verkehrsanbindung
- Nationalität/Deutschkenntnisse/Sprachbeherrschung
- Verhalten im Vorstellungsgespräch

AUFGABE

Situation: Sie arbeiten in einem Mütter-Erholungsheim mit 50 Betten und möchten eine Azubi einstellen, die in ca. vier bis fünf Jahren ihre derzeitige hauswirtschaftliche Fachkraft ersetzen kann. Diese ist für die Gestaltung des Hauses verantwortlich und wird im Servicebereich und in der Zimmerreinigung eingesetzt.

a) Sammeln Sie Schlüsselqualifikationen.
b) Welche fachlichen Qualifikationspotenziale erwarten Sie von den Bewerberinnen?
c) Wie können Sie diese Qualifikationspotenziale erkennen, was deutet darauf hin?
d) Sortieren Sie Ihre Liste nach der Wichtigkeit der einzelnen Qualifikationen.
e) Begründen Sie Ihre Auswahl.

3.1.5 Anforderungen der schulischen Voraussetzungen kennen

Um die Leistungen, die in den Zeugnissen der Bewerber dargestellt sind, richtig einschätzen zu können, müssen Ausbilder mit dem Schulsystem Deutschlands vertraut sein (vgl. Grafik unter 1.2.2 „Einordnung des dualen Systems in das Bildungssystem Deutschlands").

Da das Schulsystem in Deutschland der Hoheit der Länder unterliegt, sind die Dauer der einzelnen Ausbildungszweige und die Abschlüsse der einzelnen Bundesländer nicht unbedingt miteinander vergleichbar.

Allen gemein ist jedoch die Wandlung der Lehrpläne zu immer mehr Selbstorganisation im Lernprozess und Förderung der Handlungsorientierung. Diese Vorgaben der Lehrpläne werden derzeit nur leider noch nicht in großem Umfang umgesetzt, da eine der wichtigsten Voraussetzungen hierfür eine überschaubare Klassengröße und ausreichende Lehrerkapazitäten sind.

Im Folgenden eine Aufstellung der Schulen mit den dort möglichen Bildungsabschlüssen:

Allgemein bildende Schulen

- Grundschule
- Hauptschule
  Hauptschulabschluss/qualifizierender Abschluss
- Realschule
  Realschulabschluss/mittlerer Bildungsabschluss
- Gymnasium
  Abitur = allgemeine Hochschulreife
- Förderschulen

Berufsbildende Schulen

- Berufsschule
  Berufsabschluss/Hauptschulabschluss
- Berufsaufbauschule
  mittlerer Bildungsabschluss
- Berufsfachschule
  mittlerer Bildungsabschluss
- Wirtschaftsschule
  mittlerer Bildungsabschluss
- Fachschule
  mittlerer Bildungsabschluss
- Fachoberschule
  Fachhochschulreife
- Berufsoberschule
  allgemeine/fachgebundene Hochschulreife
- Fachakademie
  fachgebundene Hochschulreife
- Schulen des 2. Bildungsweges

Die hier aufgeführten Schulbezeichnungen gelten für Bayern. In anderen Bundesländern heißen gerade die berufsbildenden Schulen anders.
Diese Aufstellung soll nur eine Übersicht über die möglichen Bildungsgänge aufzeigen. So wird die Durchlässigkeit des Schulsystems deutlich, die durch den gestaffelten Aufbau der berufsbildenden Schulen auch später immer noch höhere Bildungsabschlüsse zulässt.

Nicht alle Schulabschlüsse sind durch den einfachen Abschluss der entsprechenden Schule erreichbar, sondern müssen z.T. durch einen besonderen Notendurchschnitt oder das Belegen von Extrafächern und eine zusätzliche Prüfung erarbeitet werden.

3.2 An Einstellungen mitwirken

3.2.1 Einflussnahme durch vorgesetzte Fachkräfte

Das Verfahren zur Auswahl von Azubis unterscheidet sich im Grunde wenig von dem zur Auswahl von Fachkräften.

Die hauswirtschaftliche Leitung in einem Betrieb sollte auf jeden Fall in das Verfahren mit einbezogen werden. Eine gute Personalabteilung wird seine Fachkräfte von sich aus dazu heranziehen und auf deren Fachwissen zurückgreifen.

Die Realität zeigt aber leider, dass Personalabteilungen sich hier oftmals sehr ungern „hineinreden" lassen.

Zeigen Sie Selbstbewusstsein und wirken Sie bei Einstellungen in Ihrem Zuständigkeitsbereich aktiv mit!

3.2.2 Das Einstellungsverfahren

Sind die Wünsche an die Bewerber geklärt und ist das **Anforderungsprofil** entworfen, so kann eine **Stellenausschreibung verfasst** werden. Das wird meist von der Personalabteilung durchgeführt. Engagierte Ausbilder sollten es sich jedoch nicht nehmen lassen, diese zumindest **Korrektur** zu **lesen.**

Nach Eingang der Bewerbungsunterlagen muss eine **Vorauswahl der Bewerber** getroffen werden. Hierzu sollten folgende schriftliche Unterlagen vorliegen:

- Foto
- Lebenslauf
- letzte Schulzeugnisse
- Bewerbungsanschreiben

Bei sehr großen Bewerberzahlen kann über die **Durchführung eines schriftlichen Tests** nachgedacht werden, wobei diese Tests sehr aufwändig sind und ihre Aussagekraft fraglich ist.
Ist eine begrenzte Vorauswahl getroffen (pro Ausbildungs-/Arbeitsplatz ca. zehn), so wird zu **Bewerber-/Vorstellungsgesprächen** unter Mitwirkung der Personalabteilung eingeladen.

Nach diesen Gesprächen sollte eine sehr zügige **Bewerberentscheidung** gefällt werden und der/die bevorzugte Bewerber/-in benachrichtigt werden. Hat diese/r zugesagt und wird ein **Vertrag geschlossen,** so werden umgehend die restlichen Bewerber benachrichtigt.

Die Benachrichtigung der restlichen Bewerber/-innen erfolgt üblicherweise erst, wenn der Vertrag gesichert ist, damit aus Zeit- und Kostengründen bei einer Absage der favorisierten Person die „zweite Wahl" zum Zuge kommen kann und nicht das gesamte Verfahren von vorne begonnen werden muss.

3.2.3 Auswahlinstrumente

Zur Auswahl von Bewerbern dienen verschiedene Informationsquellen:

- Bewerbungsunterlagen
  - Sauberkeit
  - Vollständigkeit
  - Begründung der Bewerbung
- Bewerbertests
  - Konzentrationsfähigkeit
  - Logisches Denken
  - Ausdrucksfähigkeit
  - Rechtschreibung usw.
- Gruppengespräche
  - Zuhörverhalten
  - Argumentationsfähigkeit
- Vorstellungsgespräche
  - Verhalten
  - Temperament
  - Neigungen/Vorlieben
  - Einstellungen
  - Freizeitbeschäftigungen
  - Erwartungen an die Ausbildung bzw. das Aufgabengebiet

3.2.4 Mitbestimmungsrechte

In größeren Betrieben , d. h. ab 20 Mitarbeitern, hat der Betriebsrat bei jeglicher Einstellung ein Mitbestimmungsrecht (Betr.VG § 99). Dazu müssen ihm die Bewerbungsunterlagen der ausgewählten Person vorgelegt werden und die Auswahl muss begründet werden. Meist wird ihm die Person vor der Vertragsunterzeichnung kurz persönlich vorgestellt.

3.2.5 Eignungstests

Ein Eignungstest zielt auf verschiedene Schlüsselqualifikationen und Allgemeinwissen ab.
Die Erstellung solcher Tests ist sehr aufwändig, ebenso ihre Durchführung. Die Übernahme von bereits bestehenden Tests ist nicht unumstritten, da sie meist nicht gezielt auf die spezifischen Bedürfnisse und Anforderungen des eigenen Betriebes abgestimmt sind.
Entstanden sind solche Tests als Auswahlverfahren bei großen Betrieben, die eine Flut von einigen Hundert Bewerbern zu bewältigen hatten und die für die Erstellung dieser Tests Fachleute (Psychologen, Pädagogen usw.) hinzugezogen haben.

In Fachkreisen ist allerdings oft die Meinung zu hören, dass ...
eine gute Menschenkenntnis und eine gewisse Erfahrung im Umgang mit Azubis und anderen Mitarbeitern, Sorgfalt bei der Erstellung des Anforderungsprofils und eine gründliche Vorbereitung und Durchführung der Vorstellungsgespräche solche Tests überflüssig machen.

3.3 Einstellungs-/Vorstellungsgespräche führen

3.3.1 Vorbereitung

Für diese Gespräche müssen vorher durchgeführte **Tests ausgewertet** und **Fragen** zu den einzelnen Personen **vorgemerkt** werden.

Die Fragen befassen sich üblicherweise mit

- dem Lebenslauf,
- dem beruflichen bzw. schulischen Werdegang,
- den Gründen für die Berufswahl,
- den Erwartungen, die die Jugendlichen an die Ausbildung knüpfen,
- den Interessen, Hobbys, Vorlieben,
- den Besonderheiten der Bewerber.

Fragen, die beim Durcharbeiten der schriftlichen Unterlagen auftreten, sollten gleich schriftlich fixiert werden, damit sie beim Gespräch zur Verfügung stehen.

Wichtig: Keine schriftlichen Anmerkungen in die Bewerbungsunterlagen, da diese im Normalfall an die Bewerber zurückgegeben werden!

3.3.2 Bedeutung von Vorstellungsgesprächen

Das Vorstellungsgespräch dient Ausbildern dazu, die **beruflichen Vorstellungen** und **Neigungen** der Bewerber/-innen um einen Ausbildungsplatz kennen zu lernen. Es **rundet das Bild ab,** das sich durch die Auswertung der Bewerbungsunterlagen und evtl. durchgeführter Berufseignungstests ergeben hat.

Personalfragebögen bedürfen der Zustimmung des Betriebsrates (§ 94 BetrVG). Sie ermöglichen keinen persönlichen Eindruck von den Bewerbern.

Oft bestätigt das Vorstellungsgespräch lediglich eine **bereits zuvor getroffene Entscheidung,** aber manchmal bringt das persönliche Gespräch auch ganz überraschende Ergebnisse. Daher laden einige Betriebe bewusst mehr Bewerber/-innen zu Vorstellungsgesprächen ein, als Plätze zu vergeben sind, um die Personalwahl nach dem **persönlichen Eindruck** zu fällen.

Manchmal haben Jugendliche vollkommen falsche Vorstellungen von dem, das sie in dem gewählten Beruf erwartet. Hier sollten Ausbilder neben den beruflichen Möglichkeiten auch ehrlich die Grenzen aufzeigen und so die Jugendlichen vor einer falschen Berufswahl bewahren.

Verläuft das Vorstellungsgespräch positiv, kann dies zum **Abschluss eines Ausbildungsvertrages** mit dem Jugendlichen im gewünschten – oder in einem anderen von den Ausbildern angebotenen – Ausbildungsberuf führen.

3.3.3 Durchführung des Gesprächs

Gesprächsgrundsätze

Zur Durchführung eines Gesprächs sind **immer** folgende Grundsätze zu beachten:

- respektvolle Behandlung der Bewerber
- Einstieg ins Gespräch mit unverfänglichem „Smalltalk", um Unsicherheiten abzubauen
- klare, deutliche Sprechweise
- geduldige Gesprächsführung
- Gesprächspartner ernst nehmen
- Gesprächspartner aussprechen lassen und aktiv zuhören, ggf. das Gehörte wiederholen
- auf Fragen eingehen
- Bereitschaft zeigen, den Gesprächspartner zu verstehen
- schriftliches Festhalten der wesentlichen Gesprächsergebnisse
- Beachtung der „Allgemeinen Regeln zur Gesprächsführung" (siehe 4.7.3)
- geschickte Fragestellung als offene Fragen, um möglichst viel zu erfahren

Ablauf eines Vorstellungsgesprächs (beispielhaft)

Die Ausbilderin

... begrüßt die Bewerberin und stellt sich und weitere Gesprächspartner vor.

... baut durch unverfänglichen „Smalltalk" Unsicherheiten ab.

... erfragt die Erwartungen der Bewerberin und fordert zur Selbstdarstellung auf.

... informiert über den Betrieb und die Anforderungen der betrieblichen Ausbildung.

... klärt Fragen in Bezug auf die eingereichten Bewerbungsunterlagen und die Auswahlkriterien des Betriebes.

... fordert die Bewerberin zu Fragen auf.

Nach jedem Gespräch wird ein Kurzprotokoll über die Bewertung des Gespräches mit Beobachtungen und Eindrücken angefertigt, da nach zehn Gesprächen sicherlich nicht mehr alle Kandidaten, Gesprächsinhalte und Eindrücke korrekt zugeordnet werden können.

Fragetechniken

Frageformen und deren Auswirkungen

Frageart
Offene Fragen
• so formuliert, dass Antwort frei gestaltet werden kann • beginnen meist mit einem Fragewort (häufig W-Fragen)
Geschlossene Fragen
• Frage grenzt die Antwortmöglichkeiten ein • es wird nach konkreten, spezifischen Fakten gefragt • es sind nur kurze Antworten erforderlich
Direkte Fragen
• es wird direkt abgefragt, was der Gesprächsleiter wissen will
Indirekte Fragen
• der Gesprächspartner kann anhand der Frage nicht erkennen, was erfragt werden soll

Auswirkung auf die Sachebene

Offene Fragen

- bringen viele Informationen

Geschlossene Fragen

- bringen relativ wenig Informationen
- Antwortmöglichkeit ist eingeschränkt

Direkte Fragen

- liefern viele Informationen

Indirekte Fragen

- es entstehen leicht Missverständnisse
- Antworten sind schwer zu interpretieren

Auswirkung auf die Beziehungsebene

Offene Fragen

- signalisieren dem Gesprächspartner Interesse
- fördern ein positives Gesprächsklima

Geschlossene Fragen

- Bevormundung des Gesprächspartners (evtl. Entstehung einer negativen Gesprächsatmosphäre)

Direkte Fragen

- zu viele direkte Fragen wirken aufdringlich

Indirekte Fragen

- Gesprächspartner fühlt sich irregeführt und zeigt Trotz- und Abwehrreaktion
- es entsteht ein negatives Gesprächsklima

Nach: Informations- und Arbeitspapiere für Berufs- und Arbeitspädagogik: „Hilfen für die Bewertung des praktischen Teils der Ausbilder-Eignungsprüfung“ von Dr. phil. Siegfried Gonnert, Dipl. Psych.

Fragenstruktur
- schlüssiger Gedankenaufbau
- kurze Sätze bilden
- präzise Fragen stellen
- Fragenfolge strukturiert sortieren
- kein hoher Abstraktionsgrad
- keine unnötigen Fremdwörter einbauen
- verständliche Beispiele verwenden
- Frage so formulieren, dass der Umfang der erwarteten Antwort klar ist
- wichtige Stellen in der Frage stimmlich betonen oder mit Gesten unterstreichen

Rechtliche Hinweise zum Vorstellungsgespräch

Fragen zur Privatsphäre der Bewerber sind unzulässig.
Beispiele:
- Fragen nach einer bestehenden oder geplanten Schwangerschaft
- Fragen nach politischen Überzeugungen oder religiösen Einstellungen
- Fragen nach den finanziellen Verhältnissen sind nur bei entsprechenden Arbeitsaufgaben (z. B. Buchhaltung) statthaft, nicht bei Azubis

Da Vorstellungsgespräche zum Einstellungsverfahren zählen, hat auch hier der Betriebsrat ein Mitbestimmungsrecht. Oft kann er an Vorstellungsgesprächen teilnehmen oder ihm werden die Bewerber beim Rundgang durch die Firma vorgestellt.
Ein Betrieb, der zum Vorstellungsgespräch einlädt, hat auch die Kosten dafür zu tragen. Dazu gehören Fahrtkosten, Verpflegungskosten und – falls notwendig – Übernachtungskosten. Die Bewerbungsunterlagen von nicht ausgewählten Bewerbern müssen an diese zurückgeschickt werden.

AUFGABE

Führen Sie ein **Vorstellungsgespräch** als Rollenspiel durch.

Situation:
Ausbilderin und Personalfachkraft: Sie suchen eine Azubi für Ihren Betrieb im Bereich der Hauswirtschaft: Eine Person mit viel Einsatzbereitschaft ist erwünscht, die sich längerfristig an den Betrieb bindet und die durchaus auch Aufstiegschancen im Betrieb hat.

Azubi: Du suchst eine Ausbildungsstelle. Eigentlich wolltest du Erzieherin werden, hast aber keinen Platz bekommen und kannst dir die Hauswirtschaft auch ganz gut vorstellen, denn der Umgang mit Menschen ist dir besonders wichtig. Du hast ganz gute Noten und möchtest wissen, welche Zukunftsaussichten dich erwarten. Dich interessiert auch die Frage nach dem Gehalt und ob es Möglichkeiten gibt, die Ausbildungszeit zu verkürzen.
3–4 weitere Bewerberinnen sollen nacheinander ein Vorstellungsgespräch führen, dabei dürfen sehr schwache, zurückhaltende Typen gespielt werden, aber auch sehr forsche und dreiste.

a) Bereiten Sie das Gespräch vor und überlegen Sie sich Ihre wichtigsten Fragen.
b) Führen Sie das Gespräch nach dem Ablaufschema für Vorstellungsgespräche.
c) Anschließend soll über die Auswahl diskutiert werden und die geeignete Bewerberin ausgewählt werden.
d) Die Entscheidung muss begründet werden.
e) Die Bewerberinnen sollen eine persönliche mündliche Antwort erhalten.

3.4 Am Vertragsabschluss mitwirken

3.4.1 Rechtliche Anforderungen an den Berufsausbildungsvertrag

(siehe auch 1.3 Rechtliche Rahmenbedingungen der Ausbildung kennen)

In erster Linie gehört der Berufsausbildungsvertrag zu den privatrechtlichen Verträgen. Deshalb finden hier zunächst die allgemeinen Vorschriften des Bundesgesetzbuches (BGB) Anwendung,
z. B. in Bezug auf:

- Volljährigkeit (§ 2 BGB)
- Willenserklärung (§§ 116 ff. BGB)
- Vertragsrecht (§§ 145 ff. BGB)

Die **Mindestinhalte** des Berufsausbildungsvertrages regelt das BBiG in § 11.
Zusätzliche Rechtsquellen für die Berufsausbildung sind:

- Jugendarbeitsschutzgesetz
- Berufsschulgesetze der Länder

■ Zustandekommen und Form des Berufsausbildungsvertrages

Der Vertrag ist bereits gültig, wenn er mündlich geschlossen wurde (Willenserklärung, §§ 116 ff. BGB). Eine beiderseitige mündliche Zusage zum Vertragsabschluss gilt bereits als geschlossener Vertrag, auf den man sich vor Gericht berufen könnte, die Schriftform ist hierfür nicht notwendig. Bei gegenteiliger Behauptung eines Vertragspartners ohne weitere Zeugen ist die Beweisführung vor Gericht jedoch schwierig.

Die Ausbildenden haben aber nach § 11 BBiG den wesentlichen Vertragsinhalt „unverzüglich" schriftlich niederzulegen und diese Niederschrift von beiden Seiten unterzeichnen zu lassen, bei Zuwiderhandlung gegen diese Vorschrift des BBiG ist jedoch nicht der Vertrag ungültig; es handelt sich hierbei vielmehr um eine Ordnungswidrigkeit, die mit einer Geldbuße geahndet werden kann.

3.4.2 Vertragsinhalte

Ein Berufsausbildungsvertrag muss nach § 11 BBiG folgende Inhalte aufweisen:

- Vertragspartner
- Berufsbezeichnung – Ziel der Ausbildung – Ausbildungsgliederung
- Beginn der Ausbildung/Ausbildungsdauer/Verkürzung (§ 8 BBiG)
- außerbetriebliche Ausbildungsmaßnahmen
- tägliche Arbeitszeit (JuArbSchG.)
- Probezeit (§ 20 BBiG)
- Vergütung
- Urlaub
- Kündigungsregelungen
- Hinweis auf Tarifverträge, Betriebs- oder Dienstvereinbarungen
- Unterschriften, ggf. auch die der Erziehungsberechtigten

■ Vertragspartner

- **Ausbildender:** Name/Bezeichnung und genaue Adresse
- **Azubi** und bei Minderjährigen ihre **gesetzlichen Vertreter**
  Im Normalfall die Eltern oder der sorgeberechtigte Elternteil. Bei minderjährigen Vollwaisen muss das Vormundschaftsgericht nach Anhörung des Jugendlichen mitentscheiden. Bei Auflösung des Vertrages hingegen braucht das Vormundschaftsgericht nicht mehr gehört zu werden.

■ Pflichten der Ausbildenden und der Azubis

Pflichten der Ausbildenden	Pflichten der Azubis
Pflicht auszubilden, Ausbilder zu stellen, AO aushändigen, Ausbildungsmittel zur Verfügung stellen, Freistellung zur Berufsschule, Berichtsheft aushändigen und überwachen, für ausbildungsbezogene Tätigkeiten sorgen, Sorgepflicht, ärztliche Untersuchungen zu kontrollieren, Eintragungsantrag, Prüfungsanmeldung, Ausbildung außerhalb des Betriebes	Lernpflicht, Teilnahme an Schule, Prüfungen, überbetrieblicher Ausbildung, Weisungsgebundenheit, Achtung der betrieblichen Ordnung, Sorgfaltspflicht, Betriebsgeheimnisse wahren, Berichtsheftführung, Benachrichtigungspflicht bei Fehlen, ärztliche Untersuchungen wahrnehmen

■ Probezeit

§ 20 BBiG: „Das Berufsausbildungsverhältnis beginnt mit der Probezeit. Sie muss mindestens ein Monat und darf höchstens drei Monate betragen."
Eine Verkürzung oder Verlängerung ist bei kurzfristiger Unterbrechung nicht möglich. Es sei denn, die Ausbildung wurde während der Probezeit um mehr als ein Drittel der Probezeit unterbrochen. Dann verlängert sich die Probezeit um den Unterbrechungszeitraum. (laut Ausbildungsvertragsmuster der Broschüre „Ausbildung und Beruf")

Die Probezeit dient dem besseren gegenseitigen Kennenlernen. Die Azubis sollen Gelegenheit bekommen, ihre Neigungen und Eignung für den Ausbildungsberuf in der Praxis zu testen, und die Ausbildenden sollen die Eignung der Azubis näher beurteilen können.

Eine Kündigung während der Probezeit bedarf keiner Angabe von Gründen und hat keine Kündigungsfrist. Die Kündigung muss allerdings schriftlich dem Vertragspartner zugeleitet werden.

■ Verkürzung / Verlängerung der Ausbildungszeit

(vgl. auch 7.4)

Die **AOs** legen für jeden Beruf die Regelausbildungszeit fest (siehe auch 2.1.1 „Ausbildungsordnung als Info-Quelle").
Die entsprechenden **Anrechnungsverordnungen** nach § 29 Abs. 1 BBiG regeln eine Verkürzung der Ausbildungszeit, wenn entsprechende Fachschulen oder das Berufsgrundschuljahr absolviert wurden.

Auf Antrag bei der zuständigen Stelle kann die Ausbildungszeit nach §§ 7, 8 BBiG verkürzt werden, wenn
- durch einen höheren Schulabschluss ein höherer Reife- oder Bildungsgrad erreicht wurde oder
- eine andere Berufsausbildung angerechnet werden kann.

Der Antrag kann zu Beginn der Ausbildung oder während der Ausbildung gestellt werden, es soll jedoch noch mindestens ein Jahr Ausbildungszeit verbleiben. Sind erhebliche Fehlzeiten, z. B. durch Krankheit, entstanden oder fehlen Anrechnungszeiten für die Abschlussprüfung nach § 45 Abs. 2 BBiG, so kann ein Antrag auf Sonderzulassung an den Prüfungsausschuss gerichtet werden. Dem Antrag sind Zeugnisse und die Stellungnahmen der Berufsschule und des Betriebes anzufügen.

Eine **Verlängerung** der Ausbildungszeit ist nur auf Antrag der Azubis möglich, wenn
- die Abschlussprüfung nicht bestanden wurde,
- ein Bestehen der Abschlussprüfung aufgrund der Leistungen im Betrieb und der Berufsschule sehr unwahrscheinlich scheint (§ 8 Abs. 3 BBiG).

Eine nicht bestandene Prüfung kann maximal zweimal wiederholt werden.

■ Urlaubsregelungen / tägliche Ausbildungszeit

Die gesetzlichen Ausbildungszeitregelungen und Urlaubsansprüche sind in den folgenden Gesetzen festgesetzt (vgl. 1.3.3):
- JuArbSchG §§ 8, 12, 19
- Bundesurlaubsgesetz § 3 (= BUrlG)
- Tarifverträge und Betriebsvereinbarungen

AUFGABEN

1. Füllen Sie für die Azubi Anita Meyer einen Musterausbildungsvertrag aus.

   Situation: Frau Meyer beginnt ihre Ausbildung als Hauswirtschafterin im Kurhaus Sonnenschein, Kaufbeurerstr. 15 in Esslingen. Da das Kurhaus die Wäsche an eine fremde Firma vergibt, wird Anita für drei Monate zur Ausbildung in die Wäscherei Saubermann im Burggraben 18 in Esslingen geschickt. Anita hat einen guten Hauptschulabschluss und das Berufsgrundbildungsjahr (BGJ) für Hauswirtschaft absolviert. Sie möchte eine größtmögliche Ausbildungszeitverkürzung bekommen, um möglichst bald ihrer allein erziehenden Mutter Annemarie Knauf-Meyer finanziell nicht mehr zur Last zu fallen.
   Die Ausbildung beginnt am 1. 8. xxxx und endet am xxxx.
   Die Mutter schlägt einen halben Monat Probezeit vor.
   Anita soll monatlich eine Vergütung von 540,00 € erhalten, deren Steigerung an die künftigen Tarifabschlüsse gekoppelt ist.
   Die tägliche Ausbildungszeit beträgt 8 Stunden, der Urlaub beläuft sich auf 30 Tage.
   Da Anita bald volljährig wird, soll auf die Unterschrift der Mutter verzichtet werden.

2. Beachten Sie beim Ausfüllen des Vertrages die rechtlichen Bestimmungen. Welche Angaben aus 1. können Sie so nicht in den Vertag übernehmen? Begründen Sie Ihre Änderungen und füllen Sie den Vertrag ordnungsgemäß in **rechtlich einwandfreiem Zustand** aus.

Hinweis: Einen Musterausbildungsvertrag finden Sie im Buch „Ausbildung und Beruf" des Bundesministeriums für Bildung und Forschung.

3. Wie verändert sich Anitas Urlaubsanspruch, nachdem sie volljährig geworden ist? (JuArbSchG § 19 Abs. 2 und BUrlG § 3)

3.5 Eintragung und Anmeldung

§ 36 BBiG Abs. 1 „Der Ausbildende hat unverzüglich nach Abschluss des Berufsausbildungsvertrages die Eintragung in das Verzeichnis zu beantragen. Eine Ausfertigung der Vertragsniederschrift ist beizufügen. Entsprechendes gilt bei Änderungen der wesentlichen Vertragsinhalte."
Eine Anmeldung bei der **Berufsschule** und die Anmeldung zur **Sozialversicherung** haben Ausbildende sofort vorzunehmen.

■ Eintragung ins Verzeichnis der Berufsausbildungsverhältnisse

Die zuständige Stelle hat für anerkannte Ausbildungsberufe ein **Verzeichnis der Berufsausbildungsverhältnisse** einzurichten und zu führen. Hier ist der wesentliche Inhalt des Ausbildungsvertrages **einzutragen** (§ 34 Abs. 2 BBiG).
Ausbildende haben unverzüglich nach Vertragsabschluss diesen der zuständigen Stelle zu übersenden, damit er eingetragen werden kann. Die hierfür erforderlichen Formulare kann der Ausbildende bei der Zuständigen Stelle, der Ausbildungsberaterin, erhalten. Ein Verzeichnis der obersten zuständigen Stellen für die verschiedenen Berufe und Branchen ist dem Buch „Ausbildung und Beruf" angehängt.

Die Eintragung erfolgt nach § 36 BBiG nur, wenn
1. der Berufsausbildungsvertrag den Bestimmungen des BBiG und der AO entspricht,
2. die persönliche und fachliche Eignung sowie die Eignung der Ausbildungsstätte für das Einstellen und Ausbilden vorliegen,
3. für Azubis unter 18 Jahren die ärztliche Bescheinigung über die Erstuntersuchung nach § 32 Abs. 1 des JuArbSchG zur Einsicht vorgelegt wird.

Das Verzeichnis der Berufsausbildungsverhältnisse ist Grundlage für die gesetzlichen Aufgaben der zuständigen Stellen in der Berufsausbildung wie
- Prüfung und Beratung der Ausbildungsbetriebe
- Prüfung der Rechtmäßigkeit der Verträge
- Beratung und Betreuung der Azubis
- Überwachung der ordnungsgemäßen Durchführung der Berufsausbildung
- Prüfung der Zulassungsvoraussetzungen zur Zwischenprüfung und Abschlussprüfung

§ 35 Abs. 2 BBiG: „Die Eintragung ist abzulehnen oder zu löschen, wenn die Eintragungsvoraussetzungen nicht vorliegen und der Mangel nicht nach § 32 Abs. 2 behoben wird. Die Eintragung ist ferner zu löschen, wenn die Bescheinigung über die erste Nachuntersuchung nach § 33 JuArbSchG Abs. 1 nicht spätestens am Tage der Anmeldung des Azubis zur Zwischenprüfung zur Einsicht vorgelegt und der Mangel nicht nach § 32 Abs. 2 behoben wird."

Der Ausbildende muss notfalls die Bescheinigung anmahnen und darf die Ausbildung nicht fortsetzen, wenn die Bescheinigung 14 Monate nach Ausbildungsbeginn noch fehlt.
Die Nachuntersuchung soll klären, ob die Tätigkeit im Beruf irgendwelche gesundheitliche Schäden hervorgerufen hat und ob der allgemeine Entwicklungsfortschritt altersgemäß ist.

■ Anmeldung bei der Berufsschule

Je früher die Berufsschule die Zahl und die Vorbildung ihrer zukünftigen Schüler/innen kennt, umso besser kann sie die Klassenzusammensetzungen und den Stundenplan planen und umso schneller beginnt ein systematischer Unterricht, der ja auch im Sinne des Betriebes sein sollte.

■ Zur Sozialversicherung anmelden

Folgende Versicherungen sind für Azubis maßgeblich:
- Krankenversicherung
- Rentenversicherung
- Arbeitslosenversicherung
- Pflegeversicherung
- Unfallversicherung

Ausbildende sind verpflichtet, Azubis zur **Sozialversicherung anzumelden.** Eine Anmeldung bei der **Krankenkasse** beinhaltet meist die Anmeldung zur **Renten-, Arbeitslosen-** und **Pflegeversicherung.**

Die gesetzliche Unfallversicherung (§ 2 SGB VII) muss gesondert angemeldet werden, der Beitrag ist in voller Höhe vom Arbeitgeber zu leisten.

3.6 Einführung planen

3.6.1 Gründe für eine sorgfältig geplante Einführung

Der Schritt von der Schule in die Berufswelt ist immens groß.

■ Beispiel: Emotionen einer Azubi am ersten Tag

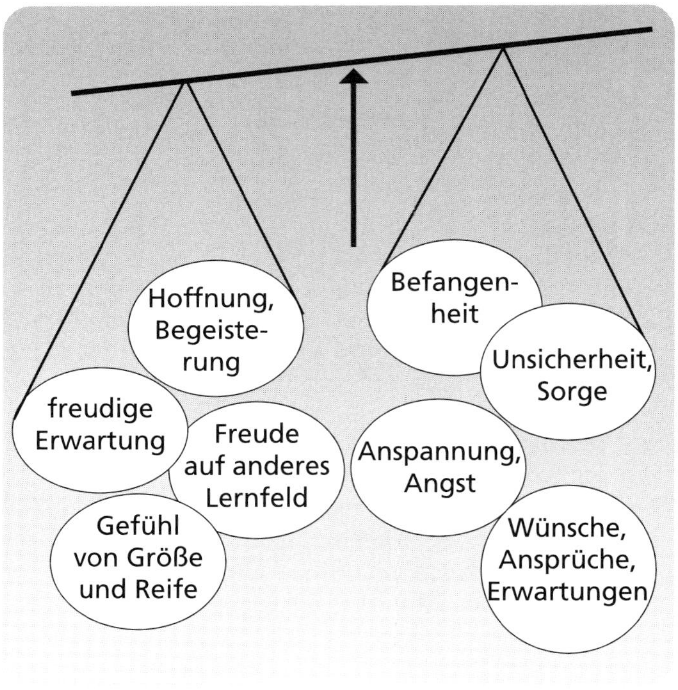

Wie leicht kann die Waage in die eine oder andere Richtung kippen?

■ Weitere Gründe für eine sorgfältig geplante Einführungsphase

- Enttäuschungen in den ersten Tagen können zu einem vorzeitigen Abbruch der Ausbildung führen.
- Eine vorzeitig abgebrochene Ausbildung bedeutet einen verlorenen Kostenaufwand für den Betrieb, eine evtl. unbesetzt bleibende Ausbildungsstelle und prägende Negativerlebnisse für die Azubis.
- Die Azubis erwarten bei ihrem Einstieg ins Berufsleben insbesondere von den Ausbildern erhöhte Aufmerksamkeit und Zuwendung.
- Durch den frühzeitigen Aufbau eines Vertrauensverhältnisses lassen sich auch später auftretende Probleme viel leichter in den Griff kriegen.
- Die Grundsteine für Selbstsicherheit und Selbstvertrauen können hier gelegt werden durch die Schaffung von Perspektiven und ersten Lernerfolgen, die für die späteren Lernerfolge von herausragender Bedeutung sind.

- Ein Überblick über den gewählten Ausbildungsberuf ermöglicht eine rasche Einschätzung über die Richtigkeit der Berufswahlentscheidung.
- Ein Kennenlernen der neuen Umgebung und der neuen Kollegen schafft Sicherheit und beruhigt.
- Erfolgserlebnisse fördern das Selbstvertrauen und die Motivation zu mehr Lern- und Leistungsanstrengungen.

3.6.2 Inhalte der Einführungsphase

Es gibt die verschiedensten Möglichkeiten, die Einführung der Azubis zu gestalten. Es ist gut, wenn die Ausbilder sich zumindest die erste Ausbildungswoche frei von anderen Verpflichtungen halten, um diese kritische Zeit bestmöglich zu bewältigen. Das bedeutet nicht, dass sie ihre Azubis ständig begleiten müssen, sie sollten aber stets für sie erreichbar sein.

Der erste **Weg** geht meist **durch den Betrieb,** um einen Überblick über die räumlichen Gegebenheiten zu ermöglichen. Hierbei können dann auch schon **Personen** vorgestellt werden, mit denen die Azubis später Kontakt haben oder die mit in die Ausbildung eingebunden sind. Es ist wichtig, nicht zu viele Details zu erwähnen und auch nur herausragende Personen vorzustellen, da die Azubis sich durch eine zu große Informationsfülle erschlagen fühlen könnten.
In größeren Betrieben werden den Azubis oft neben den Ausbildern Bezugspersonen, **„Paten“,** vorgestellt, die bei Schwierigkeiten gerade in der Anfangsphase behilflich sind. Hier handelt es sich oft um vertrauenswürdige Azubis aus höheren Ausbildungsjahren. Diese sollten am 1. Tag die neuen Azubis zeitweise begleiten, um auch hier einen Bezug und ein Vertrauensverhältnis aufbauen zu können.

Weiterhin ist es wichtig, die Azubis frühzeitig mit **praxisrelevanten Aufgaben** zu betrauen, denn das entspricht ihrer Erwartungshaltung. Werden Azubis die ersten Tage zu Schulungen in einen Unterrichtsraum gebracht, ist die erste Enttäuschung vorprogrammiert, denn von der Ausbildung erwarten sich die meisten Praxis und eben keinen Unterricht wie in der Schule.

Die erste Zeit sollte zwar abwechslungsreich gestaltet werden, aber auch nicht mit Themen und Lerninhalten überfrachtet werden, da sonst schnell eine **Überforderung** der Azubis die Folge sein kann.

■ Unfallverhütung / Hygiene

Der Unfallschutz bzw. die **Unfallverhütung** ist eine der wichtigsten Lerninhalte der ersten Tage und nicht nur der ersten Tage der Ausbildung, sondern jeweils der ersten Tage an einem neuen Arbeitsplatz. Gerade in der Hauswirtschaft muss auch der Bereich der **Hygiene** sofort mit angesprochen werden.

Hier nun einige Beispiele aus der Hauswirtschaft für Themen, die bereits in der Einführungsphase behandelt werden können/müssen.

- Unfallgefahren, z. B. in der Waschküche Rutschgefahr durch ausgelaufene Lauge, erkennen lassen.
- Auf besondere Gefahren am Arbeitsplatz hinweisen.
- Umgang mit Gefahrensituationen (Bsp.: brennende Kippbratpfanne) erläutern.
- Die Notwendigkeit von Schutzkleidung (z. B. Tiefkühlzelle) erfahren lassen.
- Auf Gefahren im Umgang mit Maschinen und Geräten (z. B. Bandspülmaschine) hinweisen.
- Auf die Notwendigkeit der persönlichen Hygiene schon beim Austeilen bzw. Anziehen der Arbeitskleidung hinweisen.
- Den erwarteten Zustand der Arbeitskleidung erläutern.
- Lebensmittelhygiene jeweils vor Beginn der entsprechenden Arbeit ansprechen.

■ Rechte und Pflichten der Azubis

Um von vorneherein Missverständnisse und unerfüllte Erwartungen zu verhindern, müssen Azubis schnell über ihre Rechte und Pflichten unterrichtet werden. Dazu zählen insbesondere auch die Erwartungen des Betriebes an eine entsprechende Arbeitseinstellung und Lern- und Leistungsbereitschaft.

Auch hier wieder einige Anwendungsbeispiele für mögliche Themen:

- Berichtsheft austeilen und gemeinsam durchsprechen. Sinn, Zweck und Pflicht der regelmäßigen Führung erläutern. Evtl. Material anbieten, das Informationen über den Betrieb enthält, aus dem die Azubis selbst die in dem Berichtsheft verlangten Betriebsdaten herausfinden können.
- Auf die im Ausbildungsvertrag aufgeführten Pflichten der Azubis (vgl. 3.4.2 „Vertragsinhalte“) ausdrücklich hinweisen und evtl. aus dem Vertrag heraussuchen und aufschreiben lassen.
- Erläuterung der Pausenregelung und Zeigen der Pausenmöglichkeiten. Insbesondere in Familienhaushalten ist auf die Einhaltung der Pausenzeiten zu achten und es sind der Azubi Möglichkeiten aufzuzeigen, wie und wo sie ungestört und in Ruhe ihre Pause verbringen kann.
- Das Recht auf ordnungsgemäße und planmäßig durchgeführte Ausbildung kann z. B. durch eine Besprechung des erstellten Ausbildungsplanes und Hervorheben der ersten Ausbildungsinhalte dargestellt werden.
- Das erwartete Verhalten gegenüber Kunden / Gästen erläutern, auch im Konfliktfall oder bei Unsicherheiten und Informationslücken.

Alle weiteren Inhalte der Einführungsphase richten sich nach der Abteilung, in der die Azubis ihre Ausbildung beginnen.
Es ist gut, wenn sie von Anfang an **in den Arbeitsprozess integriert** werden können, es sollte aber darauf geachtet werden, dass ihre Aufgaben **abwechslungsreich** sind und dass sie **nicht nur für Hilfstätigkeiten** abgestellt werden, sondern dass **sofort mit der Vermittlung von Ausbildungsinhalten begonnen** wird. Auch eine **Überforderung** sollte tunlichst **vermieden** werden.

Beispiele aus der hauswirtschaftlichen Praxis aus verschiedenen Fachbereichen:

Küche:
- Mithilfe beim Putzen von Salat und Herstellen einer einfachen Salatsoße nach Rezept
- Einräumen und Bedienen der Spülmaschine nach Anleitung
- Holen von Vorräten aus dem Lager und Erläuterung der Lagerordnung
- Erstellen von einfachen Aufschnittplatten nach Muster
- Herstellen von einfachen Garnituren, z. B. aus Radieschen oder Tomaten

Waschküche:
- Einsortieren der Wäsche in die entsprechenden Regale
- Legen von verschiedenen Wäschestücken nach Vorgabe
- Mithilfe beim Mangeln
- Beschicken und Bedienen der Waschmaschine nach Anleitung

Service:
- Eindecken der Tische für verschiedene Mahlzeiten
- Abdecken und Sortieren des Geschirrs für die Spülküche
- Mithilfe beim Bedienen – bringen von kleineren Gerichten oder anderen Kleinigkeiten
- Erstellen von einfachem Blumenschmuck nach Vorgabe

Reinigung:
- Hilfe beim Vorbereiten des Reinigungswagens mit Erläuterung des notwendigen Inhaltes
- Reinigung einzelner Raumbereiche / Abschnitte nach Anleitung
- Hilfe beim Entsorgen von Müll
- Selbstständige Reinigung von Tischen und Stühlen, z.B. im Aufenthaltsbereich
- Einfache Pflanzenpflege nach kurzer Anleitung

Je mehr Aufgaben gefunden werden, die schon frühzeitig selbstverantwortlich und eigenständig durch die Azubis ausgeführt werden können, umso mehr wird das Selbstbewusstsein der Azubis gestärkt, da sie sich aktiv und produktiv erleben.
Wird eine Azubi dagegen in den ersten Tagen 4 Stunden zum Zwiebelschälen und 4 Stunden zum Salatputzen oder an die Spülmaschine zum Abtrocknen gestellt, wird sie evtl. sehr bald die Richtigkeit ihrer Berufswahlentscheidung bezweifeln.

AUFGABEN

Erstellen Sie für Ihren Betrieb einen Plan für die Einführungswoche und begründen Sie ihn.

1. Welche Themen wollen Sie behandeln?
2. Welche Tätigkeiten sollen/können verrichtet werden?
3. Welchen Ort wählen Sie für die einzelnen Punkte aus? Wo kann die Azubi direkt in den Arbeitsprozess integriert werden, wo nicht?
4. Überlegen Sie sich eine grobe Zeiteinteilung für die Arbeiten.
5. Welchen Mitarbeiter/welche Mitarbeiterin stellen Sie als Ansprechpartner heraus?

3.7 Probezeit planen

3.7.1 Rechtliche Grundlagen der Probezeit

Das BBiG regelt in den §§ 20 und 22 die Länge der Probezeit (vgl. 3.4.2 „Vertragsinhalte") und auch die Kündigung während der Probezeit.

3.7.2 Eignung für den Beruf prüfen

Bei der Probezeit handelt es sich ebenso wie bei der Einführungswoche um eine recht sensible Zeit.
Es gibt zu denken, dass 2003 die vorzeitige Auflösungsrate von Ausbildungsverhältnissen in Deutschland bei 21,9 % lag (in der Hauswirtschaft gar bei 24,5 %). Nur die Hälfte begann erneut eine Berufsausbildung. 28 % begannen weder eine vollqualifizierte Ausbildung noch hatten sie entsprechende Pläne, 17 % von ihnen waren sogar arbeitslos. Diese können also als „echte" Abbrecher betrachtet werden. (Quelle BIBB)

Die **Gründe für** diese zahlreichen **Vertragslösungen** hat das BiBB erforscht.

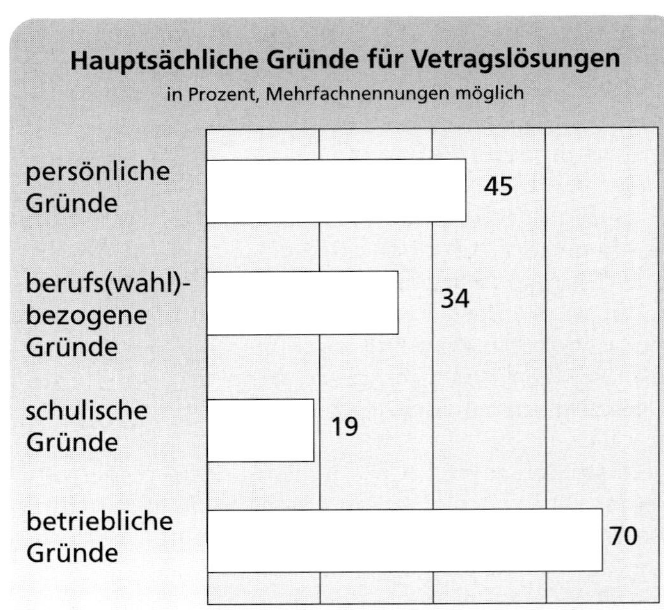

Für die meisten Jugendlichen lagen die Gründe für die Vertragslösung im betrieblichen Bereich. Hier wurden als Gründe Konflikte mit Ausbildern und anderen Personen, schlechte Vermittlung von Ausbildungsinhalten, ungünstige Arbeitszeiten und ausbildungsfremde Tätigkeiten genannt. Oftmals wirken hier auch mehrere Gründe zusammen.
Diese Zahlen und Aussagen zeigen deutlich die Verantwortung auf, die Ausbilder beim Beginn der Ausbildung übernehmen.

■ Prüfung der richtigen Berufswahl / der geeigneten Azubis

Aber nicht nur den **Jugendlichen** soll durch die Probezeit die **Möglichkeit** gegeben werden, **einzuschätzen,** ob die **Berufswahl** für sie **richtig** war. Auch der **Betrieb** soll die Gelegenheit nutzen, um die **Azubis zu prüfen,** ob sie für den Beruf geeignet sind.

Die Inhalte der Probezeit sind mit denen der Einführungsphase vergleichbar und werden daher hier auch nicht noch einmal erwähnt. Auch das Verhalten der Ausbilder sollte, wie in der Einführungsphase, sehr feinfühlig und offen sein.
Damit diese Prüfung für die Betriebe und die Azubis ein aussagekräftiges Urteil ergeben kann, muss die Probezeit gründlich geplant sein und bestimmte Grundvoraussetzungen erfüllen:

- Die Arbeitsaufgaben sollen den Azubis Erfolgserlebnisse ermöglichen, um eine Festigung des Selbstvertrauens zu erreichen.
- Die Arbeits- und Lernaufgaben müssen so gestaltet sein, dass sich die Azubis einen Überblick über den gewählten Beruf verschaffen können (berufstypische Aufgaben!).
- Die Ausbilder müssen durch die gewählten Aufgaben die **Leistungsfähigkeit und -willigkeit, Belastbarkeit** und **Ausdauer,** die **Lernbereitschaft** und **-fähigkeit,** das aufgebrachte **Interesse** sowie die **Entwicklungs- und Anpassungsfähigkeit,** aber auch das **Verhalten gegenüber Kunden und Kollegen** sowie das **Verantwortungs- und Pflichtbewusstsein** beurteilen können.
- Eine kontinuierliche Beurteilung ist zu erstellen (vgl. 2.6.1 „Beurteilungen als Leistungskontrolle und Rückmeldung") und mit den Azubis zu besprechen, damit diese die Möglichkeit einer Verhaltensänderung haben und die Erwartungen des Betriebes einschätzen können.
- Die Arbeitsaufgaben sollen so gewählt werden, dass die Azubis daran wachsen können und ihre eigene Leistungssteigerung daran erkennen können.
- Eine Überforderung der Azubis und ständiges Belauern und Beobachten sollte unbedingt vermieden werden, um keinen vorzeitigen Ausbildungsabbruch zu provozieren.

AUFGABEN

Situation: Sie arbeiten in einem Mütter-Kind-Kurheim mit 60–80 Gästen. Sie haben seit 4 Wochen eine Azubi im Bereich der Hauswirtschaft. Dieses Jahr hatten Sie sehr wenige Bewerberinnen und Sie haben sich für ein knapp 16-jähriges sehr ruhiges, fast schüchternes Mädchen entschieden, der sie zwar die notwendigen Entwicklungspotenziale zutrauen, die aber in ihren schulischen Leistungen eher schwach war. Sie wollen nun die Probezeit nutzen, um festzustellen, ob Ihre Wahl richtig war.

1. Welche Lern- und Arbeitsaufgaben eignen sich, um festzustellen, ob dieses schüchterne Mädchen auch die Betreuungsaufgaben und Kontakte zu den Gästen bewältigen kann?
2. Erstellen Sie einen Beurteilungsbogen, mit dem Sie gezielt die Schwachstellen Ihrer neuen Azubi einschätzen können.
3. Erstellen Sie eine Liste mit 10 Aufgaben bzw. Arbeitsproben, die auch der Azubi die Möglichkeit geben, sich selbst in der praktischen Realität zu erleben und die Anforderungen des gewählten Berufes kennen zu lernen.
4. Die Probezeit soll als Testzeit genutzt werden. Welche Grundsätze beachten Sie, um diese Zeit erfolgreich für den Betrieb und die Azubi zu gestalten?

Handlungsfeld 4
Am Arbeitsplatz ausbilden

4.1 Arbeitsplätze auswählen und aufbereiten

■ Warum ist die Auswahl des Arbeitsplatzes so wichtig?

Die Möglichkeiten des Arbeitsplatzes beeinflussen in besonderer Weise die Qualität und das Ergebnis der Ausbildung:

- Der Arbeitsplatz muss den Azubis die Möglichkeit zur Qualifizierung bieten.
- Den Azubis muss die Chance geben werden, berufliche Fertigkeiten zu entwickeln.
- Am Arbeitsplatz muss die Persönlichkeitsentwicklung gefördert werden.

4.1.1 Arbeitsplatz auswählen

Die Auswahl der entsprechenden Ausbildungsplätze klingt sehr arbeitsaufwändig, wird aber in der Regel nur einmal durchgeführt, wenn zum ersten Mal ausgebildet wird. Später werden die vorhandenen Listen nur noch einmal auf Veränderungen überprüft. Deshalb sollte die erstmalige Auswahl besonders sorgfältig durchgeführt werden.

- Vorarbeit:
  - Ausbildungsplan erstellen
  - Zuordnung von bestimmten Ausbildungsinhalten zu bestimmten Abteilungen
  - Checklisten erstellen

Mögliche weitere Checklistenpunkte:

1. **Arbeitszeit am Arbeitsplatz** (Arbeitszeit = Ausbildungszeit, Pausen, Aufsicht, usw.)
2. **Eignung der Arbeitsaufgaben** (alle Geräte genutzt, Arbeitsaufgaben vielfältig, Arbeiten anspruchsvoll usw.)
3. **Lernchancen** (Chancen zur Entwicklung von Sozialkompetenz und Methodenkompetenz, alle fachlichen Ausbildungsziele erreichbar, Mitwirken der Azubi möglich, selbstständiges Arbeiten, Zusammenhänge zwischen verschiedenen Arbeitsabläufen erkennbar, ausreichend Übungsmöglichkeiten, usw.)
4. **Arbeitssicherheit** (Raumklima, Arbeitssicherheit, Unfallgefahren, Schutzkleidung usw.)
5. **lernförderndes Umfeld** (Ergonomie, Vermeidung einseitiger Belastungen, physikalische Umwelteinflüsse, Betriebsklima, biologische Leistungskurve, usw.)
6. **Arbeitsmittel-/-geräteausstattung**
7. **Ausbildungsunterlagen**
8. **technische Ausstattung**

Diese Checkliste ist nur ein Beispiel und muss noch auf die entsprechenden Anforderungen des jeweiligen Berufes und auf den Betrieb abgestimmt werden.

Eine derartige Checkliste kann auch zum Prüfen des Betriebes auf Eignung zum Ausbilden verwendet werden.

Beispiel für eine Checkliste zur Beurteilung der Ausbildungsorte in einem hauswirtschaftlichen Betrieb

Kriterium	fehlt	teilweise vorhanden	vorhanden	Aufbereitungserfordernisse
Ausbilden der Personen				
Wurde bereits ausgebildet?				
Fachkraft zur Betreuung der Azubi (Name und Eignung)				Mit Frau X Gesprächstermin vereinbaren
Eignung fachlich? Eignung persönlich?				Mit Abteilungsleiter Gespräch vereinbaren.
Gibt es genügend freie Kapazitäten in der Abteilung für die Ausbildung?				Vereinbarung zur Freistellung mit Abteilungsleiter anberaumen.
Wer übernimmt Teilbereiche?				Mit Frau Y Herstellung von Gebäck klären.

Die mittleren Spalten werden einfach mit Kreuzchen versehen und rechts ist Raum für die noch zu treffenden Absprachen, Klärungsbedürfnisse.

4.1.2 Personal auswählen und vorbereiten

■ Auswahl von mitausbildenden Fachkräften

Nicht jeder Betriebsmitarbeiter ist in der Lage oder geeignet, Azubis mit zu betreuen. Deshalb müssen diese Fachkräfte sorgfältig ausgewählt werden, damit die Ausbildung nicht zu einem Mitlaufen degradiert wird.

Folgende **Voraussetzungen** muss eine geeignete Fachkraft erbringen:
- Die Fachkraft muss qualifiziert und engagiert sein.
- Sie muss bereit für die Ausbildertätigkeit und die damit verbundene Verantwortung sein.
- Eine Unterstützung durch die Betriebsleitung oder den Abteilungsleiter ist unbedingt notwendig.
- Die Person sollte geduldig und verständnisvoll im Umgang sein.

■ Vorbereitung der mitausbildenden Fachkräfte

Wenn die oben genannten Grundvoraussetzungen erfüllt sind, muss die Fachkraft und ihr Umfeld auf die Aufgabe vorbereitet werden. Sie selbst ist zwar bereit, ihr Fachwissen weiterzugeben, ist aber nicht geschult, einen logischen und pädagogischen Aufbau der zu vermittelnden Lerninhalte zu planen.

Deshalb sind die folgenden **Vorbereitungstätigkeiten und Gespräche** durchzuführen:
- Gespräch mit dem Vorgesetzten führen, um eine Unterstützung für die mitausbildende Fachkraft zu erreichen
- Ausbildungsgegenstände und deren Reihenfolge mit der Fachkraft besprechen
- Verfügungszeiten besprechen
- Hilfestellungen anbieten
- Unterlagen, Material aushändigen
- Ausbildungsziele benennen
- Art der Lernzielkontrollen und deren Durchführung besprechen
- Beobachtungsbogen weitergeben und erläutern

■ Motivierung der mitausbildenden Fachkräfte

Selbst wenn alle oben genannten Voraussetzungen gegeben sind, bedarf es einer ständigen Motivation und regelmäßigen Betreuung der mitausbildenden Fachkräfte. Ausbilden ist ein Mehraufwand neben der normalen beruflichen Tätigkeit. Daher müssen auch hier Absprachen getroffen werden, damit eine Mithilfe beim Ausbilden nicht auch noch bestraft wird, wie
- Ausbildertätigkeit muss sich lohnen, zumindest durch regelmäßiges Lob und Hervorheben der erbrachten Leistung;
- Leistungsdruck der sonstigen Arbeiten sollte gemindert werden;
- Zeiten für Ausbildertätigkeiten müssen geschaffen werden;
- hemmende Wirkung für beruflichen Aufstieg durch zeitlich bedingte geringere Leistung beseitigen.

AUFGABEN

1. Situation: Sie bekommen nach zwei Jahren Pause eine neue Azubi in der Hauswirtschaft und wollen anhand der Checkliste die betrieblichen Ausbildungsorte prüfen. Überlegen Sie folgende Fragen, die beim Abarbeiten der Checkliste auftreten können:
   a) Wie reagieren Sie auf die Äußerung eines Kollegen: „Was, der Schluckspecht soll die Azubi betreuen?" Welche Konsequenzen ziehen Sie aufgrund dieser Äußerung?
   b) Was entgegnen Sie dem Küchenchef auf die Frage nach der benötigten Arbeitszeit der mitausbildenden Fachkraft für die Ausbildung?
   c) Stellt das gesundheitsgefährdende Klima des Tiefkühlraumes eine Gefährdung der Sorgfaltspflicht dar?
   d) Der Speiseplan ist die „heilige Kuh" des Küchenchefs – da darf keiner ran! Wie können Sie die Vermittlung der geforderten Lerninhalte trotzdem sichern?

2. Situation: Sie haben als Ausbilderin drei Azubis zu betreuen und möchten sie in verschiedenen Bereichen des Hauses unterbringen. Sie sind auf die Mitarbeit der jeweiligen Fachkräfte angewiesen.
   Wäscherei:
   - Mayer, 50 Jahre, 20 Jahre im Betrieb, keine Ausbildung
   - Müller, 25 Jahre, 2 Jahre im Betrieb, Hauswirtschafterin
   - Berg, 40 Jahre, 10 Jahre im Betrieb, angelernte Hilfskraft

   Küche:
   - Hubert, 30 Jahre, 5 Jahre im Betrieb, Hilfskoch
   - Reiner, 35 Jahre, 8 Jahre im Betrieb, Koch
   - Renate, 33 Jahre, 6 Jahre im Betrieb, Beiköchin

   Reinigung:
   - Ulli, 20 Jahre, 3 Jahre im Betrieb, Hauswirtschafterin
   - Ismael, 25 Jahre, 8 Jahre im Betrieb, Fensterputzer
   - Roberto, 30 Jahre, 5 Jahre im Betrieb, Gebäudereiniger

   a) Ergänzen Sie weitere Details zu den Personen nach eigenen Vorstellungen.
   b) Welche Personen wählen Sie zur Ausbildung Ihrer Azubis aus?
   c) Begründen Sie Ihre Entscheidung.
   d) Wie bereiten Sie die jeweiligen Personen auf ihre Aufgabe vor?
   e) Wie begründen Sie gegenüber den anderen Mitarbeitern Ihre Wahl? (evtl. als Rollenspiel)
   f) Wie motivieren Sie die ausgewählte Fachkraft?

4.1.3 Entwicklungs- und altersgemäße Gestaltung der Ausbildung

Um möglichst gute Lernerfolge bei ihren Azubis zu erzielen, müssen Ausbilder auch ein förderliches Lernumfeld schaffen. Dazu gehört neben einem angenehmen **Betriebsklima** auch die Einrichtung von **ergonomisch angepassten Arbeitsplätzen,** die Berücksichtigung der **physikalischen Umwelteinflüsse** und der **biologischen Leistungskurve** sowie die **Vermeidung von einseitigen körperlichen Belastungen.**

■ Betriebsklima

Zu einem als angenehm empfundenen Betriebsklima zählen ein **mitmenschlicher Umgang** zwischen allen Kollegen der Abteilung/des Betriebes, der **wenig Reibungsflächen** aufweist, ein **einsichtig organisierter Betriebsablauf** sowie ein **Führungsstil,** der Arbeitsfreude und Vertrauen aufbaut.
Spüren Azubis eine derart positive Umgebung, so sind auch sie bereit, mehr Lernanstrengugen zu erbringen, und lassen sich durch den Leistungswillen der Kollegen zu höheren Leistungen anspornen.

■ Ergonomisch eingerichtete Arbeitsplätze

Die Ergonomie ist „die Wissenschaft von den Leistungsmöglichkeiten und -grenzen des arbeitenden Menschen sowie der besten wechselseitigen Anpassung zwischen dem Menschen und seinen Arbeitsbedingungen" (Fremdwörterbuch von Duden).
Werden keine ergonomisch angepassten Arbeitsplätze angeboten, kommt es zu vorzeitiger Ermüdung, hoher Fehlerquote und mangelndem Lernerfolg.
In der hauswirtschaftlichen Praxis können hier als Beispiele die der Körpergröße anpassbaren Stehhilfen oder unterschiedliche Arbeitstischhöhen verwendet werden. Auch längenmäßig verstellbare Stiele von Wischgeräten oder Staubsaugern entsprechen diesen Anforderungen.
Die Ausbilder sind hier aufgefordert, auf das Vorhandensein solcher Arbeitsmittel und Geräte und vor allem auf deren sachgerechte Benutzung und richtige Einstellung zu achten, um die Lernfähigkeit ihrer Azubis zu unterstützen.

■ Biologische Leistungskurve

Um die Leistungsfähigkeit der Azubis möglichst hoch zu halten, muss hier in ganz besonderem Maße auf die Gegebenheiten der biologischen Leistungskurve geachtet werden. Des Weiteren regelt das JuArbSchG in den §§ 8-19 die Arbeits- und Pausenzeiten der Jugendlichen. Dies kann in nicht unerheblichem Ausmaß von den im Betrieb üblichen Arbeits- und Pausenzeiten abweichen. Trotzdem muss im Sinne der Gesundheit der Azubis auf die Einhaltung dieser Pausen gedrungen werden.
Außerdem müssen Ausbilder bei der Arbeitsplanerstellung die Zeiten der Höchstleistung für die Vermittlung neuer, komplizierter und schwieriger Lerninhalte nutzen und die Zeiten geringerer Leistungsfähigkeit für Wiederholungen, Routinearbeiten und leichtere Arbeitsaufgaben.

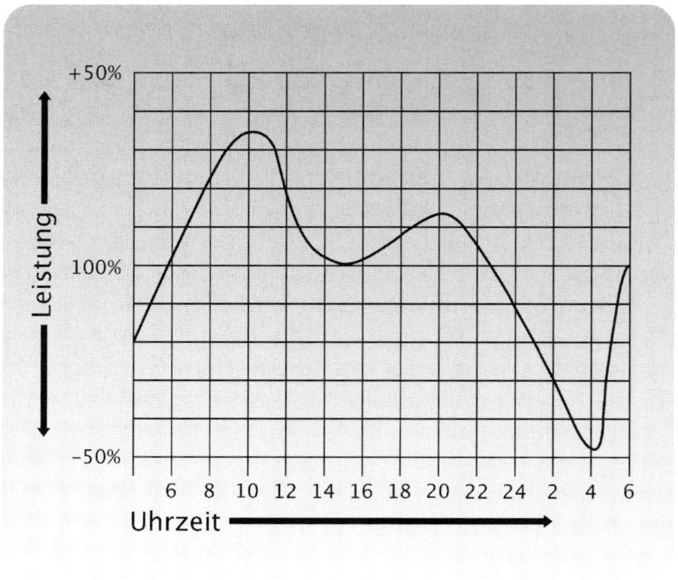

■ Einseitige körperliche Belastungen

Stundenlanges Sitzen oder Stehen führt zu sehr schneller Ermüdung, Konzentrationsverlust und Haltungsschäden im Rücken-, Schulter- und Halsbereich. Es kann sogar bei zu langem Stehen zu abfallendem Blutdruck mit Schwindel, Schweißausbrüchen und Blässe bis hin zum Kreislaufkollaps kommen.
Gerade Jugendliche, die nach der Schulzeit die z.T. hohen körperlichen Belastungen des beruflichen Alltags überhaupt noch nicht gewöhnt sind, reagieren anfällig hierauf.
Die Hauwirtschaft bietet durch ihre große Bandbreite im Betätigungsfeld hier viele Möglichkeiten, solch einseitige Belastungen zu vermeiden. Sollte aber ein Einsatz in einem Fachbereich längere einseitige Körperhaltungen erfordern, so ist durch geeignete Hilfsmittel wie Stehhilfen für Entlastung zu sorgen.
Insgesamt kann auch hier durch eine vorausschauende Planung des Arbeitseinsatzes vieles erreicht werden.

■ Physikalische Umwelteinflüsse

Gerade in der Hauswirtschaft ist ein angenehmes Raumklima nicht immer zu gewährleisten. Hohe Schwankungen der **Lufttemperatur** und **Luftfeuchtigkeit** sowie zeitweise starke **Luftbewegung** und **Lärm** sind nicht zu vermeiden.
Aufgabe der Ausbilder ist es hier, dafür zu sorgen, dass zum einen die entsprechende Schutzkleidung vorhanden ist und auch verwendet wird (Bsp.: Arbeit in der Tiefkühlzelle oder im Kühlraum) und zum anderen die Azubis starken Belastungen durch hohe Luftfeuchtigkeit, Zugluft oder Lärm nicht dauerhaft ausgesetzt sind. Durch eine entsprechende Planung der Arbeitsaufgaben kann so ein Wechsel zwischen sehr beeinträchtigenden Arbeitsplätzen und weniger belastenden geschaffen werden.

4.1.4 Modelle der Arbeitsorganisation

■ Organisation des Einsatzes der Azubi (z. B. in der Hauswirtschaft)

Notwendige Tätigkeiten zur Erstellung eines konkreten Aufgabenplanes:

- Befragen der Fachkraft, welche gezielten Aufgaben in den kommenden drei oder vier Wochen zu erledigen sind. (In der Küche kann hierzu der Speiseplan verwendet werden, im Reinigungsbereich hilft das Leistungsverzeichnis weiter.)
- genannte Aufgaben mit dem Ausbildungsplan vergleichen
- Auswahl von gezielten Tätigkeiten, die die Azubi durchführen soll
- Erstellung eines konkreten Tages-/Wochenplanes, in den die entsprechenden Aufgaben eingetragen werden und in dem auch das gezielte Lernziel formuliert wird
- Besprechung des erstellten Planes mit der Fachkraft
- Kontrolle der ausgeführten Arbeiten durch die Fachkraft
- Besprechung der Arbeitsergebnisse mit der Ausbilderin oder schriftliches Festhalten der Ergebnisse mit einem Beurteilungsbogen (vgl. 2.6.2 „Anforderungen an Beurteilungsbögen")

Beispiel
für einen Wochenarbeitsplan, der an eine mitausbildende Fachkraft weitergegeben werden kann:

Tag	Aufgabenstellung	Ausbildungsziele
Montag 1. März	Mithilfe beim Salatputzen Zubereitung der Suppe Backen und Verzieren einer Geburtstagstorte für einen Gast Mithilfe bei der täglichen Reinigung + Spülarbeiten	Großküchentechnische Vorbereitung von Feldsalat mit Qualitätskontrolle Erstellen einer hellen Einbrenne Biskuitteig, verschiedene Verzierungsmöglichkeiten Steigern des Arbeitstempos bei Routinearbeiten
Dienstag 2. März	Berufsschule	
Mittwoch 3. März	...	...

AUFGABE

Situation: Sie wollen Ihre Azubi für drei Wochen in der Hausreinigung im Internat unterbringen und fragen die Fachkraft nach den anfallenden Tätigkeiten.

a) Überlegen Sie sich eine Antwort der Fachkraft.
b) Vergleichen Sie diese mit Ihrem betrieblichen Ausbildungsplan „Hygiene und Reinigung und Pflege von Räumen".
c) Sind alle Anforderungen abgedeckt?
d) Welche Ausbildungsinhalte, die nicht speziell im Ausbildungsplan erwähnt sind, möchten Sie zusätzlich aufnehmen? (Z. B. Grundreinigung des Linoleumbodens eines Flures)
e) Erstellen Sie einen Tätigkeitsplan für eine Woche.

■ Organisation der Planung mithilfe des Lernbaumes

Der Lernbaum eignet sich, um z. B. die Gliederung einer Arbeitsplanung darzustellen (siehe unten). Der Stamm symbolisiert hier die gestellte Gesamtaufgabe, seine Äste verkörpern die Aufgabengebiete und die Zweige die Aufgabenschritte.
Aber auch die Einzelkomponenten eines Buffets lassen sich hier gruppenweise sortiert einprägsam darstellen oder z. B. die Aufgabenfelder mit ihren Einzelaufgaben im Bereich der Gebäudereinigung.

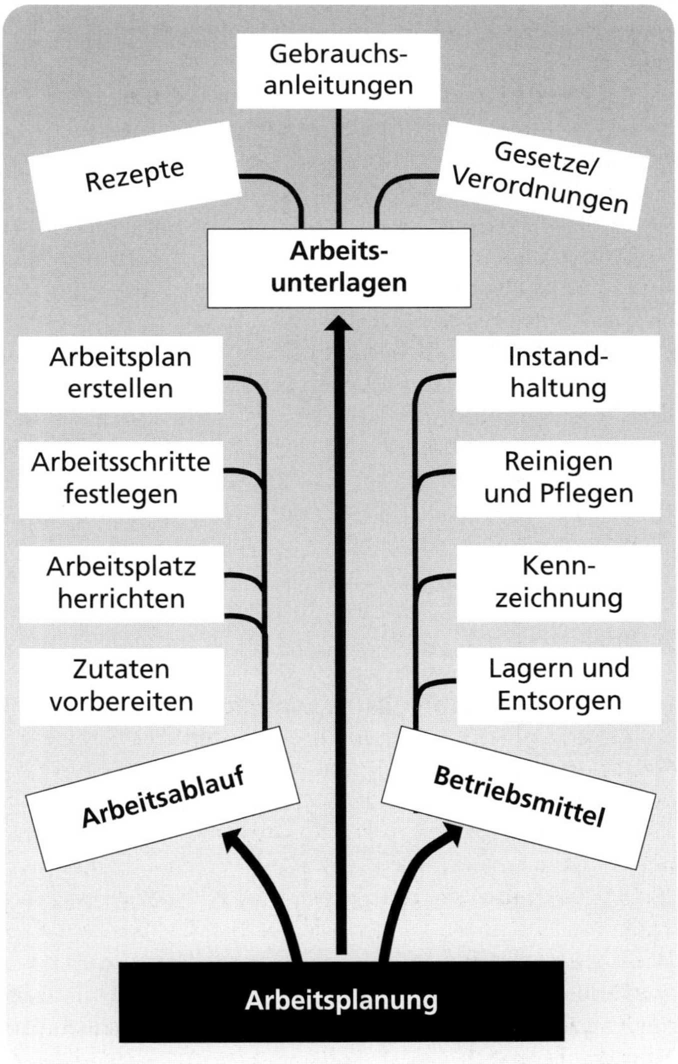

AUFGABE

Situation: Sie sind Ausbilderin in einem Kinderkurheim für krebskranke Kinder. Ihr Haus legt großen Wert auf vielseitige, kreative, kindgerechte und oft wechselnde Dekorationen. Sie möchten nun die verschiedenen Arten der Dekorationen und ihre Verwendung für Ihre Azubi grafisch darstellen.

a) Überlegen Sie sich die verschiedenen Bereiche, in denen Dekorationen angebracht werden können.
b) Ordnen Sie diesen Bereichen verschiedene Dekorationsarten zu.
c) Stellen Sie Ihre Auflistungen grafisch in einem Lernbaum so dar, dass erkennbar wird, wie Sie die Ausbildungsinhalte sinnvoll strukturiert vermitteln wollen.
d) Führen Sie ein Rollenspiel durch und erläutern Sie Ihrer Azubi den Bereich „Dekorationen im Hause" und welche Dinge sie in welcher Reihenfolge erlernen wird.

4.2 Auf Veränderungen der Arbeitsorganisation vorbereiten

4.2.1 Veränderungen in den Arbeitsanforderungen

Der Arbeitsablauf in jedem Betrieb ist in der Regel gut durchorganisiert. Ausbildung „vor Ort" bedeutet daher:

- Arbeitsstrukturen und Ordnungen werden zerstört.
- Zusätzliche Zeit muss aufgewendet werden.
- Beliebte Arbeiten müssen evtl. zeitweise abgegeben werden.
- Die Ausbilder erscheinen öfter zur Kontrolle und kontrollieren dabei vielleicht auch die Mitarbeiter.
- Es können vermehrt Fehler auftreten, was Ärger für die Abteilung bedeuten kann.
- Fehler der Azubis müssen ausgeglichen werden.
- Es kann zu Hierarchiestreitigkeiten kommen.
- Neue Unfallgefahren durch Unkenntnis der Azubis können entstehen.
- Sonderregelungen der Pausen der Azubis können Unruhe in den Arbeitsablauf bringen und Unverständnis hervorrufen.
- Bedingt durch das JuArbSchG können andere Schichtzeiten als bei den übrigen Mitarbeitern vorliegen.

Organisation ist notwendig!

■ Ablauf der Ausbildung am Arbeitsplatz

Wie schon erwähnt, langt eine einfache Weitergabe des Ausbildungsplanes nicht aus, da die Fachkraft nicht in der Lage ist, einen sinnvollen Aufbau der Lerninhalte zu organisieren.

Die Festlegung der **Reihenfolge der Lernaufgaben** und die **Zuordnung** der entsprechenden Arbeitsaufträge, anhand derer gezielt gelernt werden kann, ist **Sache der Ausbilder!**

Ein Beispiel für einen solchen Plan ist der Wochenarbeitsplan (vgl. 4.1.4 „Modelle der Arbeitsorganisation").

Wichtig für die Erstellung eines solchen Planes ist, dass er mit der Fachkraft, die die Ausbildung durchführt, durchgesprochen wird. Hier können Einwände und Bedenken dann noch Berücksichtigung finden. Außerdem muss abgeklärt werden, ob es Kollisionen mit ihrer eigenen Arbeit gibt oder ob sie die Betreuung der Azubi gewährleisten kann.

4.2.2 Zukunftsvisionen erstellen

Doch Mitarbeiter müssen sich nicht nur auf Veränderungen in den Arbeitsbedingungen einstellen, wenn Azubis in ihren Arbeitsbereich „eindringen", sondern auch wenn neue Formen der Arbeitsrationalisierung und neue Formen der Arbeitsorganisation eingeführt werden. Dieser stetige Wandel im Arbeitsprozess gehört zur Anpassung der Betriebe an die Erfordernisse des Marktes.

Auch Azubis müssen auf diese sich stets wandelnden Arbeitsbedingungen vorbereitet werden.
Dies muss den Azubis bereits vermittelt werden, um bei den zukünftigen Facharbeitern und Facharbeiterinnen eine entsprechende Akzeptanz und Bereitschaft zur Mitgestaltung von Neuerungen zu erreichen.

Eine Möglichkeit hierzu bietet die Entwicklung einer **Zukunftsvision** darüber, wie sich wohl die Anforderungen an den eigenen Beruf mit den Jahren verändern könnten. Hierbei könnten folgende Bereiche Berücksichtigung finden:

- Veränderungen der Kunden/zu betreuenden Personen
- Einsatz moderner Technik/neuer Arbeitsverfahren/anderer Arbeitsmittel
- Spezialisierung auf Fachbereiche
- Kostenentwicklung
- Teamarbeit/Eigenverantwortlichkeit
- Qualitätsanforderungen/Zertifizierungen/Hygienemaßstäbe
- Formen der Arbeitsrationalisierung

Die Azubis werden aufgefordert, sich zunächst selbst Gedanken zu einigen vorgegebenen Schwerpunkten zu machen und festzuhalten. Im 2. Schritt können Kollegen und Mitarbeiter nach ihrer Einschätzung befragt werden. Das Zusammentragen dieser verschiedenen Meinungen ergibt oft überraschende Perspektiven, die es zu diskutieren lohnt und die den Azubis die Vielfalt der möglichen Entwicklungsrichtungen vor Augen führen. Auf jeden Fall wird somit deutlich gemacht, dass es Veränderungen geben wird, auf die sie sich einzustellen haben.

4.3 Praktisch anleiten

Die Grundvoraussetzungen sind:
- berufliche Erfahrungen
- Handlungswissen/Fachwissen
- Handlungsschemata/Kenntnis der Arbeitsabläufe
- Zielorientierung
- Problemlösungsansätze
- Fachkenntnisse
- Handlungsschnelligkeit

Während in größeren Betrieben der Industrie häufig **fernab der beruflichen Wirklichkeit** in Ausbildungswerkstätten, Lernbüros oder Unterrichtsräumen ausgebildet wird, vollzieht sich die Ausbildung in kleineren Betrieben meist **mitten im Arbeitsgeschehen.** Wichtig für die Ausbildung ist in jedem Fall, dass alle in der AO vorgeschriebenen Ausbildungsinhalte vermittelt werden. Weiterhin müssen Handlungskompetenz und Problemlöseverhalten vermittelt werden. Die Azubis müssen lernen, ihre Tätigkeiten auf ein bestimmtes Ziel auszurichten und dies in angemessenem Tempo zu erreichen.

Beide Formen der Ausbildung haben ihre Vor- und Nachteile:

Ausbildung am Arbeitsplatz
- Lerninhalte richten sich nach den aktuellen Arbeitsaufgaben.
- Ausbildung findet nicht so systematisch statt.
- Evtl. werden Ausbildungsinhalte vernachlässigt.
- Durch Hektik kann die Ausbildung in den Hintergrund geraten.
- Der Bezug zur Arbeit ist voll gegeben.
- Azubis erleben sich als wertvoll und hilfreich, sie erkennen den Wert ihrer Arbeit.
- Die Realität des Berufes wird hautnah miterlebt und kann von Anfang an gut eingeschätzt werden.
- Durch hohes Arbeitstempo können Schwierigkeiten entstehen, da die Azubis mit diesem Tempo noch nicht mithalten können.

Ausbildung in der Lehrwerkstatt
- Die Ausbildung kann systematisch aufgebaut werden.
- Alle Ausbildungsinhalte werden ausführlich behandelt.
- Azubis haben z.T. das Gefühl, nutzlose Tätigkeiten zu verrichten, da ihnen der Praxisbezug fehlt.
- Azubis lernen nicht den Druck der Arbeitsrealität kennen.
- Das Ausbildungstempo kann der Leistungsfähigkeit der Azubis angepasst werden.

4.3.1 Arbeiten und Lernen verknüpfen

Im Folgenden werden nun verschiedene „Methoden" zur Verknüpfung von Lernen und Arbeiten am Arbeitsplatz vorgestellt. Die hier gewählten Bezeichnungen sind außer der „4-Stufen-Methode" und der „handlungsorientierten Unterweisung" **keine** feststehenden Bezeichnungen für genau definierte Ausbildungsmethoden. Sie unterscheiden sich in erster Linie durch die Art der Vermittlung der Lerninhalte.

■ Einarbeitung durch eine Fachkraft

Hierzu wird z. B. in der Hauswirtschaft die Azubi **einer erfahrenen Fachkraft** zugeordnet. Diese erfüllt ihre normalen Arbeitsaufgaben und bezieht die Azubi immer stärker in ihre Tätigkeit mit ein. Meist beginnt die Arbeit mit **einfachen Hilfstätigkeiten** oder Botendiensten, bei denen die Azubi die benötigten Materialien und deren Lager kennen lernt. Zwischendurch beobachtet die Azubi die Arbeitsweise und Tätigkeiten der Fachkraft, kann **Fragen stellen** und **Handgriffe ausprobieren**. Später kann die Azubi bereits **Teilbereiche selbstständig durchführen** und am Ende kann sie die **gesamte Arbeitsaufgabe eigenständig durchführen.** Zuletzt muss sie dann nur noch das **Arbeitstempo steigern.**

Die **Aufgabe der Ausbilderin** bei dieser Methode ist die richtige Auswahl der Fachkraft, die bereit sein muss, die Azubi zu betreuen, und das Fachwissen hat, ihr Hintergründe zu erklären. Außerdem müssen Ausbilder geeignete Arbeitsaufgaben auswählen, die sich für diese Art des Lernens in der Arbeit eignen. Tätigkeiten, bei denen die Azubi keine Teilaufgaben übernehmen kann, sind ungeeignet.

■ Angeleitetes Arbeiten

Bei dieser Methode steht die **selbstständige Tätigkeit** der Azubis im Vordergrund, die Azubis müssen also schon gewisse Vorkenntnisse und auch das Zutrauen zu den eigenen Fähigkeiten haben, um hier Lernerfolge zu erzielen.

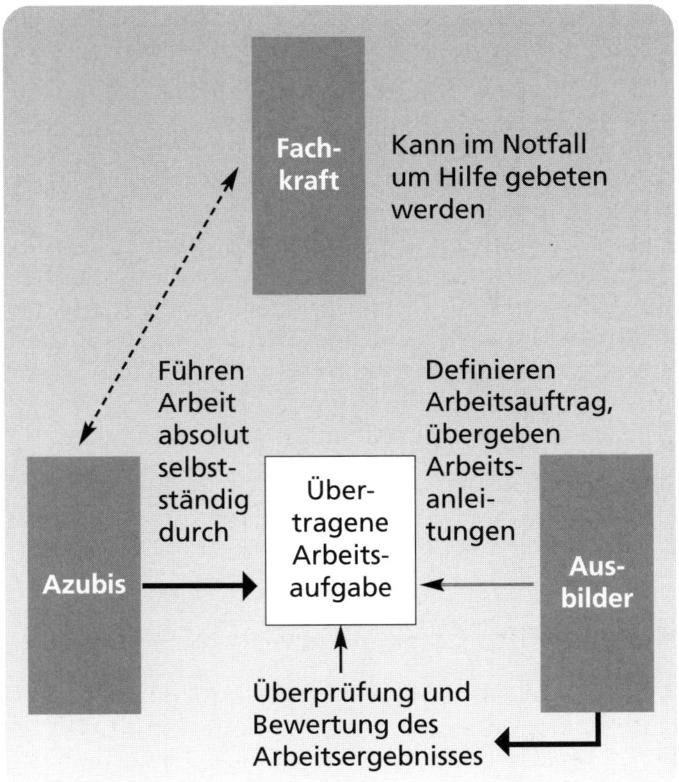

Angeleitet durch **Arbeitsblätter** oder **Arbeitsanweisungen,** mit **Gebrauchsanleitungen** oder **Rezepten,** durch **Leitfragen** oder **Leittexte** erarbeiten die Azubis sich die neuen Ausbildungsinhalte selbstständig. Diese Methode fördert sehr stark die Selbstständigkeit und die Handlungsfähigkeit der Azubis. Sie müssen selber Lösungswege bei Schwierigkeiten finden oder ausprobieren. Manchmal führt auch der Weg über den Irrtum zum Ziel. Der Lerneffekt dieser Methode ist sehr groß, da sich die Azubis ihr Wissen selbst erarbeiten.
Diese Methode eignet sich auch für Gruppenarbeiten.

Wichtig ist, dass bei Problemen, mit denen die Azubis alleine nicht klar kommen, eine Fachkraft konsultiert werden kann, damit es nicht zu Schäden an Maschinen oder zu Unfällen kommt.

Die **Aufgabe der Ausbilder** bei dieser Methode ist es, geeignete Ausbildungsinhalte zu finden. Anleitungen müssen auf ihre Vollständigkeit, Aktualität und Brauchbarkeit geprüft, evtl. ergänzt oder neu erstellt werden. Der Vorteil ist, dass einmal erstellte Anleitungen immer wieder verwendet werden können und so der Arbeitsaufwand für die Ausbilder relativ gering ist. Der Arbeitsauftrag muss sehr genau definiert werden und es muss unbedingt eine Qualitäts- und Zeitvorgabe gegeben werden, da sonst die Gefahr besteht, dass sich die Azubis ‚verspielen'!

Die 4-Stufen-Methode

Hierbei handelt es sich um eine früher sehr weit verbreitete, weitgehend demonstrierende Ausbildungsmethode, die heute hauptsächlich von der handlungsorientierten Unterweisung verdrängt ist.
Diese Methode ist zwar sehr anschaulich, zeitsparend, wirtschaftlich und sicher, aber sie birgt die Gefahr, dass Azubis von vornherein auf eine bestimmte Arbeitsweise festgelegt werden. Außerdem ist das Nachdenken der Azubis nur bedingt notwendig, weil Probleme schon vorher aus dem Weg geräumt sind. Ein **problemlösendes Lernen ist dadurch nicht möglich** und die Azubis können in Teilbereichen der Unterweisung auch unterfordert sein und abschalten, was den Lernerfolg negativ beeinflusst.
Diese Unterweisungsart soll hier trotzdem ausführlich behandelt werden, da auch in der handlungsorientierten Unterweisung immer wieder auf Elemente der 4-Stufen-Methode zurückgegriffen wird. Außerdem eignet sich diese Methode nach wie vor dann, wenn Ausbilder eine ganz bestimmte Arbeitsweise/Vorgehensweise bei einer bestimmten Arbeit wünschen.

1. Stufe:
Vorbereitung / Einstimmung

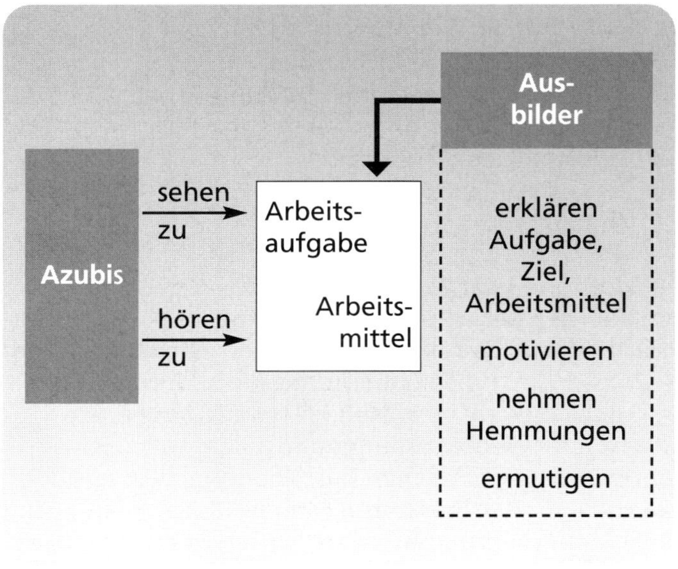

Die Ausbilder müssen die Unterweisung sorgfältig planen, um ihren Erfolg zu gewährleisten.
Sie müssen abklären, **wen** sie **worin unterweisen** sollen. Sie müssen das **Lernziel festlegen** und die Arbeit in Schritte gliedern **(Arbeitszergliederung).** Dann legen sie den **Lernort** und die Arbeitsmittel fest.
Am Arbeitsplatz werden alle notwendigen Arbeitsmittel und Geräte vorbereitet.

Die Azubis werden **begrüßt** und über **Thema** und **Lernziel informiert.** Nun gilt es, das **Interesse** der Azubis zu **wecken** und sie zu **motivieren.** Die bereits vorhandenen **Kenntnisse** müssen **abgeklärt** werden, um sie nicht zu unter- oder überfordern. Eine mögliche **Befangenheit** muss **genommen** werden und **Selbstvertrauen gegeben** werden, damit die Azubis sich ausreichend auf die Unterweisung konzentrieren können. Wichtig ist auch die **Feststellung** etwaiger **Besonderheiten,** wie Rechts- oder Linkshänder, Farbenblindheit, besonders starke Sehschwäche, Behinderungen usw. Zuletzt müssen die Ausbilder darauf achten, dass die **Azubis richtig platziert** sind, damit sie die Arbeit gut einsehen können, aber nicht seitenverkehrt sehen.

2. Stufe:
Demonstration der Arbeit

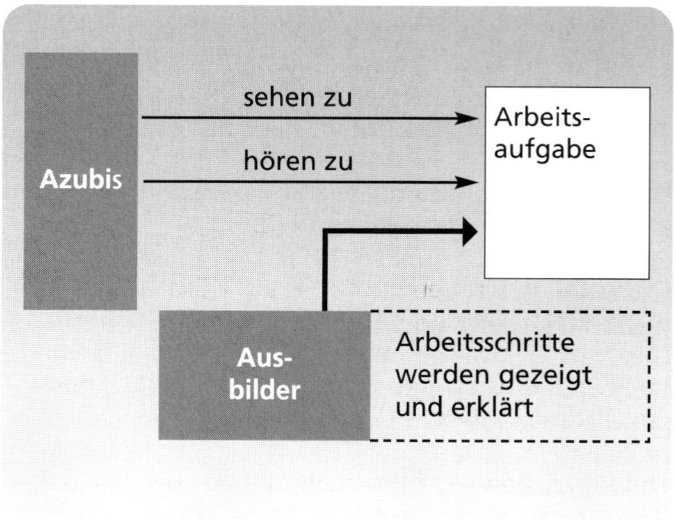

Die Ausbilder zeigen den Arbeitsgang und geben dazu ausführliche Erklärungen,

- **was** sie machen (Arbeitsschritte in logischer Reihenfolge);
- **wie** sie es machen;
- **warum** sie es so machen und nicht anders (ausführliche Begründungen, warum dies die beste und sicherste Arbeitsweise ist).

Durch das Ansprechen mehrerer Sinne (Hören und Sehen) verstärkt sich die Behaltensquote.
Wie oft die Arbeit demonstriert wird, hängt von der Schwierigkeit, der Gefährlichkeit und der Auffassungsgabe der Azubis ab.
1. Demonstration: ausführliche Erklärungen
2. Demonstration: Erklärung der Kernpunkte
3. Demonstration: ohne Erklärung

Dadurch wird bei den Azubis bereits das aktive Denken gefördert und so eine Steigerung des Lernerfolges bewirkt.

Die Stufe 3 wird dann begonnen, wenn die Azubis sich selbst so sicher sind, dass sie sich bereit erklären, den ersten Arbeitsversuch durchzuführen. Evtl. müssen die Ausbilder sie ermuntern und ihr Selbstvertrauen stärken, um dieses Ziel zu erreichen.

3. Stufe:
Ausführung der demonstrierten Arbeit

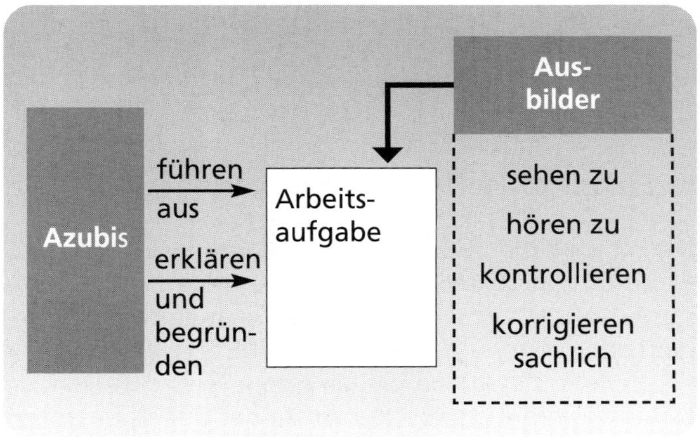

Die Azubis und ihre Ausbilder tauschen die Plätze und die Azubis führen nun selbstständig die Arbeit aus.

1. Ausführung: Die Azubis erklären und begründen **nicht,** damit sie sich voll und ganz auf ihre Arbeit konzentrieren können.
2. Ausführung: Die Azubis nennen die Kernpunkte.
3. Ausführung: Die Azubis erklären und begründen ausführlich, **was, wie** und **warum** sie so arbeiten.

Die Ausbilder greifen bei der Ausführung zunächst nur ein, wenn Fehler gemacht werden oder Sicherheitsvorschriften missachtet werden. Dabei ist darauf zu achten, dass dieses Eingreifen kein Tadeln, sondern ein Helfen (konstruktive Kritik) ist.

Treten bei den Ausführungen der Azubis große Verständnislücken oder grobe Fehler zutage, so müssen die Ausbilder die entscheidenden Teilvorgänge nochmals demonstrieren und die Verständnislücken durch weitere Erklärungen schließen (zurück zu Stufe 2).

Die vollständige Erklärung ihrer Ausführungen am Ende der 3. Stufe bedeutet für die **Ausbilder** die **Kontrolle,** ob die Azubis alles verstanden haben.
Die **Azubis** werden nun zur **Selbstkontrolle** und **Bewertung** ihres Arbeitsergebnisses aufgefordert (Qualitätskontrolle).
Der Behaltenseffekt – dieser Art zu unterweisen – beträgt bereits 90 % nach Abschluss der 3. Stufe.

4. Stufe:
Übung und Festigung des Gelernten

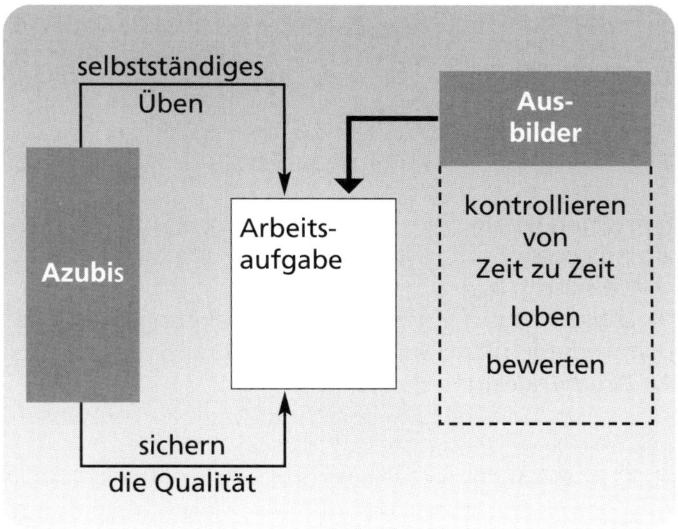

Die Azubis haben nun den richtigen Arbeitsablauf und die entsprechenden Begründungen erlernt. Nun gilt es, durch regelmäßige Übung das Gelernte zu festigen und die Arbeitsgeschwindigkeit zu steigern.
Das Erfolgserlebnis, bestärkt durch ein Lob, steigert die Leistungsbereitschaft, und die Betonung der Wichtigkeit der ausgeführten Arbeit erhöht das Interesse der Azubis.
Die weitere Festigung des Gelernten muss bestimmte Qualitäts- und Quantitätsanforderungen erfüllen und sich bis zum Erreichen der vom Betrieb geforderten Anforderungen in zeitlichen Grenzen halten.
In dieser Zeit ist von den Azubis eine laufende Kontrolle ihrer Arbeiten zu fordern, um sie zu verantwortungsvollem und qualitätsbewusstem Verhalten zu erziehen. Auch die Ausbilder werden die Arbeiten regelmäßig kontrollieren und durch Lob oder konstruktive Kritik die Arbeitsleistung steigern.

■ Die handlungsorientierte / wertbezogene Ausbildung[1])

In einer wertbezogenen Ausbildung versuchen Ausbilder mithilfe der Arbeitsunterweisung den Azubis Kenntnisse, Fertigkeiten, Sichtweisen, Einstellungen, Werthaltungen sowie Handlungskompetenzen und Problembewusstsein zu vermitteln.

[1]) Nach Dr. Phil Siegfried Gonnert Dipl. Psych.: „Einführung in die handlungsorientierte Arbeitsunterweisung"

Der Aufbau von Sichtweisen, Einstellungen und Werthaltungen geschieht über **Erziehung.**
Kenntnisse, Fertigkeiten, Handlungskompetenzen und Problembewusstsein werden über die **Unterweisung** vermittelt bzw. angeregt.

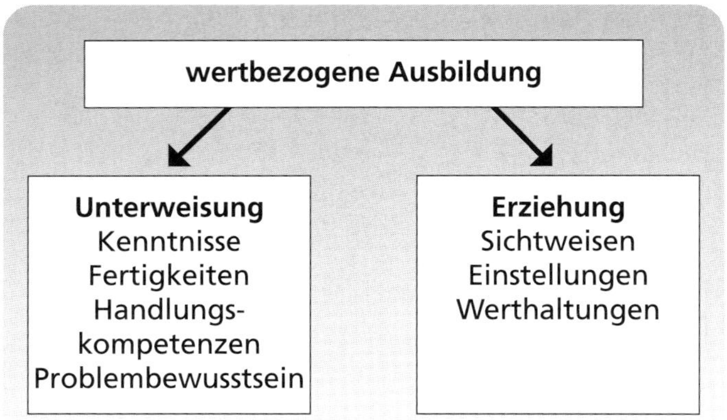

- **Unterweisung** ist ein organisiertes Lehren und Lernen.
- **Lernen** ist ein psychischer Vorgang, der zu einer relativ dauerhaften Verhaltensänderung aufgrund von Erfahrung führt.
- **Lehren** ist ein Verhalten, das Erfahrung vermittelt mit der Absicht, Lernen zu bewirken.
- **Organisieren** heißt demnach
  - nicht Aufbereitung der Wirklichkeit als Lernwissen, sondern **vielmehr:**
  - Schaffung eines Lebens- und Erfahrungsraumes, in dem Kenntnisse, Fertigkeiten, Handlungskompetenzen, Problembewusstsein erworben werden können.

Veranschaulichung der Abläufe einer Arbeitsunterweisung (z. B. in der Hauswirtschaft)

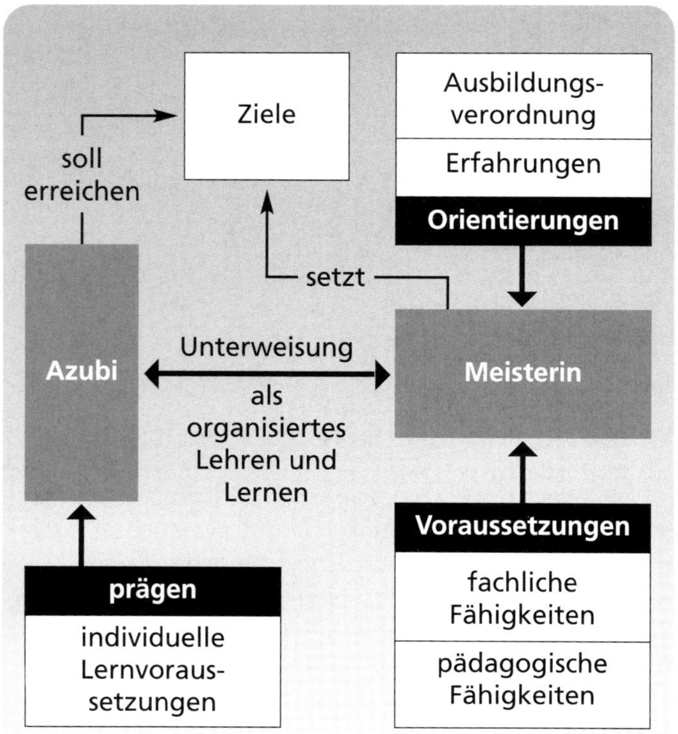

Erziehung
ist **kein** Indoktrinieren mit konsensfähigen Werten und **keine** Realisierung eines bestimmten Menschenbildes. Es handelt sich auch um **keine** Manipulation, sondern vielmehr um das behutsames Heranführen an Werte und ein Wachsenlassen in diesen Werten.

Dies bedeutet:
- Situationen schaffen, in denen die Heranwachsenden unmittelbar Erfahrungen sammeln können, in denen sie wachsen können, und zwar ohne Verformung durch bestimmte Absichten;
- Ermöglichen eines Wachsens in der Unmittelbarkeit des Erlebens und Erfahrens;
- nicht in eine bestimmte Richtung zu lenken, sondern Situationen schaffen, die eine Unmittelbarkeit des Erlebens und Erfahrens ermöglichen.

Erziehung
- setzt eine **„innere Autorität"** voraus
- erfordert **Vertrauen** in den zu Erziehenden
- stellt ein **Wagnis** dar, denn ihr Ergebnis ist offen
- fordert **Mut,** dieses Wagnis einzugehen

AUFGABEN

1. Welchen Stellenwert haben für Sie die pädagogischen und die fachlichen Fähigkeiten der Ausbilderin?
2. Was sind für Sie pädagogische Fähigkeiten?

Handlungsorientierung

Nimmt man die „wertbezogene Ausbildung", das Verständnis von „Erziehung" und die Bedeutung „innerer Autorität" ernst, so hat dies notwendige Konsequenzen.

Z. B. ist es die Aufgabe der Ausbilder bei einer Unterweisung:
einen **Lebens- und Erfahrungsraum** zu schaffen, in dem die Azubis **selbsttätig motiviert, aktiv und erfolgreich** Kenntnisse, Fertigkeiten, Handlungskompetenzen und Problembewusstsein erwerben können.

Dieses Verständnis gilt in der Literatur als **handlungsorientiert.**

Unter **Lerngegenstand** versteht man hier nicht einfach die Kenntnisse, Fertigkeiten, Einstellungen, Problemeinsichten, Unfallgefahren,
sondern **vielmehr:**
- die aktive, selbsttätige, problemlösende Auseinandersetzung mit Kenntnissen, Fertigkeiten, Einstellungen, Problemeinsichten, Unfallgefahren usw.
- Durch handelnden Umgang mit den Dingen, bei dem alle Sinne angesprochen werden, sollen die Azubis Erfahrungen sammeln, Einsichten gewinnen, Kenntnisse erwerben, Fertigkeiten bekommen, Ein-

stellungen erlangen, Problembewusstsein aufbauen, Problemlösungsstrategien finden, Unfallgefahren erkennen.

Die **Vorgehensweise** ist nicht einfach zeigen und vorführen – wie bei der 4-Stufen-Methode –,
sondern **vielmehr:**

- Erfahrungsräume schaffen
- von der zu lösenden Aufgabe ausgehende Sachzwänge erfahren lassen
- komplexe Sachverhalte auf bedeutsame Grundstrukturen reduzieren
- Vertrauen in die Azubis legen: „Du schaffst es"
- Irrwege, Umwege zulassen: „Wir können auch aus Fehlern lernen!"
- Ermutigung der Azubis
- Hilfen, Orientierung geben, ggf. Vorteile zeigen

Durch eine Umsetzung der oben genannten Vorgehensweise können alle geforderten Kompetenzen bestmöglich vermittelt werden. Die Azubis sind motiviert, erlangen Selbstsicherheit und Lernfreude und ihre Persönlichkeiten werden ganzheitlich gefördert.

Prinzipien der handlungsorientierten Unterweisung

Aus den bereits genannten Gesetzmäßigkeiten des Lernens ergeben sich die Prinzipien einer Unterweisung, an denen sich Ausbilder bei der methodischen Gestaltung einer Arbeitsunterweisung orientieren sollten. Als Bestimmungsfaktoren der Unterweisung beziehen sie sich auf die Art und Weise (Methode), wie der ausgewählte Lerninhalt zur Erreichung der gesetzten Ziele den Azubis vermittelt werden sollte.

Motivierung

Weckung und Berücksichtigung von Lern- und Leistungsbedürfnissen der Azubis durch:

- Konfrontation mit dem zu unterweisenden Inhalt
- Neugierigmachen durch Veranschaulichung bzw. Erfahrbarmachen des Problemzusammenhangs, in dem dieser Inhalt steht
- Erhaltung des geweckten Wissensbedürfnisses durch Darlegung der praktischen Bedeutsamkeit des zu unterweisenden Inhalts
- Abstimmung des Schwierigkeitsgrades auf das Leistungsvermögen der Azubis
- ganzheitliches Erfassenlassen (mit allen Sinnen: „Kopf", „Herz" und „Hand") des zu vermittelnden Gegenstandes
- Aktivierung der Azubis durch Selbsttätigkeit und Ermöglichung von Eigeninitiative
- Hervorhebung des individuellen Lernfortschritts der Azubis

Veranschaulichung

Den zu unterweisenden Sachverhalt so darstellen, dass die Azubis ihn mithilfe ihrer Sinnesorgane und entsprechend ihrer Auffassungsfähigkeit umfassend und zutreffend erkennen können.

Hierfür bieten sich folgende Möglichkeiten an:

- der wirkliche Gegenstand
- das Präparat / Modell
- die bildhafte Darstellung / Schema / Symbol

Aktivierung

Die Azubis anregen und ihnen die Möglichkeit geben, im täglichen Umgang mit den Dingen Lernerfahrungen zu erwerben.
Dies besagt:

- Selbstständigkeit fordert ein klares Ziel, das von den Azubis akzeptiert oder selbst gesetzt wird und das für sie erreichbar ist
- die erwartete Aktivität soll von den Azubis beherrscht werden
- die Ausbilder sollten nicht ständig unterbrechen
- die gefundenen oder erstellten Ergebnisse bedürfen der Selbst- und Fremdkontrolle
- Abwechslung in der Aktivität der Azubis beugt psychischer Übersättigung vor

Orientierung an den Azubis

Individualität und Anerkennung der Persönlichkeit der Azubis in allen Bereichen der Planung und Gestaltung der Unterweisung berücksichtigen.
Das bedeutet:

- Gewährleistung des Erlebens der Personalität der Azubis und Ermöglichung der Entfaltung ihrer Individualität in allen Bereichen (kognitiv, affektiv, sozial und praktisch handelnd)
- die Azubis kennen lernen
- vorurteilsfreie Begegnung
- den Azubis offen begegnen und manchmal besser schweigen
- emotionale Wärme, Akzeptieren ihrer Persönlichkeit
- natürlicher Umgang und die erforderliche Distanz wahren
- den Azubis Verständnis entgegenbringen und ihnen die Grenzen aufzeigen

Für die **methodische Gestaltung** heißt dies:

- Thematisierung der Ziele und Inhalte, d. h. diese für die Azubis in der gegebenen Situation problematisieren
- Ermunterung der Azubis, eigene Vorgehensweisen zu realisieren
- Anpassung des methodischen Vorgehens an die Einsichtsfähigkeit der Azubis
- Berücksichtigung individueller Gegebenheiten im Schwierigkeitsgrad und Lehrtempo
- sozial-integrativer Erziehungsstil (d. h.: „Wertschätzung der Azubis" und „Führen – wo nötig, Freiraum – wo möglich")
- Achtung der personalen Würde der Azubis
- Freude und Aufgeschlossenheit als bestimmendes Regulativ der Unterweisung

Erfolgsbestätigung

Den Azubis Kenntnisse über den Erfolg oder Misserfolg ihres Lernverhaltens vermitteln, um ihren Lernerfolg zu verbessern.

Planung der handlungsorientierten Unterweisung

Warum planen? Ist das realitätsnah?
Um später bei Bedarf Arbeitsunterweisungen „aus dem Ärmel schütteln" zu können, muss zunächst eine genau strukturierte, gründlich geplante und durchdachte Vorgehensweise eingeübt werden.

Auch später ist es sinnvoll, Arbeitsunterweisungen nochmals gründlich vorzubereiten, um pädagogisch wieder sensibler und damit wirkungsvoller ausbilden zu können.

Auswahl der Ausbildungsinhalte:
- gründliche fachliche Vorbereitung – Ausbilder müssen fachlich sicher sein
- überschaubare Ausbildungsabschnitte bilden
- verschiedene Inhalte sorgfältig gegeneinander abwägen:
  - Ist Anschauungsmaterial vorhanden?
  - Welche örtlichen Gegebenheiten sind zu berücksichtigen?
  - Sind notwendige Maschinen/Geräte funktionsfähig?
  - Ist die Ausbildungseinheit für unterschiedliches Niveau geeignet?

Vorgehensweise bei der Ausarbeitung[1])

Arbeitsanweisung:
Verwenden Sie hierfür ein Arbeitsblatt in Querformat und unterteilen Sie es in vier Spalten.
Als Überschrift tragen Sie das Thema der Unterweisung (siehe unten!) ein und geben darunter den ausgewählten Ausbildungsinhalt an.
Die erste der vier Spalten beinhaltet die Arbeitsschritte, dann geht es um die Inhalte dieser Schritte in der nächsten Spalte und in die dritte Spalte werden Ihre Ausbildungsmethoden eingetragen. In die letzte Spalte werden Ihre Überlegungen zu Alternativmethoden für schwächere oder stärkere Azubis eingetragen.

Beispielhaft für eine Azubi:

1. **Thema**
Man unterscheidet in der Pädagogik nach Inhalt und Thema. Ein Inhalt beschreibt ganz allgemein einen Sachverhalt. Ein Thema versucht einen Zusammenhang zwischen dem Sachverhalt und der Azubi herzustellen. Ein Inhalt wird zum Thema, wenn
- der Inhalt in den Erfahrungs- und Fragehorizont der Azubi überführt wird;
- der Inhalt so formuliert wird, dass er die Neugierde, das Interesse der Azubi weckt;
- der Inhalt so aufbereitet wird, dass er die Azubi motiviert, sich mit ihm zu beschäftigen.

1) nach Dr. phil. Siegfried Gonnert, Dipl.-Psych.: Institut für Pädagogik: Lehrstuhl für Schulpädagogik der Uni Würzburg)

2. **Arbeitsschritte**
Diese Spalte führt zu einer **sinnvollen Gliederung** der Arbeit. Es ist darauf zu achten, dass die Arbeitsschritte nicht zu groß bemessen werden, um ein Zuordnen der Inhalte und der dazu notwendigen Methoden zu ermöglichen.

3. **Inhalte der Unterweisung**
In dieser Spalte geht es um das **„Was"**, das der Azubi vermittelt werden soll. Im Einzelnen können dies sein:
- Kenntnisse
- Fertigkeiten
- Begründungen
- Problembewusstsein
- Anregungen zum Transfer
- Unfallgefahren
- Arbeitsplatzgestaltung
- Arbeitsmittel

4. **Methode**
Halten Sie hier stichpunktartig fest, **„wie"** Sie die Inhalte der Azubi vermitteln wollen. Eine Hilfe können die Prinzipien der Unterweisung sein, die Ihnen Möglichkeiten aufzeigen, wie Sie vorgehen können. Entscheidend sind Ihre gedanklichen Auseinandersetzungen, Ihre Ideen und Einfälle. Es genügt also, wenn Sie Stichpunkte festhalten, die Ihnen helfen, bestimmte Vorüberlegungen bereits bei der Vorbereitung nicht zu vergessen.

Lassen Sie sich von der Frage leiten:
Wie kann ich die Situation gestalten, damit die Azubi sie selbstständig bewältigen kann?

Sie sollten bei Ihren Überlegungen davon ausgehen, dass die Azubi noch keine Erfahrung hat. Wenn Sie dann die Prinzipien einer Unterweisung beherzigen, kommen Ihnen vielfältige Ideen, wie Sie vorgehen können.

Beispiel: Wenn Sie das Ausdehnen von Wolle im Wasser veranschaulichen wollen, brauchen Sie z. B. zwei gleich lange „Wollstücke", wobei Sie eines davon durch das Wasser ziehen. Sie können dann die Azubi auffordern zu beschreiben, was sie sieht, und sie so zur Einsicht führen.
Dies bedeutet aber auch, dass Sie für diese Situation praktisch vorbereitet sein müssen!

Um einem Missverständnis vorzubeugen:
Sie gehen zwar von einer „unwissenden Azubi" aus, in der konkreten Arbeitsunterweisung sollten Sie aber auf keinen Fall nur nach Ihren Überlegungen vorgehen, ganz gleich, ob die Azubi den Sachverhalt kennt oder nicht.

Oberstes Prinzip ist die Orientierung an der Azubi!

Es sollte immer dort angesetzt werden, wo die Azubi steht, d. h., wenn sie einen Sachverhalt schon kennt oder eine Tätigkeit bereits ausgeführt hat, können Sie ihr unbedingt Freiraum gewähren. Es macht eine gute

Ausbilderin aus zu spüren, wo die Azubi Führung braucht und wann sie „laufen gelassen" werden kann.

Freiraum – so viel wie möglich,
Führung – so weit als notwendig!

Durchführung der handlungsorientierten Arbeitsunterweisung in der Prüfung

Vorbereitung:
- sehr sorgfältige Planung (wie vorne erläutert)
- ggf. vorheriges Ausprobieren durch die Ausbilderin (insbesondere bei Inhalten, die der Ausbilderin nicht so sehr geläufig sind)
- Bereitlegen des Manuskriptes und der vorgesehenen und vorbereiteten Anschauungsmaterialien
- Vorbereiten des Arbeitsplatzes und nochmaliges gedankliches Durchgehen des Plans
- Kontrolle des Arbeitsplatzes: „Ist wirklich alles da" (späteres Suchen macht unsicher!)?
- „Liegt alles am richtigen Platz" (Greifräume beachten, Lichteinfall, „wo steht/sitzt wer")?
- den Raum verlassen, frische Luft schnappen, zur Ruhe kommen

Durchführung:
- Begrüßung
- gegenseitiges Vorstellen
- Beginn der Arbeitsunterweisung
- kein stures Festhalten am Konzept
- Konzept zur Sicherheit im Hintergrund nutzen, evtl. Tätigkeitsphase der Azubi **zur kurzen Kontrolle** – „Hab ich auch nichts Wichtiges vergessen?" – dann wieder weglegen
- Beobachtung der Azubis, ohne dazwischen zu greifen
- Loben und Kommentieren der geleisteten Tätigkeiten
- angemessenes Arbeitstempo einhalten

- **Wichtig:** Berücksichtigung des Leistungsstandes der Azubi!
  - Bei **guten Vorkenntnissen** vorbereitetes Anschauungsmaterial nicht verwenden – Einsatz nur wenn notwendig, **dafür mehr Hintergrundwissen** vermitteln. **Begründungen** liefern.
  - Bei **geringen Vorkenntnissen** in kleineren Schritten vorgehen (evtl. wird Ausbildungseinheit in der Prüfungszeit nicht ganz vollendet, dann **an geeigneter Stelle einen Bruch machen** und mit einer **Wiederholung und Festigung des Gelernten** die Prüfungseinheit sinnvoll abschließen). Das Ziel sollte aber weitestgehend erreicht werden, sonst war die Planung schlecht.
  - Wichtig ist, **dass das, was vermittelt wird, auch hängen bleibt** – nicht, wie weit der Fortschritt in der Prüfungseinheit gelingt.
  - Wichtig ist auch, die Prüfungseinheit **an einer sinnvollen Stelle zu beenden.**
- Die Unterweisung mit dem Hinweis auf die Übungen beenden und Transfers zu anderen Einsatzmöglichkeiten des nun Gelernten bilden.
- Nach Abschluss der praktischen Durchführung – Dank an die Azubi.
- Vorbereitung des Prüfungsgespräches: Rückzug an einen ruhigen Ort zum Überdenken der Unterweisung – Stichpunkte machen, frische Luft schnappen.

Prüfungsgespräch:
- Ruhige Darstellung der Situation aus der eigenen Sicht
- Sachliche Reflexion der dargebotenen Leistung
  - Durchaus Fehler zugeben, jedoch das Positive nicht vergessen
  - **Keine** Herabwürdigung der eigenen Leistung
  - Fehler in die Situation setzen und begründen
  - Sachlich argumentieren
  - Probleme mit Räumlichkeiten, Geräten usw. klarlegen und nennen
  - Kein „cooles", abgebrühtes Auftreten
  - Ruhig Aufregung, Stress und Unsicherheit aufgrund der Prüfungssituation eingestehen

Arbeitsabschluss:
- Arbeitsplatz aufräumen, ggf. gemeinsam mit der Azubi
- Alle Anschauungsmittel, Geräte und Materialien aufräumen
- Arbeitsplatz reinigen und so verlassen, wie man ihn vorfinden möchte.

Anmerkung:
- Grundsätzlich sollte versucht werden, die **Ausbildungseinheit auch in der Prüfung zum Abschluss zu bringen.** Die Hinführung, das Ingangkommen und Eindringen sind nur die Einführung und dürfen nicht die meiste Zeit beanspruchen.
- Unterweisungen, die nicht einer Prüfungssituation unterliegen, werden immer zu einem sinnvollen Arbeitsabschluss gebracht.
- Hierbei wirkt sich dann das Eingehen auf die Vorkenntnisse und den Leistungsstand der Azubi durch unterschiedliche Unterweisungsdauer aus.
- Eine Reflexion der Ausbildungseinheit sollte aber auch nach einer „normalen Unterweisung" erfolgen, nur dass sie sich dann nicht vor einem Prüfungsausschuss, sondern nur vor sich selbst rechtfertigen müssen.
- Eine Unterweisung im Arbeitsalltag ist nicht an feste Zeiten gebunden, sie wird dann abgehalten, wenn Zeit ist, sich der intensiveren Ausbildung zu widmen – nicht in Hochzeiten des Betriebes.

AUFGABEN

1. Diskutieren Sie im Kollegenkreis:
   a) Warum wertbezogen ausbilden?
   b) Gibt es dazu Ansätze/Lernziele in der Ausbildungsordnung?
   c) „Erziehung ist Elternsache!" Nehmen Sie Stellung!
   d) Wozu unterweisen? Lernen durch Probieren lassen, oder?

2. Setzen Sie sich mit dem Erziehungsbegriff auseinander:
   a) Welche Bedeutung hat Führung?
   b) Welche Konsequenzen ergeben sich daraus für die Beziehung Ausbilderin–Azubi?
   c) Wie sollten Sie sich als Ausbilderin demnach verhalten? Entwickeln Sie Prinzipien für Ihr Verhalten.
   d) Geben Sie Beispiele: Was heißt es, Werte zu vermitteln? Welche Werte wollen Sie vermitteln?

3. Thema Autorität:
   a) Welche Kompetenzen sollte eine Ausbilderin besitzen?
   b) Nennen Sie einzelne Fähigkeiten der Ausbilderin, die Ihnen in einem Ausbildungsverhältnis besonders wichtig erscheinen.
   c) Welchen Zusammenhang sehen Sie zwischen „innerer Autorität" und „Persönlichkeit"?
   d) Welche Konsequenzen ergeben sich für Sie aus dem Verhältnis von „innerer Autorität" für einen Führungsstil? Stellen Sie Merkmale dieses Führungsstils heraus.
   e) Welche Bedeutung hat dies für Sie im Umgang mit der Azubi?

4. a) Finden Sie für folgende Arbeitsaufgaben sinnvolle Arbeitsschritte.
   b) Ordnen Sie diesen Schritten Ausbildungsinhalte zu.
   c) Überlegen Sie sich mithilfe der Unterweisungsprinzipien, mit welchen Methoden Sie die gefundenen Inhalte vermitteln können.
   - Äpfel schälen und für Apfelstrudel zerkleinern
   - Spätzle als Beilage zubereiten
   - Glasvasen gründlich reinigen
   - Servietten/Taschentücher mit Stickerei und Spitzen von Hand bügeln

4.3.2 Lernerfolg als Voraussetzung für Motivation

Als **Motivation** bezeichnet man den Antrieb, der die Jugendlichen zu Lernanstrengungen bewegt. Nach Duden: „Summe der Beweggründe , die das menschliche Handeln auf den Inhalt, die Richtung und die Intensität hin beeinflussen".
Die Azubis erwarten von ihrer Ausbildung, möglichst bald am „wirklichen Leben" – dem normalen Arbeitsprozess – beteiligt zu werden. Dies ist ein großer Antriebsfaktor = Motivation für ihre Lernanstrengung.
Das Ausbilden am Arbeitsplatz kommt dieser Erwartungshaltung entgegen und nutzt somit diesen Motivationsfaktor. Sehen die Azubis die Erfolge ihrer Lernanstrengung dadurch bestätigt, dass sie mehr und mehr Arbeitsaufgaben selbstständig ausführen dürfen, erwächst hieraus neue Motivation für weitere Lernanstrengungen.

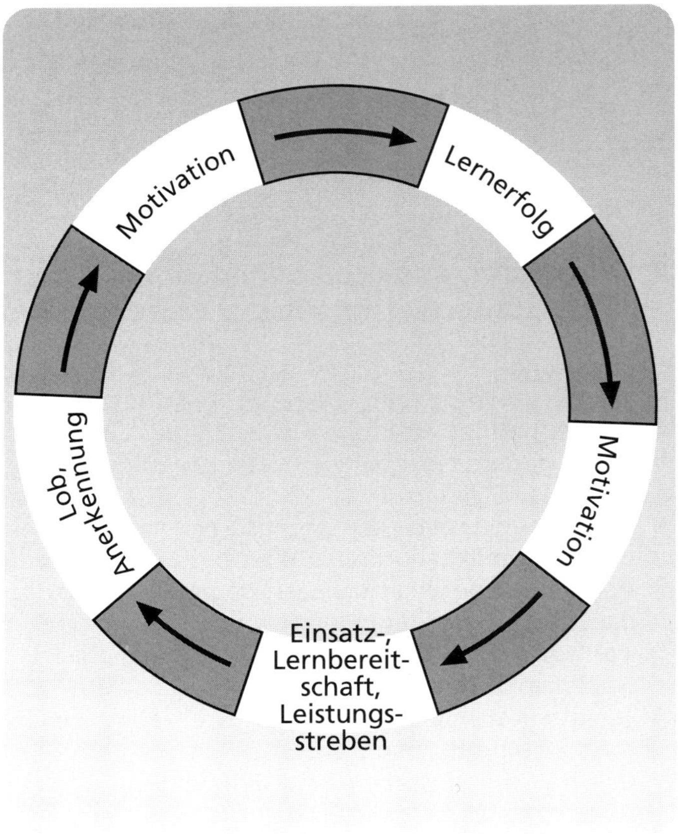

■ Primäre und sekundäre Motivation

In der Ausbildung wird in der Regel nach primärer und sekundärer Motivation unterschieden. Beide Motivationsarten bewegen die Azubis zu Lernanstrengungen und können Lernerfolge bewirken. Nur die sekundäre Motivation ist nicht so stabil. Bricht die Motivation weg, verringert sich die Lernanstrengung.

Beispiele:
Primäre Motivation: Die Azubis **kochen** mit Begeisterung. Der Lerngegenstand, die Zubereitung der Speisen, steht für sie im Vordergrund. Sie lernen und üben, damit sie möglichst schnell ihre eigenen Gerichte zaubern können. Sie sind interessiert daran, welche Probleme auftreten können und wie sie diese lösen können. (Vgl. 5.2 „Lernerfolge sicherstellen".)

Sekundäre Motivation: Die Azubis **essen** begeistert. Um sich die eigenen Wunschgerichte zubereiten zu können, lernen sie die Grundrezepte und deren Variationsmöglichkeiten. Im Vordergrund steht hier nicht das Interesse an der Zubereitung, sondern am fertigen Produkt. Soll nun eine Speise zubereitet werden, die nicht auf der Wunschliste der Azubis steht, ist die Motivation gering. Auch Anerkennung, Ansehen, Aufmerksamkeit, Lob, gute Noten können Gründe für sekundäre Motivation bilden.

Motivation fördert also den Lerneifer, die Lernbereitschaft. Deshalb müssen Ausbilder immer dafür sorgen, dass die Azubis motiviert sind zu lernen. Primäre Motivation ist zweifelsohne wirkungsvoller und länger anhaltend, aber auch die sekundäre Motivation gibt Anstöße für Lernvorgänge.

■ Ausbilderverhalten, das Motivation fördert

Die Persönlichkeit der Ausbilder spielt eine wesentliche Rolle bei der Motivation, aber auch Einstellungen, Gefühle, Stimmungen, Vorstellungen und Denkimpulse beeinflussen diese.

Ausbilder sollten sich dieser Möglichkeiten bewusst sein, um sie gezielt einzusetzen:
- Lob und Anerkennung fördern die Lernanstrengungen der Jugendlichen und steigern das Selbst- und Leistungsbewusstsein.
- Lernhilfen in Form von konstruktiver Kritik geben, damit die Jugendlichen sich nicht persönlich angegriffen fühlen, sondern erkennen, dass ihnen so eine Hilfestellung gegeben wird.
- Auch Jugendliche, die schwierig sind, müssen mit den anderen gleich behandelt werden. Spüren Jugendliche Gerechtigkeit und Toleranz, so wächst in ihnen ein Vertrauen zu den Ausbildern, das stark motivierend wirken kann.
- Den Azubis nie das Werkzeug aus der Hand nehmen, sondern Hilfestellung nur auf Anforderung oder Nachfrage, ob man eine andere/bessere Arbeitsweise zeigen darf, geben. So entsteht ein Gefühl der Möglichkeit zur Selbstbestimmung und der Partnerschaft.
- Eigene Handlungen grundsätzlich erläutern und begründen, um Einsichten zu gewähren und Hintergrundwissen zu vermitteln. So wird nebenbei das Fachwissen erweitert und vertieft.
- Bereits früh die Jugendlichen Arbeitsaufgaben eigenverantwortlich durchführen lassen, um so das eigene fachliche Wissen und Können zu erleben und Selbstvertrauen zu gewinnen.
- Anerkennung und partnerschaftliche Führung bauen bei Jugendlichen etwaige Hemmungen oder Minderwertigkeitsgefühle ab, so können sich Initiative und Kreativität entwickeln.
- Bei den Azubis das Bewusstsein festigen, verstanden und geachtet zu werden.
- Den Ehrgeiz der Azubis wecken durch Schaffung von Anreizen wie Übertragung von mehr Verantwortung oder durch Wettbewerbssituationen mit anderen Azubis.
- Gruppendiskussionen über Ausbildungsfragen zulassen, damit die Azubis an der Ausbildungsplanung so weit wie möglich mitwirken können.
- Erarbeitende Ausbildungsmethoden wie Projektarbeit und Leittextmethode einsetzen, um bei den Azubis die Eigeninitiative und die Selbstständigkeit zu fördern.

4.4 Zu aktivem Lernen anleiten

Begriffsdefinition
Unter aktivem Lernen versteht man die Fähigkeit und die Bereitschaft, sich durch eigene Aktivität neues Wissen und neue Fähigkeiten anzueignen, zu erlernen. Grundvoraussetzung für dieses Tun ist die Fähigkeit, Arbeitsaufgaben **selbstständig** zu **planen, durchzuführen** und zu **kontrollieren.**

4.4.1 Chancen zum aktiven Lernen analysieren

■ Gründe für die Vermittlung von aktivem Lernen

Die Einsicht, dass die beruflichen Gegebenheiten es erfordern, sich ständig neuen Herausforderungen zu stellen und diese durch aktive Lernanstrengungen zu bewältigen, muss bereits im Laufe der Ausbildung vermittelt werden. Dies erfordern die sich heute in rasanter Weise verändernden beruflichen Anforderungen. Nur wer in der Lage ist, sich diesen rasch und eigenständig anzupassen bzw. Trends schon im Voraus zu erkennen und sich darauf einzustellen, hat am Markt eine Chance.

■ Stufen des aktiven Lernens

Der Lernvorgang an sich kann in verschiedene Stufen unterteilt werden, deren Grenzen jedoch nicht klar voneinander getrennt sind. Ihr Übergang geschieht fließend. Es kann jedoch keine Stufe übersprungen werden, wenn der Lernerfolg sichergestellt werden soll.

Ausbilder müssen die Stufen des Lernprozesses beachten.

Anfangsteil: (Motivation und Orientierung)
- Neugierde, Lernfreude, Motivation oder Druck müssen groß genug sein, um eine Lernbereitschaft zu erreichen.
- Informationen werden beschafft.
- Der Einstieg wird gesucht.
- Gliederung der Aufgabe/Probleme wird erstellt.
- Arbeitsschritte werden geplant.

Es besteht eine Gefahr zum Abbruch des Lernprozesses, wenn die ersten Schwierigkeiten erkannt werden, hier müssen Ausbilder evtl. zusätzlich motivieren, auf bisherige positive Lernerfahrungen verweisen oder kleine Hilfestellungen geben.

Der Methodenentwurf muss Aktivitäten von Ausbildern und Azubis beinhalten, da sonst der Lernprozess vorzeitig endet!

Mittelteil: (Durchführung)
- Das Thema wird erarbeitet.
- Erkenntnisse werden gewonnen und angewendet.
- Aufgaben werden gelöst.
- Es gibt zunächst Missverständnisse, Fehler, Irrtümer, Versuche.
- Dann entsteht zunehmendes Verständnis, eine Klärung, eine Lösung der Probleme.

Endteil: (Wiederholen, Einüben, Transfer)
- Erkenntnisse und Erfahrungen werden im Gedächtnis verankert.

- Gelerntes wird zur Sicherung wiederholt und auf andere Bereiche übertragen.

Lernprozess nicht zu früh beenden, auf Sicherung und Transfer des Gelernten Wert legen!

Stufen des Lernprozesses

5. Transfer
- Transfer der übertragbaren Qualifikationen
- Bereitstellen der Qualifikationen für künftiges Handeln

4. Wiederholen, Behalten
- Anwendung des Gelernten
- Üben
- Wiederholen
- Sichern

3. Durchführen
- Probieren in Gedanken
- Erstmaliges Tun
- Schlussfolgerndes Denken
- Aktivieren von Einfällen
- Gewinn von Einsichten
- Finden von Lösungen

2. Orientierung
- Orientierung
- Strategiebildung
- Erfahren von Schwierigkeiten
- Strukturierung und Visualisierung
- Heranziehen von Handlungsschemata

1. Motivation
- Annahme der Herausforderung
- Ingangkommen aufgrund von Motiven, Interessen, Leistungsbereitschaft und Selbstvertrauen

Notwendige Persönlichkeitseigenschaften der Azubis

Um diese Fähigkeiten zu entwickeln, müssen einige Persönlichkeitseigenschaften geschult, gestärkt oder herausgebildet werden. Diese z.T. sehr schwierige Aufgabe übernehmen die Ausbilder, denn schon in der AO ist die Vermittlung der fachlichen Inhalte unter Einbeziehung **selbstständigen Planens, Durchführens und Kontrollierens** gefordert.

Selbstvertrauen
Nur wer sich selbst etwas „zu-traut", wer sich „traut", wagt es, neue, unbekannte Wege zu beschreiten. Die Sorge/Angst vor Versagen und Unfähigkeit oder vor negativen Konsequenzen blockiert die Handlungsfähigkeit eines Menschen. Beim aktiven Lernen wird von den Azubis verlangt, dass sie Entscheidungen fällen. Ohne Selbstvertrauen ist ihnen dies nicht möglich.

Selbstbewusstsein
Es hängt in gewisser Weise mit dem Selbstvertrauen zusammen. Hier steckt das Wort „Wissen" drin. D. h., das „Wissen über sich selbst" zu haben, dass man zu bestimmten Leistungen, Lernanstrengungen, Problembewältigungen in der Lage ist, gibt Sicherheit. Es kann der Antrieb zu Handlungen und Aktivität sein.

Interesse
Das Interesse ist eine persönlich sehr unterschiedlich gestaltete Persönlichkeitseigenschaft. Manche haben an gar nichts Interesse, manche interessieren sich für alles. Interesse bedeutet nach Duden: geistige Anteilnahme, Aufmerksamkeit. Erst wenn etwas bemerkt wird, das Interesse daran geweckt wird, rückt es in den geistigen Horizont eines Menschen, erst dann ist er in der Lage, sich damit zu beschäftigen, sich damit auseinander zusetzen.

Einsicht / Leistungsbereitschaft
Ist das Interesse an einem Lerngegenstand zwar geweckt, aber keine Bereitschaft und keine Einsicht vorhanden, sich damit auseinander zu setzen, Energie und Kraft dafür aufzuwenden, dann wird es zu keiner Lernaktivität kommen.

Umsichtigkeit / Weitblick
Dies bedeutet, den Blick nicht nur auf die sofort ins Auge stechenden Dinge zu richten, sondern alle umgebenden Belange und Details mit zu erfassen. Der Weitblick erfasst auch zunächst unwichtig erscheinende Einzelheiten, die bei genauem Hinsehen von Bedeutung sein können.
In unserer sehr schnelllebigen Zeit wird über vieles aus Oberflächlichkeit hinweggesehen. Wirklich wichtige Informationen von reißerischen Schlagzeilen zu unterscheiden muss oft erst wieder gelernt werden.

Aufgaben der Ausbilder

- Stärkung des Selbstvertrauens der Azubis durch **Schaffung von Erfolgserlebnissen.**
- Schaffung eines realistischen Selbstbewusstseins durch regelmäßige **Rückmeldung der Einschätzung des Arbeits- und Lernverhaltens** der Azubis.
- Weckung des Interesses am Lerngegenstand durch Schaffung von Verbindungen und **Verknüpfungen zu Dingen,** die für die Jugendlichen **von Interesse** sind.
- Förderung der Leistungsbereitschaft durch Schaffung von entsprechenden **Anreizen.**
- Anleitung zu analytischem und strukturiertem Denken und Handeln durch schrittweise aufgebaute **Planungsanleitungen** (z. B. **Leittexte**). Gerade für die

heute sehr komplexen Aufgabengebiete und Arbeitsanforderungen ist es notwendig, sich zunächst einen umfassen Überblick über die gegebenen Voraussetzungen zu schaffen, bevor durch zu großen Aktivismus in eine „falsche Richtung galoppiert" wird.

- Gezielte Schulung der Azubis, sich aus einem umfassenden Überblick heraus die wichtigen und für die Aufgabe relevanten Bestandteile herauszusammeln und auszuwerten. Eine solche Schulung kann auch handlungsaktiv durch Leitfragen oder einen **Leittext** erfolgen (vgl. 6.6.2 „Methoden der Teamarbeit").
- Schaffung von **Lernherausforderungen, die der Leistungsfähigkeit** der Azubis **entsprechen.** Ist die Aufgabe zu groß, zu kompakt, zu schwierig und die nötigen Informationen zu umfangreich, kann es zu vorzeitiger Aufgabe und dem Abbrechen der Aktivität kommen. Dies muss unter allen Umständen vermieden werden, da dies negative Voraussetzungen für alle weiteren Lernaktivitäten nach sich ziehen würde.
- **Vorgeben und Überprüfen der Qualitätsanforderungen** und der zur Verfügung stehenden Zeit.
- Durch **Variieren der äußeren Bedingungen** (vorgegebene Zeit, Engmaschigkeit des Leittextes, Arbeitsumfang, Qualitätsanforderungen, Informationsvorgaben bzw. Selbstbeschaffung von Informationen usw.) kann der **Schwierigkeitsgrad gesteigert oder verringert** werden. Die Schwierigkeit muss in jedem Fall der Leistungsfähigkeit und den bereits vorhandenen Kenntnissen und Fähigkeiten angepasst werden, um eine Über- oder Unterforderung der Azubis zu vermeiden (vgl. 5.2.2 „Individuell erreichbare Ziele setzen").
- Die Ausbilder müssen ihre Azubis bei diesen **Lernaufgaben begleiten,** d. h., sie müssen bei Unsicherheiten und Problemen für Fragen zur Verfügung stehen. Evtl. können sie anfänglich bei der Entscheidungsfindung unterstützend tätig werden, sie dürfen den Azubis aber nicht die Entscheidungen abnehmen.
- **Anfänglich** müssen die Azubis durch ein sehr **enges Netz an Aufgabenstellungen, Vorgaben und Informationen** geführt werden, später können die „Maschen" gröber werden, was die Aktivität, die Handlungsfähigkeit und die Selbstständigkeit der Azubis fördert.
- Die Azubis müssen anfangs angeleitet werden, die gefundenen Informationen auf geeignete Weise zusammenzuführen (zu koordinieren), um daraus entsprechende Erkenntnisse und Entscheidungen abzuleiten.

4.4.2 Die Rolle der Ausbilder als Lernbegleitende

Alle oben aufgeführten Aufgaben können Ausbilder nur dann erfüllen, wenn sie sich selbst in ihrer Aktivität zurücknehmen. Die Rolle der heutigen Ausbilder ist eine andere als noch vor 20 Jahren.

Die neuen Methoden und Ziele der betrieblichen Ausbildung fordern auch von den Ausbildern ein verändertes Verhalten. Sie müssen ihren Azubis zum **individuellen Lernen Erfahrungen ermöglichen** und **Handlungs- und Entscheidungsfreiräume schaffen,** damit deren selbstgesteuertes Lernen so weit wie möglich gefördert wird (siehe auch 1.5.2 „Führungsstile").

Der Erfolg dieser Ausbildungskonzeption hängt entscheidend davon ab, inwieweit es Ausbildern gelingt, diesen Anforderungen gerecht zu werden. Das bedeutet für die Ausbilder, dass sie sich selbst **ständig fortbilden** müssen, um ihre eigene Handlungskompetenz zu erhalten und ihren Azubis ein gutes Vorbild zu sein.

■ Ausbilder als Lernberater

Die Aufgabe der Ausbilder, Arbeitsaufgaben zu erläutern, die entsprechenden Informationen zu geben und den Azubis die zu erlernenden Fertigkeiten zu demonstrieren, tritt heute in den Hintergrund.

Höchstens ganz zu Beginn der Ausbildung – zur Vermittlung der Grundfertigkeiten – können Ausbilder ihre Aufgaben in dieser Weise wahrnehmen.

Später haben sie in erster Linie mit lernzielorientierten Anregungen die Selbststeuerung des Lernprozesses in Gang zu halten.

- **Statt vorzuführen – geben sie Hilfestellung zur Selbstständigkeit.**
- **Statt aktiv zu werden – halten sie sich als Beobachter im Hintergrund.**
- **Statt Informationen zu verteilen – stehen sie für Rückfragen zur Verfügung.**

Sie übernehmen die Rolle der Lernberater.

■ Ausbilder als Lernmoderatoren

Der Austausch von Erfahrungen und die Diskussion verschiedener Meinungen ist wichtiger Bestandteil zum Erlernen der Schlüsselqualifikationen.
Bei derartigen Diskussionen halten sich die Ausbilder im Hintergrund.

Sie übernehmen die Rolle der Moderatoren.

Dabei achten sie darauf, dass die **Diskussion** sachlich bleibt und dass die Teilnehmer ihre Meinungen auch begründen. Die Ausbilder können die Diskussionsbeiträge zu Themenschwerpunkten zusammenfassen, um damit die Meinungsvielfalt zu dokumentieren.

Beim **Erfahrungsaustausch** sind sie dafür verantwortlich, dass alle Teilnehmer ihre Erfahrungen einbringen.

Bei der **moderierten Gruppenarbeit** beschränken sie sich auf die Moderation des Lernprozesses, zu den Inhalten der Gruppenarbeit äußern sie sich nicht. Ihre einzigen Vorgaben sind die Ausgangsfrage und die methodischen Schritte der Bearbeitung der Aufgabe.

■ Ausbilder als Vertrauensperson / Ratgeber

Als Menschen mit Lebenserfahrung sowohl im betrieblichen als auch im privaten Bereich können sie den Azubis oftmals wertvolle Hilfestellungen in verschiedenen Lebensfragen geben.
Gelingt es den Ausbildern, eine Vertrauensbasis zu ihren Azubis aufzubauen und überzeugend ehrlich ein Vorbild darzustellen, so werden sie bei Problemen und Unsicherheiten als Ratgeber anerkannt.

■ Ausbilder als kooperative Partner

Diese Rolle können Ausbilder nur auf der Basis des **kooperativen Führungsstils** ausüben.
Kooperative Führung **verbessert** das **Lernklima** und spornt zu **Leistungssteigerungen** an. Anerkennung der Lernerfolge beflügelt die Azubis und entwickelt ihre **Kreativität.**

Sie sehen in den Ausbildern kooperative Partner.

Dies setzt voraus, dass Ausbilder durch ihre Fähigkeiten und ihre Haltung überzeugen und nicht aufgrund ihrer Befugnisse als Vorgesetzte (**Persönlichkeitsautorität – Autorität kraft Amtes**, siehe unten).
Jugendliche sind besonders empfänglich für diesen Unterschied und werden Ausbilder, die eine Persönlichkeitsautorität ausstrahlen, respektieren und Vertrauen zu ihnen aufbauen.
Kooperative Führung setzt allerdings auch bei den Azubis den Willen und die Fähigkeit zur Entwicklung von Eigeninitiative, selbstständigem Denken und Handeln voraus.
Das gelingt nur durch Förderung der Handlungskompetenz der Azubis, d. h., die Azubis müssen kooperatives Verhalten erst lernen. Dazu ist die Hilfestellung der Ausbilder notwendig – eine schrittweise Hinführung zur selbstverantwortlichen Persönlichkeit.
So kann auch ein **persönlichkeitsabhängiges Führungsverhalten** mit autoritären Zügen erforderlich sein, wenn die Azubis noch nicht die nötige Bereitschaft und Fähigkeit zu kooperativem Verhalten zeigen. Um auch diesen Jugendlichen ein entsprechendes Verhalten beizubringen, bedarf es ständiger Motivationsschübe und Lernprozesse, die den jungen Menschen weder über- noch unterfordern.
Das Führungsverhalten der Ausbilder kann auch durch bestimmte Situationen bestimmt sein. **Situationsbedingtes Führungsverhalten** ist meist autoritär. Hier handelt es sich zumeist um die Durchsetzung von Vorschriften, Geboten und strikten Anweisungen, denen Unfallverhütungsvorschriften oder akute Gefahrensituationen zugrunde liegen.

■ Autorität der Ausbilder

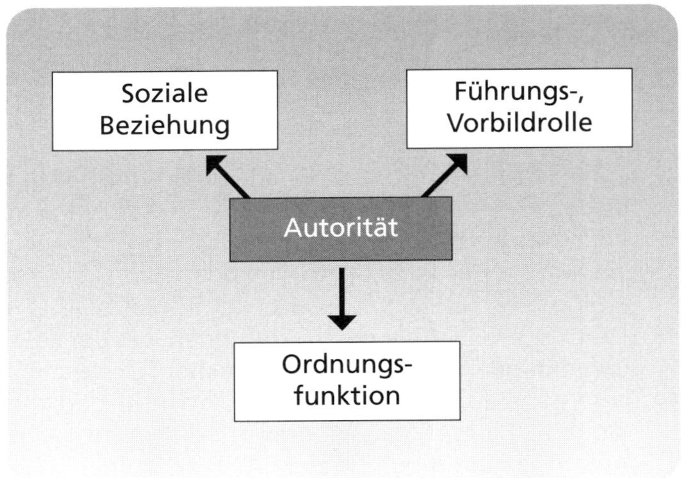

Persönlichkeitsautorität / innere Autorität

- Die Führungs-/Vorbildrolle erwächst aus der fachlichen, sozialen und persönlichen Kompetenz.
- Die Führungsrolle wird bestimmt durch die Erwartungen der Azubis aufgrund der **fachlichen, sozialen** und **persönlichen Kompetenz** der Ausbilder (vgl. 4.5.2 „Schlüsselqualifikationen fördern").
- Sie wird den Ausbildern „gegeben" = **Auftragsautorität.**
- Sie ist abhängig von der jeweiligen Situation, in der sich Ausbilder und Azubi befinden.
- Sie ist auch abhängig von der situativen Gestimmtheit der Beteiligten (Interesse, Motivation, Verfassung usw).

Autorität kraft Amtes / äußere Autorität

- Diese Autorität wird von einer äußeren Gegebenheit hergeleitet (z. B. Ansehen und der damit verbundenen Macht eines Amtes).
- Sie wird durch **Statussymbole** meist „zur Schau getragen".
- Nicht die inhaltliche Arbeit und die in ihr begründete fachliche, soziale wie persönliche Kompetenz stehen im Vordergrund,
  sondern die Ausübung von **Macht** und **Disziplinierung.**
- Sie arbeitet mit Mitteln der **Unterwerfung;** baut **Ängste** auf, um Wohlverhalten herbeizuführen.
- Die Führungsrolle wird durch Druckmittel eingefordert = **Herrschaftsautorität.**

4.4.3 Aktivierende Lernmethoden

- **Lernaufträge / Lernaufgaben** sind eine einfache Form der aktivierenden Lernmethoden. Sie können mündlich gestellt werden und beinhalten meist die Übung des Inhalts einer Unterweisung und deren einfache Erweiterung (z. B. Hefeteig für Pizza als Unterweisung – Welche Änderungen sind für einen Zwetschgendatschi notwendig?).
- Die **Leittextmethode** soll die Azubis befähigen, sich selbstständig aus bereitgestellten Medien – angeleitet durch Leittexte – Informationen zu besorgen (vgl. 6.6.2 „Methoden der Teamarbeit").

- Bei der **Projektarbeit** sollen die Azubis in der Gruppe/im Team selbstständig die Planung des Ablaufes und der Aufgabendurchführung erarbeiten und in die Praxis umsetzen.
- Das **Rollenspiel** ermöglicht den Azubis, sich in eine andere Situation/Person hineinzuversetzen und dabei Verhaltensweisen einzuüben. Es lässt sie das Verhalten anderer erfahren. Gefühle und Empfindungen verstärken dabei das Lernergebnis.
- Die **Fallmethode** fördert das problemlösende Lernen an realen Beispielen mit Entscheidungsalternativen. Wichtig hierbei ist, dass die Azubis wirklich eigene Entscheidungen fällen müssen, um dann die Auswirkungen zu erleben/zu erfahren. Diese Methode fördert in besonderer Weise die Kompetenz zum selbstständigen Handeln und Entscheiden, wenn Ausbilder sich bei der Entscheidungsfindung wirklich heraushalten.
- Die **moderierte Gruppenarbeit** soll ebenso die Selbstständigkeit der Azubis fördern, Techniken zum Selbsterwerb von Wissen sollen vermittelt werden. Durch soziale Lern- und Handlungsgelegenheiten soll auf zukünftige Situationen vorbereitet werden.
- Die **handlungsorientierte Unterweisung** ist eine Unterweisungsart, die von dem vorgegebenen Schema der 4-Stufen-Methode abweicht und Azubis vermehrt zu Selbstständigkeit und Aktivität herausfordert. Hierbei wird insbesondere auf bereits bestehendem Wissen aufgebaut und der Transfer gefördert. Des Weiteren sollen die Azubis Gelegenheit bekommen, Techniken auszuprobieren. Azubis dürfen auch Fehler machen, um daraus zu lernen. Ausbilder greifen nur dann ein, wenn die Azubis nicht mehr weiterkommen und das Lernen/Vorankommen ins Stocken gerät oder die Sicherheit gefährdet ist.

4.4.4 Kriterien für die Methodenwahl

- Ausbildungssituation
- gesetztes Lernziel
- Auffassungsgabe und Lernbereitschaft der Azubis
- Erfahrung der Ausbilder
- verfügbare Zeit

Meist bestimmt die konkrete **Ausbildungssituation** die Methodenwahl – je nach Situation, ob im Arbeitsprozess oder fernab bzw., ob Gruppen oder Einzelpersonen ausgebildet werden. Auch der Ausfall von Mitarbeitern, das aktuell anstehende Arbeitspensum (Haupt- oder Nebensaison), die Einsatzfähigkeit der technischen Ausrüstung oder die Ausstattung des Betriebes tragen entscheidend zur Methodenauswahl bei.

Die **Art des Lernzieles** beeinflusst ebenso die Wahl der Methode. Für konkrete Lernziele, wie das Erlernen manueller Fertigkeiten und praktischer Tätigkeiten am Arbeitsplatz, bleibt weiterhin die Durchführung einer Unterweisung am zweckmäßigsten. Abstrakten Lernzielen, wie z. B. die Funktionsweise des Wäschetrockners fehlt die Anschaulichkeit. Wenn Ausbilder, wie im Beispiel, den Praxisvorgang nicht direkt zugrunde legen können, müssen sie Hilfsmittel wie Modelle, Skizzen, Arbeitsblätter und Folien einsetzen, um den Vorgang/Ablauf deutlich zu machen.

Die **Auffassungsgabe und Lernbereitschaft** der Azubis spielen eine sehr bedeutende Rolle. Schwächere Azubis benötigen zunächst die Sicherheit, dass sie die Aufgaben/Arbeiten, die ihnen direkt vorgeführt werden, fehlerfrei ausüben können (vgl.5.2.2 „Individuell erreichbare Ziele setzen"). Für die Leittext- oder Leitfragenmethode ist eine gewisse Selbstständigkeit, Selbstsicherheit und Leistungsbereitschaft Voraussetzung.

Ausbilder tun sich leichter in der Wahl der jeweiligen Methode, wenn sie mehrere Methoden bereits kennen gelernt und erprobt haben. Unerfahrene Ausbilder neigen oftmals leicht dazu, die Methode einzusetzen, die ihnen am geläufigsten ist. Dabei besteht allerdings die Gefahr, dass die Azubis eine solch einseitige Art zu lehren bald als monoton und langweilig empfinden und die Lust am Lernen verlieren. Deshalb sollten sich Ausbilder nicht scheuen, neue Ausbildungsmethoden auszuprobieren und zu vergleichen und so ihren eigenen Erfahrungsschatz zu erweitern.

Die Anwendung aktiver Lernmethoden ist in aller Regel recht **zeitaufwändig**, nur sollte dabei auch bedacht werden, dass durch derartige Lehrmethoden schneller ein selbstständiges Arbeitsverhalten bei den Azubis erreicht wird und diese dann schneller zu einer echten Entlastung im täglichen Arbeitsablauf heranreifen.

Natürlich wird nicht die gesamte Ausbildungszeit nur für derartige Lehrmethoden genutzt, jedoch sollte in möglichst vielen Teilabschnitten der Ausbildung ein Wechsel zu aktiven Ausbildungsmethoden vollzogen werden, um einen letztlich möglichst großen Gewinn (hoch qualifizierte, selbstständige und mitdenkende Mitarbeiter) für den Betrieb zu erzielen.

4.5 Handlungskompetenz fördern

4.5.1 Selbstgesteuertes offenes Lernen ermöglichen

Was aktives Lernen bedeutet und wie die Bereitschaft dazu gefördert werden kann, wurde in den vorigen Bereichen besprochen. Nun geht es darum, wie Azubis ihre Lernanstrengungen organisieren können. Dazu gibt es zwei große Modelle, die sich im Grunde nicht sehr unterscheiden: das **„selbstständige Planen, Durchführen und Kontrollieren"** und das **„Modell der vollständigen Handlung"**. Beide betrachten Arbeitsaufgaben von einem ganzheitlichen Ansatz her.

Selbstständiges Planen, Durchführen und Kontrollieren

Grundlegendes Handlungsschema für das Ausbilden, Lernen und Arbeiten

1. Planen

- Analysieren / Untersuchen der Aufgabenvorgaben
- Ermittlung der geforderten Ziele
- Festlegen der notwendigen Arbeitsschritte und deren Reihenfolge
- Arbeitsplan mit Zeiteinteilung erstellen

2. Durchführen

- Notwendige Vorarbeiten
  - Arbeitsplatz vorbereiten
  - Arbeitsmittel bereitstellen
- Auszuführen der Arbeitsschritte
- Notwendige Nacharbeiten
  - Aufräumen des Arbeitsplatzes
  - Reinigen der Arbeitsgeräte

3. Kontrollieren

- Prüfen
  - Vergleich des Ergebnisses mit den Aufgabenvorgaben
  - Qualitätskontrolle
  - Zeitkontrolle
- Bewerten
  - Einschätzung der Prüfergebnisse
  - Vergleich mit dem Betriebsmaßstab
- Dokumentation
  - Festhalten des Endergebnisses

Modell der vollständigen Handlung:

1. Informieren
   - Erfassen der Arbeitsaufgabe
   - Orientierung über die erwarteten Ziele
   - Orientierung über die benötigten Informationen (Welche Informationen werden benötigt, wo sind diese erhältlich?)
   - Wie beeinflussen diese Informationen die Tätigkeit?
2. Planen
   - Aufstellen einer Liste der zu erledigenden Aufgaben
   - Sortieren nach Prioritäten / Reihenfolge
   - Arbeitsplan und Zeitplan erstellen
3. Entscheiden
   - Nach Beschaffung der Informationen abwägen unter Berücksichtigung der entsprechenden Konsequenzen
   - Bei verschiedenen Möglichkeiten eine auswählen (Arbeitsweisen, Verwendung von Arbeitsmitteln, Arbeitsverfahren)
4. Ausführen
   - Ausführen der Arbeitsschritte, nach Plan mit Vor- und Nacharbeiten
5. Kontrollieren
   - Soll-Ist-Vergleich mit der Aufgabenstellung
6. Bewerten
   - Vergleich des Arbeitsergebnisses mit den betrieblichen Maßstäben
7. Dokumentieren
   - Festhalten der wichtigsten Arbeitsergebnisse, der Schwierigkeiten und aufgetretenen Probleme sowie der gefundenen Lösungswege

Beide Modelle eignen sich sowohl als Leitfaden für die Azubis bei der Bewältigung von Lernprozessen als auch für Ausbilder bei der Erstellung von aktivierenden Arbeits- und Lernaufgaben.
Die Fähigkeit, nach diesen grundlegenden Handlungsschemas zu lernen und zu arbeiten, müssen Ausbilder ihren Azubis vermitteln, um dem anspruchsvollen Profil einer Facharbeiterqualifikation gewachsen zu sein.

4.5.2 Schlüsselqualifikationen fördern

Schlüsselqualifikationen sind **Fähigkeiten** und **Persönlichkeitseigenschaften** eines Menschen, die in maßgeblicher Weise sein Arbeits- und Sozialverhalten beeinflussen.
Sie sind nicht von der sich verändernden Arbeitswelt abhängig.
Diese Qualifikationen können auch zu den Kompetenzbereichen der Handlungskompetenz gezählt werden.

Zur Handlungskompetenz zusammengefasst sind:
- Fachkompetenz
- Methodenkompetenz
- Sozialkompetenz

Fachkompetenz

Diese beinhaltet **die fachlichen Kenntnisse, Fertigkeiten, Fähigkeiten und Erfahrungen** (Fachtheorie und Fachpraxis), ebenso wie ein spezielles fachliches Engagement.

Einzeln abrufbares Fachwissen (auswendig gelernte Theorie) ist hierbei jedoch längst nicht mehr ausreichend, es gilt in Zusammenhängen zu denken und zu handeln. Außerdem muss dieses einmal erlernte Fachwissen **stets auf** dem **aktuellen Stand** gehalten werden.

Als Qualifikationsnachweise können hier Zeugnisnoten der Fachbereiche herangezogen werden wie auch Bescheinigungen über Fort- und Weiterbildungen.

Methodenkompetenz

Sie beinhaltet die Kenntnisse eines Menschen über die Methoden, die angewendet werden müssen, um eine Arbeitsaufgabe/ein Problem zu erfassen, zu durchdringen und zu lösen.

Als Handlungsschemas für diese Methodenkompetenz gelten die oben aufgeführten und erläuterten Modelle **„selbstständiges Planen, Durchführen und Kontrollieren"** und das **„Modell der vollständigen Handlung"**.

Folgende **Einzelqualifikationen** können der Methodenkompetenz zugeordnet werden:
- Problembewusstsein
- logische Denkfähigkeit
- Problemlösefähigkeit, Entscheidungsbereitschaft
- Lernfähigkeit, Kreativität und geistige Beweglichkeit
- Planungsfähigkeit
- Erkennen von Strukturen und Zusammenhängen
- Eigeninitiative, Zielstrebigkeit
- Unterscheiden von Wichtigem und Unwichtigem
- wirtschaftliches und rationelles Handeln
- Qualitäts- und Umweltbewusstsein

Sozialkompetenz

Diese beinhaltet die Fähigkeit eines Menschen, sich auf andere Menschen einzustellen und einen angemessenen Umgang mit ihnen zu haben. In Bezug auf das Arbeitsverhalten sind hier Umgangsformen gemeint, aber auch die Fähigkeit und die Bereitschaft eines Menschen, sich selbst zurückzunehmen, unterzuordnen und einzugliedern.
Insbesondere durch den heute verstärkten Einsatz der Teamarbeit hat die Sozialkompetenz an Bedeutung gewonnen.

Folgende **Einzelqualifikationen** können der Sozialkompetenz zugeordnet werden:
- Artikulationsfähigkeit
- Selbstständigkeit, Selbstbewusstsein, Selbstvertrauen, Selbsteinschätzung
- Kritikfähigkeit, Kompromissfähigkeit
- Kommunikationsfähigkeit
- Integrations- und Kooperationsfähigkeit
- gruppengerechtes und kollegiales Verhalten, Toleranz, Teamfähigkeit
- Feinfühligkeit, Sensibilität, Hilfsbereitschaft
- Einsatzbereitschaft, Zuverlässigkeit, Gewissenhaftigkeit und Flexibilität

Ziele der Förderung der Schlüsselqualifikationen

Heranbildung von Fachkräften, die
- sich problembewusst und kreativ den Erfordernissen der sich wandelnden Arbeitsanforderungen stellen;
- Eigeninitiative entwickeln bei der Bewältigung von Schwierigkeiten;
- zielstrebig und einsatzbereit sich für die Belange des Betriebes engagieren;
- umsichtig arbeiten und dabei die Erfordernisse von Hygiene, Umweltschutz und Qualitätssicherung beachten;
- fähig und bereit sind, sich produktiv in einem Team zu engagieren;
- bereit und fähig sind, sich selbst weiterzuentwickeln und auch das eigene Verhalten kritisch zu betrachten;
- in der Lage sind, Arbeiten sinnvoll zu planen und zügig durchzuführen (Zeit = Geld);
- fähig sind, sich selbst realistisch einzuschätzen;
- angemessen auf konstruktive Kritik reagieren und Verbesserungsvorschläge annehmen können bzw. prüfen, bevor sie sie verwerfen.

4.6 Lernerfolgskontrollen durchführen

4.6.1 Individuelle Schwächen erkennen und ausgleichen

Durchführung:

Lernerfolgskontrollen sind ein Aspekt der Erfolgssicherung der Ausbildung. Sie sollten in regelmäßigen Abständen durchgeführt werden.

Folgende **Gelegenheiten** bieten sich hierfür an:
- nach schwierigen Lerninhalten
- nach Durchführung größerer Projekte oder selbstständig durchgeführten Arbeitsaufgaben
- nach größeren Ausbildungsabschnitten
- vor dem Wechsel in eine neue Abteilung
- vor der Planung der Prüfungsvorbereitung

Ergebnisse analysieren

Nur wenn die Ergebnisse der durchgeführten Kontrollen auch konsequent untersucht werden, können Schlüsse daraus auf die weitere Vorgehensweise, den weiteren Aufbau der Ausbildung gezogen werden und kann somit das Ziel, Schwächen zu vermeiden und auszugleichen, erreicht werden.

- Lernerfolg bestätigt! → **Gut!**
- Wissens- und Kenntnislücken oder mangelnde Fertigkeiten erkennbar → **Ursachenforschung notwendig!**

Um die Ursachen für entstandene Ausbildungslücken zu erforschen, müssen Ausbilder einen umfassenden Fragenkatalog erstellen und bearbeiten.
Hierbei gilt es, Ursachen in der Person der Azubis offen zu legen, aber auch Ursachen in der Ausbildungsplanung und -durchführung.

Folgende Fragestellungen sollten z. B. beim Leistungsabfall einer Azubi Bestandteil eines derartigen Fragenkataloges sein:
- Liegen derzeit Konzentrations- oder Leistungsschwächen vor, die sich auch im sonstigen Verhalten der Azubi widerspiegeln?
- Wie war die Leistungsfähigkeit bisher? Ist ein Abfallen erkennbar?
- Wie ist es um die Motivation und das Interesse der Azubi am Beruf derzeit bestellt?
- War der Lernort geeignet?

- Nachprüfen der Vorkenntnisse: Waren notwendige Grundlagen vorhanden?
- Ist bei der Ausbildungsplanung eine Orientierung an der Azubi erfolgt?
- War der Leistungsstand angemessen?
- Wäre mehr Übung erforderlich gewesen?
- Waren Ausbildungsinhalt und gewählte Methode aufeinander abgestimmt?
- Wurden die Prinzipien der Unterweisung beherzigt?

Konsequenzen ziehen

- Nach Bestätigung des Lernerfolges können weitere Lernaufgaben und Lerninhalte angesteuert und vermittelt werden.
- Bei Anzeichen für Schwächen müssen diese zunächst ausgeglichen werden, bevor neue Inhalte vermittelt werden können. Dazu müssen die Ergebnisse der Ursachenforschung berücksichtigt werden. Handelt es sich nur um kleinere Lücken, dürfte trotz einer Vertiefung das Ausbildungsziel noch nicht gefährdet sein, bei grundlegenden und ausgeweiteten Lücken muss evtl. eine Verlängerung der Ausbildungszeit erwogen werden (vgl. 7.4.2 „Ausbildung verlängern"). Auf jeden Fall müssen die Ergebnisse der Lernerfolgskontrolle mit der Azubi besprochen werden (vgl. nächstes Kapitel „Beurteilungsgespräche").

AUFGABEN

1. Finden Sie weitere Anhaltspunkte, die zu einer Nichterreichung des vorgegebenen Lernziels beitragen können.
2. Wie hoch schätzen Sie den Anteil der Azubis am Erfolg ihres Lernens ? Diskutieren Sie diese Frage mit Kollegen.

4.6.2 Anforderungen an Lernerfolgskontrollen

Kontrollen am Arbeitsplatz
Hier kann erkundet werden, ob die Azubis die vermittelten Kenntnisse und Fähigkeiten auch in die Praxis umsetzen können. Arbeitsaufgaben sollten zunehmend ohne Anweisungen und selbstständig geplant und ausgeführt werden können.

Lehrgespräch führen
Das Lehrgespräch ist eine vielseitig einsetzbare Ausbildungsmethode für mehrere oder einzelne Azubis. Hiermit können sowohl Hintergrundwissen zu praktischen Tätigkeiten als auch normales Theoriewissen und Vorkenntnisse vor neuen Ausbildungseinheiten abgeprüft werden. Auch Sachzusammenhänge und Verknüpfungen sowie Transferleistungen lassen sich durch gezielte Fragestellung erkunden.
Unklarheiten oder Verständnisprobleme können sofort ausgeräumt werden und durch kleine Hilfestellungen oder Erläuterungen können kleine Wissenslücken sofort beseitigt werden.

Rollenspiel
In der Hauswirtschaft ist die Betreuung von Personen eine wichtige Aufgabe, die sich durch Rollenspiele besonders gut überprüfen lässt. Hier kann durch gezielte Vorgabe an die anderen Mitspieler provoziert werden und dadurch auch das Verhalten in Ausnahmefällen erkundet werden. Auch in der Prüfung werden diese Fähigkeiten in Form eines Rollenspiels geprüft und so ist der Einsatz des Rollenspiels hier Übung und Lernerfolgskontrolle zugleich.
Es ist oft sehr produktiv, die Azubis anschließend ihre eigene Rolle bewerten zu lassen und in der Gruppe Verhaltensweisen, Umgangsformen usw. zu diskutieren.

Aktivierende Lehrmethode mit Eigenkontrolle
„Aktivierende Lernmethoden" und die Modelle zum „selbstgesteuerten Lernen" beinhalten ja bereits die Ansätze, dass die Azubis ihre eigenen Arbeiten selbst beurteilen, um sie zu mehr Handlungskompetenz zu befähigen. Seit der neuen AO von 1999 ist diese Selbstkontrolle und Bewertung auch ein Bestandteil der Prüfungen.
Die Ausbilder beurteilen dann also das Arbeitsergebnis und zusätzlich die Selbstbeurteilung der Azubis und besprechen mit ihnen das Ergebnis aus Sicht des Betriebes. So können die Ausbilder also auch erkennen, wie realistisch die Azubis ihre eigenen Leistungen einschätzen und zusätzlich einen Beitrag zur Prüfungsvorbereitung leisten.

Schriftliche Tests
Insbesondere theoretische Lerninhalte lassen sich gut über schriftliche Tests abprüfen, daran können dann auch mehrere Azubis teilnehmen.
In der Praxis ist es aber wohl eher die Regel, dass derartige Tests die Schule übernimmt. Soll trotzdem ein schriftlicher Test durchgeführt werden, bieten sich den Ausbildern verschiedene Möglichkeiten: von Ankreuz-Verfahren bis zu offen gestalteten Fragen, die in Sätzen beantwortet werden müssen. Hierbei üben die Azubis auch gleich ihre Ausdrucks- und Formulierungsfähigkeit.

4.7 Beurteilungsgespräche

Grundsätzlich werden jede Beurteilung und das Ergebnis jeder größeren Lernerfolgskontrolle durch ein Beurteilungsgespräch abgerundet. In § 82 Abs. 2 BetrVG ist das Recht der Mitarbeiter und damit auch der Azubis auf Erörterung ihrer Beurteilungen verankert.
Weitere Anlässe für Beurteilungsgespräche bieten der Antrag auf vorzeitige Zulassung zur Prüfung, die Auswertung der Zwischenprüfung, das Ende der Probezeit sowie jedes größeren **Ausbildungsabschnittes** oder **Abteilungswechsel.**

Das Beurteilungsgespräch beinhaltet die Darstellung der Leistungs- und Verhaltensbeobachtungen sowie die Stellungnahme der Azubis und eine Vereinbarung von Konsequenzen für das künftige Verhalten. Erst hierdurch werden Beurteilungsgespräche zu einem Erziehungs- und Fördermittel. Man bezeichnet sie deshalb auch als Personalentwicklungsgespräche.

4.7.1 Ziele des Beurteilungsgesprächs

Ausbilder und Azubis sollen gemeinsam die Beurteilung in einem Gespräch erörtern, damit die Azubis die Möglichkeit haben, selbst dazu Stellung zu nehmen.

Ein Beurteilungsgespräch verfolgt grundsätzlich folgende Ziele:
- Rückmeldung an die Azubis über die Einschätzung und Bewertung des von ihnen gezeigten Verhaltens aus Sicht des Betriebes
- Aufzeigen von Schwächen und Hervorhebung von Stärken
- realistische Einschätzungsfähigkeit der eigenen Leistung durch Kennenlernen des betrieblichen Maßstabes
- Förderung von gesunder, nicht zerfleischender Selbstkritik
- Aufbau von Vertrauen zu den Ausbildern und Erkennen der positiven Absichten der Ausbilder bei der Durchführung von Kontrollen
- Steigerung der Lernaktivität und Lerneffizienz durch konstruktive Kritik
- Steigerung von Selbstvertrauen und Selbstsicherheit durch die Möglichkeit der Stellungnahme
- Erläuterung der künftigen Ausbildungsinhalte = Schaffung von Perspektiven
- Erwirken von Einsichten zu notwendigen Verhaltensänderungen

4.7.2 Regeln für Beurteilungsgespräche

Um die oben aufgeführten Ziele zu erreichen, muss das Gespräch sorgfältig vorbereitet werden. Diese Vorgabe zeigt auch, dass die Gesprächsführung bei den Ausbildern liegt, denn sie planen sowohl Ablauf als auch Inhalt und Zielvorstellung des Gesprächs.

■ Vorbereitung des Gesprächs

- Zur Durchführung des Gesprächs rechtzeitig Beobachtungen anstellen, sich auch die Informationen der mitausbildenden Fachkräfte rechtzeitig einholen.
- Alle gesammelten Informationen sichten und daraus eine Beurteilung verfassen.
- Die erstellte Beurteilung nach zu vereinbarenden Zielen untersuchen.
- Die Zeit für das Gespräch muss so gewählt werden, dass keine Störungen im Arbeitsfluss der Abteilung entstehen und die Azubis nicht abgehetzt aus der größten Stoßzeit herausgeholt werden.
- Ort des Gesprächs planen. Der Ort muss frei von äußeren Störungen sein und eine angenehme Gesprächsatmosphäre aufweisen.
- Die Azubis werden rechtzeitig benachrichtigt, mindestens eine Stunde, besser einen Tag zuvor.

■ Durchführung des Gesprächs

(vgl. 3.3.3 „Ablauf eines Vorstellungsgespräches")
(am Beispiel einer Azubi aus der Hauswirtschaft)

- Nach einer freundlichen Begrüßung erfolgt der Einstieg ins Gespräch durch unverfängliche Fragen, die die Anspannungen und Hemmungen der Azubi lösen (z. B. nach der gerade verrichteten Tätigkeit oder über außerberufliche Interessen, ...).
- Die Ausbilderin stellt ihre Beobachtungen vor und zeigt dadurch, dass die Beurteilung nicht willkürlich erfolgt ist. Untermauert werden diese Darstellungen durch die Erläuterung des verwendeten Maßstabes (z. B. die Azubi reinigt die Esstische unzureichend – Maßstab: Die Tische müssen absolut frei von Schlieren und Speiseresten sein, dürfen sich nicht klebrig oder schmierig anfühlen).
- Begonnen werden sollte mit der Darstellung von positiven Beobachtungen. Das stärkt das Selbstvertrauen der Azubi und erhöht ihre Bereitschaft, mitzureden und nicht nur die Ausführungen der Ausbilderin „über sich ergehen zu lassen".
- Der Azubi wird dann Gelegenheit gegeben, zu jeder Beobachtung Stellung zu nehmen. Bei gegenteiliger Darstellung/Sichtweise der Azubi findet dieser Punkt vorerst keine weitere Beachtung, bis durch Dritte die Sachlage eindeutig geklärt werden kann (z. B. sie hätte die besagten Tische gar nicht gereinigt, sondern eine andere Person). Dieses Vorgehen schützt die Ausbilderin vor Fehlurteilen.
- Weitere Beobachtungen werden nach ähnlichem Muster abgehandelt.
- Zuletzt werden die Vereinbarungen des letzten Gesprächs besprochen. Auch diese werden durch gemachte Beobachtungen untermauert. Die Azubi soll auch hierzu Stellung nehmen.
- Nachdem alle Beobachtungen erläutert worden sind, wird der Azubi die Gesamtbeurteilung unterbreitet. Dabei ist es wichtig, dass der Azubi die Folgen von fortschreitendem Fehlverhalten klar gemacht werden.
- Auch hierzu sollte die Azubi die Gelegenheit zur Stellungnahme bekommen.
- Das Ergebnis dieser Aussprache sollte eine **von beiden Seiten akzeptierte Beurteilung** sein.
- Nach Klärung dieser Sachverhalte richtet sich der Blick in die Zukunft, hier werden **Vereinbarungen und Konsequenzen bei Nichteinhaltung** dieser Vereinbarungen besprochen und schriftlich fixiert.

■ Kontrollieren der Gesprächsvereinbarungen

Abgesprochene Verhaltensweisen/-änderungen und vereinbarte Lernziele bedürfen einer festen Kontrolle. Zunächst werden diese Absprachen schriftlich festgehalten und dann nach einem abgesprochenen Zeitraum kontrolliert. Ein erneutes Gespräch kann die Bewertung der nun gezeigten Verhaltensweisen beinhalten. Wie groß der Zeitraum zwischen Beurteilungsgespräch und Kontrolle ist, hängt vom Verhalten und den jeweiligen Vereinbarungen ab.
Für die Begleitung und Betreuung von Azubis ist die

Kontrolle deshalb so wichtig, um eine Entwicklungstendenz erkennen zu können und somit weitere Förder- und Hilfsmaßnahmen rechtzeitig in die Wege leiten zu können.

Die schriftliche Fixierung ist auch aus rechtlichen Gründen erforderlich, so können Ausbilder diese Gesprächsprotokolle auch als Nachweise zur Ahndung grober Verstöße von Mitarbeitern und Azubis verwenden. Bei Verstößen wie Alkoholmissbrauch oder Arbeitsverweigerung, die arbeitsrechtliche Konsequenzen nach sich ziehen, ist die lückenlose Dokumentation der Mitarbeitergespräche unbedingt erforderlich.

4.7.3 Allgemeine Regeln zur Gesprächsführung

Wer Gespräche führen will, sollte sich über die Wirkung der verschiedenen Einflussfaktoren einer Gesprächsführung im Klaren sein. Über den Einfluss und die Wirkung von Körpersprache wurden ganze Bücher verfasst, hier sollen aber nur einige Beispiele für die gesprächsfördernden bzw. gesprächshemmenden Ausdrucksformen gegeben werden.

■ Körpersprache

Gestik
Bewegungen von Armen und Händen gehören zu den stärksten und häufigsten Ausdrucksformen, deren sich der Mensch bedient und die er zur Signalisierung nonverbaler Kommunikation heranzieht.

Gestik umfasst aber auch den Ausdruck weiterer Körperteile wie Rumpf, Kopf etc.

Gesprächsfördernde Gestik:
- auf Zuversicht oder Selbstvertrauen hindeutend – **zusammengelegte Fingerspitzen**
- macht optimistische Erwartung deutlich – **Finger reiben**
- demonstriert Vertrauen und hat Aufforderungscharakter – **geöffnete Hände**
- zeigt Konzentration auf ein Ziel – **Hände in den Hüften**

Gesprächshemmende Gestik:
- demonstriert Überlegenheit – **ausgestreckter Zeigefinger**
- zeigt Ungeduld und Langeweile – **systematisches Fingertrommeln**
- drückt Reserviertheit aus – **verschränkte Arme**
- ein Zeichen für Ratlosigkeit und Unsicherheit – **Reiben der Nase mit dem Zeigefinger**

Mimik
Unter Mimik ist das Gebärden- und Mienenspiel zu verstehen. Zu den wichtigsten Ausdrucksformen gehört der Blick. „Oft sagt ein Blick mehr als tausend Worte" – so ein altes Sprichwort.

Der Blickkontakt sollte zwischen 30 und 60 Prozent der Gesprächsdauer gehalten werden.
Gesprächsfördernde Mimik:
- signalisiert Aufmerksamkeit – **geneigter Kopf beim Zuhören**
- signalisiert Vertrautheit und Einverständnis – **Augenzwinkern**
- zeigt Selbstzufriedenheit oder Bewunderung – **Zungenschnalzen**
- vermittelt Sicherheit – **Lächeln**

Gesprächshemmende Mimik:
- zeigt Desinteresse – **nach unten gerichtete Augen, abgewandtes Gesicht**
- deutet Ängstlichkeit oder Verlegenheit an – **Unterlippe zwischen die Zähne gezogen**
- offenbart ablehnende Haltung – **Naserümpfen**
- deutet Zweifel, Missvergnügen und Verwirrung an – **Stirnrunzeln**

Haltung
Hierbei sind zwei Grundpositionen von Interesse: der Sitz und der Stand (evtl. auch der Gang).

Gesprächsfördernde Haltung:
- Sitz, der zeigt, dass man dem Gespräch ruhig und gelassen folgt – **leicht geöffnete Beine, Füße auf dem Boden**
- Stand, der ein selbstbewusstes Auftreten signalisiert – **Arme pendeln weit**
- Stand, der Ruhe und Gelassenheit andeutet – **lockerer, aber aufrechter Stand**

Gesprächshemmende Haltung:
- Sitzveränderung, die zeigt, dass ein kritischer Punkt berührt wurde – **abruptes Kreuzen der Beine**
- Sitz, der Ablehnung ausdrückt – **am Stuhlrand sitzen**
- Stand, der Überheblichkeit signalisiert – **Beine steif, Kinn erhoben**

■ Örtliche Gegebenheiten

Die besondere Situation eines Beurteilungs-/Prüfungsgesprächs wird auch von den örtlichen Gegebenheiten beeinflusst:

Gesprächsfördernd:
- einladende Einrichtung
- überschaubare Raumgröße
- angenehme Schalleigenschaft
- angenehmes, warmes Licht
- freundliche, persönliche Gestaltung (Blumen)

Gesprächshemmend:
- kahle Einrichtung
- riesiger oder zu enger Raum
- starker Schall

- grelles oder zu schwaches Licht
- unbequeme Möblierung

Distanz

Es lassen sich vier „Verhaltenskreise" unterscheiden:
- intime Distanz: bis 40 cm
- persönliche Distanz: 40 cm bis 1,5 m
- gesellschaftliche Distanz: 1,5 – 4 m
- öffentliche Distanz: 4 m und mehr

Sprechweise

Lautstärke
Sowohl zu leises als auch zu lautes Sprechen können die Kommunikation mit den Gesprächspartnern behindern. Zu lautes Sprechen kann einschüchtern, provozieren, die Aufmerksamkeit hemmen und den Zuhörer ungeduldig und nervös machen.
Zu leises Sprechen wirkt unsicher, gehemmt, wenig überzeugend und wenig engagiert.

Sprechtempo
Auch beim Sprechtempo ist auf ein gutes Mittelmaß zu achten.
Zu langsames Sprechen ruft Desinteresse beim Zuhörer hervor.
Zu schnelles Sprechen bewirkt, dass der Zuhörer womöglich nicht folgen kann, außerdem wirkt der Redner dadurch unsicher, hektisch und ungeduldig.

Aussprache
Eine klare und deutliche Aussprache ist für einen guten Gesprächsverlauf notwendig, um den Gesprächspartner nicht unnötig anzustrengen. Überdeutliche Aussprache dagegen wirkt unecht und gekünstelt.

Stimmlage
Eine sehr hohe Stimmlage wirkt sich auch meist hemmend auf die Gesprächsführung aus.

Verständlichkeit der Sprache

Die Verständlichkeit der Sprache unterteilt sich in den Ausdruck, die Gliederung, die Prägnanz und die Anschaulichkeit.

Gesprächshemmend wirken:
- lange, verschachtelte Sätze mit vielen Fremdwörtern,
- ungegliedertes, zusammenhangloses Reden mit umständlichen Formulierungen, Füllwörtern und Phrasen, Wiederholungen und überflüssigen Informationen.

Gesprächsfördernd wirken:
- kurze, einfache Sätze mit bekannten Wörtern,
- das Erklären von Fachbegriffen,
- logisch aufgebaute Gedankengänge mit Informationen in sinnvoller Reihenfolge, Sprachpausen und Zusammenfassungen.

Fragetechnik

Auch die Fragetechnik hat einen starken Einfluss auf ein Gespräch und sollte hier unbedingt berücksichtigt werden. Es ist zur Einübung der richtigen Fragestellung oftmals sinnvoll, sich Fragen so lange vorzuformulieren, bis sie einem geläufig werden (vgl. 3.3.3 „Fragetechniken").

AUFGABE

Beurteilungsgespräch in einem Rollenspiel üben.

Situation:
Ihre Azubi Andrea ist am Ende des 1. Ausbildungsjahres. Während der Probezeit zeigte sie großes Interesse an allen Lerninhalten und entsprechend gute Leistungen. Seit einigen Wochen beobachten Sie eine große Fehlerhäufung selbst bei Arbeiten, die Andrea bisher sicher beherrschte. Sie reagiert gereizt und „flapsig" auf Arbeitsanordnungen und ruppig im Kollegenkreis.

a) Erstellen Sie einen Beurteilungsbogen mit fiktiven Angaben als Grundlage für ein Beurteilungsgespräch.
b) Bereiten Sie ein Beurteilungsgespräch vor. Welche Unterlagen benötigen Sie? Welche Zusatzinformationen können Sie einholen/bei wem?
c) Erstellen Sie einen Fragenkatalog, um möglichen Problemen auf die Spur zu kommen.
d) Führen Sie das Gespräch als Rollenspiel durch.
e) Beurteilen Sie kritisch Ihr eigenes Handeln als Ausbilderin.
f) Beurteilen Sie aus Sicht der Zuschauer den Verlauf des Gesprächs.

Handlungsfeld 5
Lernen fördern

5.1 Lern- und Arbeitstechniken anleiten

5.1.1 Grundlagen der Lernpsychologie

■ Was ist Lernen?

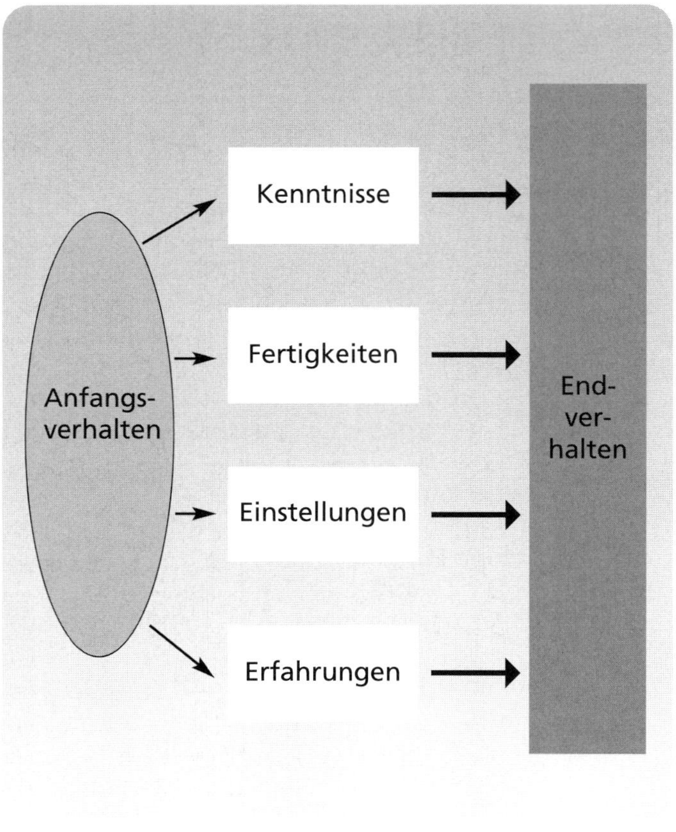

Lernen = aktive, dauerhafte Verhaltensänderung

- Fast alles ist zu jeder Zeit (auch in hohem Alter) lernbar.
- Die intellektuelle Beweglichkeit eines Erwachsenen hängt weniger vom Alter ab als von sozialen Strukturen, wie Schulbildung, spezielle Berufstätigkeit und geistiges Training.
- **Ältere Menschen lernen nicht schlechter – sondern anders.**

Nicht auf einen Lernprozess zurückzuführen sind alle **Veränderungen, die organisch** bedingt sind, wie

- Wachstum und Reifung,
- vorübergehende oder andauernde Zustände durch Müdigkeit, Drogen, Alkohol oder Krankheit.

■ Einflussfaktoren auf das Lernen

Neben den Grundvoraussetzungen für das Lernen wie Intelligenz, Lern- und Leistungsbereitschaft, Selbstbewusstsein, Interesse und Konzentration gibt es zahlreiche andere Einflüsse, die das Lernen in erheblichem Maße bestimmen. Diese Einflussfaktoren kann man verschiedenen Bereichen zuordnen.

- **gesellschaftlich-kulturelle**
  - Wohngegend (Dorf, Stadt)
  - Milieu des Elternhauses
  - Zahl der Geschwister
  - Zeitverhältnisse (Arbeitslosigkeit)
  - Beziehungen in der Gruppe
- **persönliche**
  - Motivationsgrad
  - Begabung
  - Vorkenntnisse
  - Entwicklungsstand
  - Ausdrucksfähigkeit
  - Sozialisationsgrad

■ Die Gedächtnisstufen

Ständig strömen tausende von Informationen/Reizen auf unser Gehirn ein. Die meisten davon kommen unaufgefordert durch die Umwelt. Unser Gehirn hat sich darauf eingestellt, es sortiert diese Informationen und ordnet sie bestimmten Bereichen zu.
Keine der Informationen, die uns erreichen, geht verloren, nur sind sie für uns nicht komplett (wieder) abrufbar. Was ins Unterbewusstsein gelangt und welche Folgen das für uns hat, ist wissenschaftlich noch nicht gesichert.

- Zunächst gelangen alle Informationen ins **Ultrakurzzeitgedächtnis**. Hier wird die Information geprüft und darüber entschieden, ob sie sofort vergessen oder ins Kurzzeitgedächtnis aufgenommen werden soll.
- Im **Kurzzeitgedächtnis** werden Informationen für kurze Zeit gespeichert, dann aber zum „Vergessen" ausgemustert.
- Das **Langzeitgedächtnis** enthält dann nur die Informationen, die durch entsprechende Festigung länger bzw. für immer verfügbar sein sollen. Dabei unterscheiden wir zwischen dem aktiven und inaktiven Teil. Im inaktiven Teil werden Informationen gespeichert, die zur späteren Wiederentdeckung notwendig sind, die aber nicht aktiv im Einsatz sind (Kindheitserinnerungen, Vokabeln usw.).

■ Behalten und Vergessen

Aufnahme von Informationen in unser Gehirn
Informationen gelangen durch verschiedene Kanäle in unser Gehirn.

Unser Gehirn registriert:
83 % durchs Auge,
11 % durchs Ohr,
3,5 % durch Fühlen (Sensorik),
1,5 % durch Geruch,
1 % durch Geschmack.

Aber nur ein Bruchteil von den Informationen, die ins Gehirn gelangen, wird gespeichert.

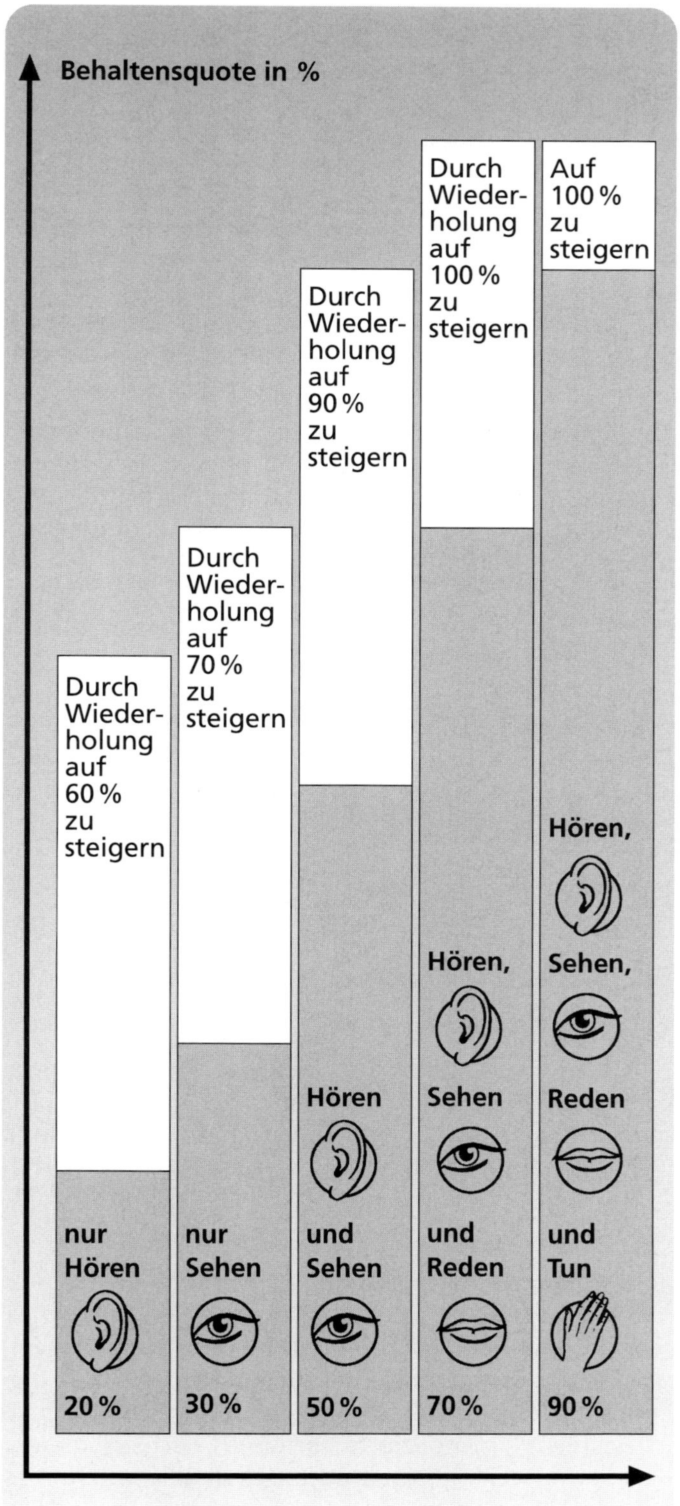

Behalten und Vergessen

Aufgaben der beiden Gehirnhälften

Die beiden Gehirnhälften arbeiten unabhängig voneinander und haben auch unterschiedliche Kompetenzzentren. Wichtig für eine gute Motorik und ein gutes Denkvermögen ist, dass zwischen diesen beiden Gehirnhälften möglichst viele Verbindungen entstehen. Diese entstehen zum größten Teil bereits im Kleinkindalter. Im „Normalfall" haben die Gehirnhälften folgende Funktionsbereiche:

Linke Gehirnhälfte	Rechte Gehirnhälfte
• abstrakt • zeitlich • verbal • rational • logisch • analysierend • der Reihe nach – linear • objektiv • wissenschaftlich	• visuell – räumlich • intuitiv • gefühlsmäßig • künstlerisch • konkret • subjektiv • der Gestalt nach – gleichzeitig • Zusammenhänge herstelllend

Die **Merkfähigkeit** eines Lerngegenstandes/-inhaltes wird enorm **gesteigert,** wenn der Lernstoff so aufbereitet ist, dass er **beide Gehirnhälften anspricht.**
Beispiel: Stellen Sie im Text einzelne Wörter als Bild dar.
Fahrrad = 
Beim Lesen werden so beide Gehirnhälften angesprochen und der gelesene Text verankert sich leichter und nachhaltiger im Gehirn.

Durch verschiedene Ursachen, wie z. B. Stress in der Prüfung oder Überforderung oder Angst, kann es im Gehirn zu einer Blockade zwischen den beiden Gehirnhälften kommen. Diese bewirkt dann, dass Informationen nicht mehr ganz aufgenommen und verarbeitet werden können. Der Volksmund sagt dazu „auf der Leitung stehen" oder „ein Brett vor dem Kopf haben".

Beispiel: Ein Text wird dann zwar gelesen, aber der Inhalt ist nicht erkennbar für das Gehirn, oder die Augen nehmen eine Information auf, aber es erfolgt keine Reaktion, oder ein Geräusch wird zwar gehört, aber im Gehirn wird diesem Geräusch keine Bedeutung zugeschrieben und die Information wird ‚ausgemustert'.

Derartige Blockaden lassen sich oft schon durch einfache Überkreuz-Bewegungsübungen lösen und dann ist ein ganzheitliches Erkennen und Denken wieder möglich.

Lernarten

Es gibt verschiedene Arten des Lernens. Für die Ausbilder ist es wichtig, diese zu kennen, damit sie auf den für sie zweckmäßigsten Weg hinführen können. Wenn sie wissen, dass Lernen durch Probieren eine sehr nachhaltige und einprägsame Wirkung hat, so fällt es ihnen auch leichter, Azubis Fehler machen zu lassen, aus denen sie lernen, ohne gleich eingreifen zu wollen. Natürlich müssen Ausbilder immer eingreifen, wenn es sich um gravierende Sicherheitsfaktoren handelt.

Imitationslernen durch Nachahmung / Beobachtungslernen
Unbewusst lernt schon ein kleines Kind die Sprache seiner Eltern. Es beobachtet sehr genau die Bewegungen, die Lautbildung, die Gestik und Mimik, die zu der gesprochenen Sprache gehören, und ahmt sie nach.

Auch Azubis lernen unbewusst Dinge, die sie sehen und wahrnehmen. Durch Nachahmung oder Imitation wird das Verhalten anderer kopiert.
Personen, die ein hohes Ansehen haben, beliebt oder erfolgreich sind und mit denen ein häufiger Kontakt besteht, werden am schnellsten nachgeahmt.

Konditioniertes Lernen / Reiz-Reaktionslernen / Kettenlernen
Diese Art des Lernens wurde bei Hunden entdeckt, die mit einem Glockenzeichen gefüttert wurden und später auch ohne Futter beim Glockenzeichen starke Speichelabsonderungen zeigten (Pawlow).
Auch wir Menschen lernen, auf bestimmte Reize zu reagieren.
Rotes Licht – Achtung! Halt! Vorsicht!

Durch Versuch mit Erfolg und Misserfolg
Insbesondere Jugendliche möchten Verhaltensweisen und Tätigkeiten ausprobieren. Sind sie erfolgreich, werden sie diese Verhaltensweise wiederholen, bei negativen Erlebnissen werden sie beim nächsten Mal einen anderen Weg nehmen.
Diese Art des Lernens ist nicht die schnellste, aber der Lernerfolg, d. h. die Merkfähigkeit von Lerninhalten, die durch Probieren mit Erfolg oder über den Umweg des Misserfolges zum Erfolg geführt haben, ist sehr hoch.

Beispiel: Eine Azubi putzt Fenster im Winter. Als sie die geöffnete Terrassentür auf der Nordseite des Hauses putzen will, bleibt der Lappen daran kleben und das Putzwasser gefriert. Sie wird nie wieder Fenster im Winter bei Minusgraden putzen. Der Lernerfolg ist sehr eindrucksvoll und nachhaltig!

Problemlösendes Lernen durch Einsicht / Regellernen
Es gibt viele Lernprozesse, in denen Azubis ihr Verhalten an eine veränderte Situation anpassen müssen. Erst die Einsicht ermöglicht ein Festigen des Lerninhaltes.

Beispiel: Eine Azubi bügelt einen angereihten Rock und hält dabei immer den Rock mit der linken Hand leicht hoch, so kommen keine Falten hinein. Als sie das erste Mal mit Dampf bügelt, kommt sie schnell zu der Einsicht, dass der Dampfstoß so bis an ihre Finger reicht. Sie lernt, künftig ihre Finger nicht mehr in die Nähe der Bügeleisenspitze zu halten.

Transferlernen
Es gibt viele Lernvorgänge, die einander gleichen. Azubis müssen ähnliche Sachverhalte auf die neue Situation übertragen (transferieren), allerdings mit geringen Abweichungen.

Beispiel: Die Azubi hat zu Beginn ihrer Ausbildung öfter Zwetschgendatschi gebacken. Heute steht auf dem Speiseplan Pizza. Sie muss in der Lage sein, die Herstellung des Hefeteiges zu übertragen, und die Abweichung (kein Zucker) erkennen. Teigbeschaffenheit und Arbeitsweise kann sie übernehmen.

5.1.2 Auf lebenslanges Lernen vorbereiten

Ein Ziel der Ausbildung ist es, den Jugendlichen zu vermitteln, dass sie mit Ende der Ausbildung nicht aufhören dürfen zu lernen. Damit sie später aber auch ohne weitere Aufgabenvorgaben und Anleitung in der Lage sind zu lernen, müssen ihnen verschiedene Lern- und Arbeitstechniken vermittelt werden, die sie hierzu befähigen.

■ Verschiedene Lerntypen

Aufgrund der verschieden starken und unterschiedlich gearteten Verbindungen im Gehirn gibt es verschiedene Lerntypen.
Ein Mensch lernt leichter Dinge, die er **einmal gehört** hat, ein anderer kann sich nichts merken, was er **nicht gesehen** hat, wieder ein anderer **muss alles anfassen.** Aus diesem Grunde ist es für Ausbilder wichtig herauszufinden, auf welche Art ihre Azubis am leichtesten lernen und welche Lern- und Arbeitstechniken sie sinnvoll einsetzen können.

Auch Ausbilder müssen die verschiedenen Lern- und Arbeitstechniken kennen, da sie sonst ihren Azubis keine Anleitung geben können, wie ein Lernstoff aufzubereiten ist, um ihn in kurzer Zeit zu verstehen, und wie Arbeitsprozesse rationeller, wirkungsvoller und schneller zu gestalten sind.

5.1.3 Rationelles Lernen anleiten

Unter Lern- und Arbeitstechniken versteht man die Art und Weise, wie Azubis ihre Lern- und Arbeitsprozesse organisieren und realisieren. Um hierbei den größtmöglichen Effekt zu erzielen, gibt es verschiedene unterstützende Techniken.

■ Einsatz von Visualisierungstechniken

Jedes weitere Sinnesorgan, das zum Erfassen und Begreifen von Lernstoff angesprochen wird, steigert den Lernerfolg (vgl. Grafik „Behaltensquote" S. 81). Deshalb ist es sinnvoll, komplizierte Verfahren, Sachzusammenhänge und Verfahrensabläufe zu visualisieren, um so ein schnelleres Erfassen zu ermöglichen.

Viele Sachverhalte der Ausbildung lassen sich nicht isoliert betrachten, sie gehören meist zu einem größeren komplexeren Ganzen. Um die Beziehungen der einzelnen Bausteine / Komponenten zueinander oder deren Bedeutung im Vergleich zu anderen nun leichter verstehen zu können, ist es wichtig, sie zu ordnen und entsprechend darzustellen.

Derartige Darstellungen haben den Vorteil, dass sich Azubis nach einer Anleitung selbstständig Sachzusammenhänge und dergleichen erarbeiten können.

Hierzu eignen sich die folgenden Visualisierungstechniken:

- **Diagramme / Grafiken**
  - Kreisdiagramm, Zyklusdiagramm (Bsp. 4.3.2 Motivationskreislauf)
  - Säulendiagramm, Pyramiden
  - Kurvendiagramm
  - Organigramme

- **Visualisierung durch Karten**
  - Mind-Map (= Gedankenlandkarte) an Tafel, Flip-Chart, Pinnwand, Folie / Tageslichtprojektor, hierfür wird z. B. in Form eines verästelten Baumes eine Stoffsammlung erstellt, wobei gleich zueinander gehörende Punkte an einen Ast geschrieben werden – eine solche Karte hilft, gesammelte Gedanken zu behalten und Zuordnungen oder Verbindungen schnell zu erkennen und nachzuvollziehen.
  - Brainstorming auf Zettel schreiben, die dann sortiert werden, hat eine ähnliche Wirkung wie die Mind-Map, nur dass hier das Sortieren und Zuordnen erst später erfolgt, so sind Umgruppierungen leichter möglich.

- **Lesetechniken mit farbigen Markierungen**
  - Das Erfassen eines neuen Textes gelingt leichter, wenn die wichtigsten Punkte, Schlagwörter und Aussagen farbig hervorgehoben werden.
  - Auch zum Wiederholen von Arbeitstechniken eignet sich eine derartig aufbereitete Beschreibung oder Arbeitsanleitung.

- **Wiederholungslernen mit Karteikarten**
  - Auf Karteikarten können Fachbegriffe, Vokabeln oder auch immer wiederkehrende Arbeitsgrundtechniken (z. B. Grundrezepte) genannt und auf der Rückseite erklärt sein. Mit dieser Lernmethode können sich Azubis sehr gut selbst abfragen und ihren eigenen Wissensstand kontrollieren.

Analysetechnik

Viele Tätigkeiten im Arbeitsprozess sind eine Aneinanderreihung bestimmter Handlungen. Um entsprechende Arbeitsplanungen vornehmen zu können, müssen die Azubis dazu angeleitet werden, komplexe Tätigkeiten in Einzelschritte zu zergliedern / zu unterteilen. Am einfachsten nachvollziehbar ist diese Zergliederung bei einem Kochrezept, aber diese Zergliederung sollte auch auf andere Tätigkeiten übertragen werden, wie z.B. auf den Auf- bzw. Zusammenbau von Geräten und Maschinen, das Zergliedern der Tätigkeiten beim Bügeln oder Waschen usw.

Vertiefungstechniken

Hierzu zählt man:
- Üben
- Wiederholen
- Transfer

Diese Techniken sollten sich **grundsätzlich an jeden Lernprozess anschließen,** um das Gelernte zu festigen und die Behaltensquote zu erhöhen. In einem gesteuerten Lernprozess geben die Ausbilder die Inhalte, die Häufigkeit und die Wiederholungsfrequenz vor. Bei einem späteren Lernprozess müssen dies die Mitarbeiter selbstständig organisieren. Wichtig ist es, geeignete Transferaufgaben zu finden, die das Üben interessanter und anspruchsvoller machen.

5.1.4 Lehrmethoden

Um nun Azubis die oben genannten Lern- und Arbeitstechniken näher zu bringen, bieten sich die verschiedensten Ausbildungsmethoden an.
Als Grundsatz für den Einsatz verschiedener Lehr- und Ausbildungsmethoden gilt, dass gerade die **Abwechslung der Methoden,** der Wechsel zwischen aktivem und passivem Lernen, den **größten Erfolg** bringt, da die Azubis sich den verschiedenen Gegebenheiten und Forderungen ständig anpassen müssen und damit zu Flexibilität auch im Arbeitsalltag erzogen werden.
Das Lernen im Umgang mit den vielfältigsten Herausforderungen fördert die Handlungskompetenz und Selbstständigkeit der Azubis.
Die verschiedenen Lehrmethoden lassen sich grob in verschiedene Gruppen unterteilen, die sich nach der Art der Aktivitäten der Azubis und der Ausbilder richten.
Die folgenden **Beispiele** zeigen, welche Rolle die Ausbilder und die Azubis – z. B. auch in der Hauswirtschaft – jeweils einnehmen.

Erarbeitende Lern- und Arbeitsmethoden

Sie gelten als optimale Vorbereitung zum späteren selbstständigen Lernen, da sich die Azubis die **Lerninhalte** größtenteils **selbstständig erarbeiten** müssen. Die Aufgabe der Ausbilder ist es, hierfür geeignete Aufgaben zu finden und diese entsprechend zu formulieren. Außerdem müssen sie notwendiges Arbeitsmaterial vorbereiten. Während der Durchführung bleiben die **Ausbilder im Hintergrund** und halten sich nur für Fragen oder Probleme bereit.
Wichtig ist, dass die Aufgabenstellung eindeutig formuliert ist und erwünschte Vorgaben, wie gewollte Arbeitsweise, verwendete Geräte, Zeit- und Qualitätsvorgaben, gemacht werden.

Die Azubis definieren daraus ihre Ziele, planen und organisieren ihre Arbeit selbst. Sie beschaffen sich die notwendigen Informationen, finden eigenständig die Lösungen zu Problemen und kontrollieren das Ergebnis (vgl. 4.4.1 Grafik „Stufen des Lernprozesses").

Nach Abschluss der Arbeit wird **das Ergebnis durch die Ausbilder nochmals kontrolliert und mit den Azubis besprochen.** Diese Besprechung ist von ganz besonderer Bedeutung, da sonst die Gefahr besteht, dass sich die Azubis sonst nicht realistisch einschätzen.

Zu diesen Techniken oder Methoden zählt man:
- Leitfragen und Leittexte (siehe 6.6.2)
- das angeleitete Arbeiten (vgl. 4.3.1)
- Brainstorming und Mind-Map (vgl. 5.1.3 „Visualisierung durch Karten")
- die Projektarbeit (siehe 6.6.2)
- die Fallstudie

Es gibt noch eine Vielzahl weiterer ähnlich aufgebauter Techniken oder Methoden, doch grundsätzlich unterscheiden sich die einzelnen Methoden dann nicht grundlegend. Deshalb wurden hier nur die gebräuchlichsten aufgezählt.
Die Vielzahl der gegebenen Möglichkeiten macht deutlich, dass die Ausbilder die für sie passende Ausbildungsmethode auswählen müssen. Selten können alle aufgeführten Methoden in der Ausbildung angewendet werden. Die ausgewählte Technik muss den Lernzielen und Arbeitsaufgaben angepasst werden.

■ Darbietende Ausbildungsmethoden

Nicht alle Ausbildungsinhalte sind geeignet, damit sich Azubis diese selbst erarbeiten können. Außerdem spielt auch immer der Faktor Zeit eine entscheidende Rolle. Deshalb ist es nach wie vor sinnvoll, neben den erarbeitenden Techniken auch darbietende Ausbildungsmethoden einzusetzen.

Hierzu zählt man in erster Linie:
- Vortrag
- Demonstration
- Vorführung
- Vier-Stufen-Methode

Diese Ausbildungsmethoden legen ihre Betonung auf die Aktivität der Ausbilder, die die Ausbildungsinhalte strukturiert und sinnvoll aufgebaut vortragen oder vormachen. Es muss darauf geachtet werden, dass die wichtigsten Handlungen und Gedankengänge für die Azubis nachvollziehbar bleiben.
Die Azubis verfolgen die Ausführungen oder Demonstrationen der Ausbilder, um sie dann später nachzuahmen.

Ein Vorteil dieser Ausbildungsmethode ist die Geschwindigkeit, mit der neue Arbeitsmethoden, Handlungsweisen und Arbeitsabläufe vermittelt werden können. Ein anderer Vorteil ist die Zielgerichtetheit. Soll von den Azubis nur eine ganz bestimmte Arbeitsweise erlernt und angewendet werden, so bieten sich diese Methoden an.

AUFGABEN

1. Finden Sie Beispiele für den Einsatz von Lern- und Arbeitstechniken in der Ausbildung.
2. Überlegen Sie, mit welcher Technik Sie diese sinnvoll vermitteln können.
3. Begründen Sie Ihre Auswahl.

5.2 Lernerfolge sicherstellen

5.2.1 Lernmotivation – der Motor zum Lernen

(vgl. 4.3.2 „Lernerfolg als Voraussetzung für Motivation")

Primäre Motivation
direkt auf ein bestimmtes Ziel gerichtet

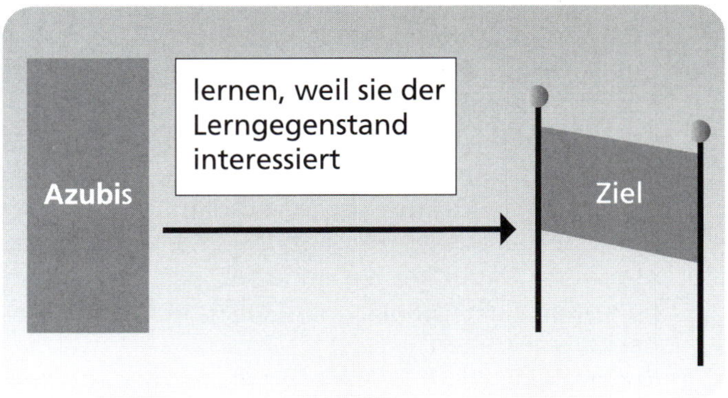

Sekundäre Motivation
nicht um der Sache selbst willen

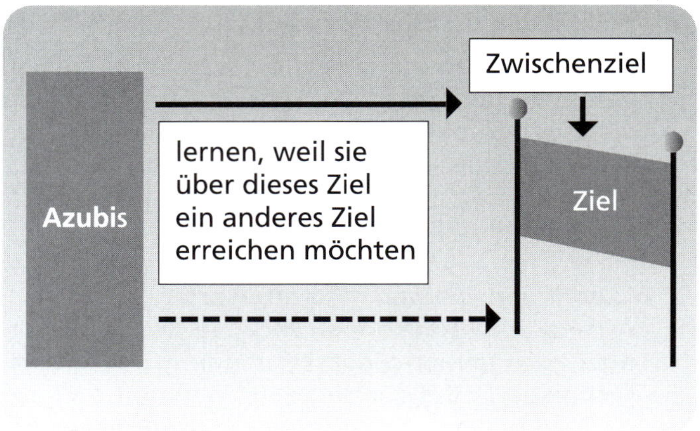

Das **eigentliche Ziel** ist nicht auf direktem Weg erreichbar. Dies könnten z. B. persönliche Vorteile, Ansehen, Vermeidung von Prestigeverlust, Druck/Zwang von außen, Begeisterung für Ausbildung, Vermeidung negativer Folgen, Neugier, Sozialmotiv (Lob/Anerkennung), Machtmotiv, Besitz- und Sicherheitsmotiv (Lebenserhaltung), Leistungsmotiv, Anspruchsniveau usw. sein.
Die sekundäre Motivation ist nicht so stark wie die primäre, vor allem erlischt sie, wenn das Primärziel wegbricht. Trotzdem führt die sekundäre Motivation zu Lernerfolgen, und wenn das Lernziel/der Lerninhalt nicht zum Ziel gemacht werden können, so kann auch diese Motivation zu einem guten Endergebnis führen.

5.2.1 Aufgaben der Ausbilder

▷ Motivation

Die Motivation hilft, Lernprozesse in Gang zu bringen (vgl. 4.4.1 Grafik „Stufen des Lernprozesses"), und sie unterstützt den gesamten Lernprozess.

Aufgabe der Ausbilder ist es also, durch eine Anregung von außen bei den Azubis Interesse zu wecken ⟶ Motiv

Motivation (die Tat) ⟶ Handeln
↓

Ausbilder müssen
- bestehende Motivation erkennen;
- schwach entwickelte Motivationen verstärken;
- bei fehlender Motivation neue Motive setzen.

Gelingt es den Ausbildern bei den Azubis eine starke Motivation zu wecken, so ist der Lernerfolg **fast** schon gesichert. Hierzu können die Ausbilder verschiedene Hilfen einsetzen, die eine solche Motivation steigern oder hervorrufen können.

▷ Motivationshilfen

Hier einige Beispiele (siehe auch 4.3.2 „Ausbilderverhalten, das Motivationen fördert"):
- Ermutigung
- Lob/Anerkennung
- realistische, angepasste, genau definierte Aufgaben und Ziele
- möglichst effektive Lern- und Arbeitsmethoden
  - Hilfen
  - mehrere Möglichkeiten austesten
  - Rückmeldung
- Erfolge verschaffen
- Leistung muss Anstrengung fordern
- Leistung muss messbar sein/transparente Beurteilung
- Hemmungen abbauen/Selbstvertrauen stärken
- Aufgabe interessant und reizvoll gestalten
- Leistungsgegenstand reizvoll präsentieren
- Gegenstand mit Bedürfnissen der Azubis verbinden
- durch soziale Bezüge (z. B. Partnerarbeit) motivieren
- Verkrampfung lösen
- individuelle Arbeitsweisen zugestehen
- frühzeitiges Aufgeben verhindern
- einen Schritt weiterhelfen – kleiner Anschub
- kooperativer Führungsstil
- Azubis aktiv beteiligen
- Aufgabe überschaubar machen
- nicht über- bzw. unterfordern – Vorkenntnisse feststellen – daran anknüpfen
- Bedeutung des Themas herausstellen
- Neugier wecken
- Wettbewerb veranstalten
- Lernziele festlegen, nennen, erläutern

▷ Übungen einplanen

Für viele ist der Lernprozess nach dem 1. Tun beendet. Das ist ein Trugschluss – erst durch die Wiederholung und das Üben wird das soeben Gelernte gefestigt.
Es ist Aufgabe der Ausbilder das Sichern und Einüben einzuplanen.
So werden den Azubis von Anfang an die Grundsätze des Übens und Sicherns vermittelt, damit sie später selbst die Sicherung ihres Lernerfolges organisieren können.

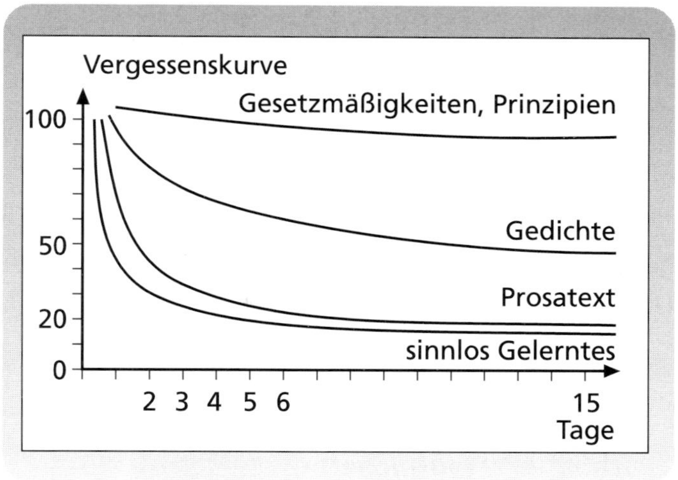

nach Maddox

Die Grafik zeigt die so genannte **Vergessenskurve.** Hier erkennt man, dass bereits nach sechs Tagen nur noch 20 % des gelernten Faktenwissens abrufbar sind, wenn nicht wiederholt wurde. Wurde das Faktenwissen allerdings in eine Struktur eingebunden, wie bei Gedichten, Gesetzmäßigkeiten und Prinzipien, ist die Behaltensquote wesentlich höher.
Das zeigt, dass **die ersten Wiederholungsübungen sehr bald** nach der Vermittlung des Ausbildungsinhaltes eingeplant werden müssen um den Lernerfolg zu sichern. Es ist zu empfehlen, dies **gleich am nächsten Tag** zu tun und wenn möglich an den folgenden Tagen nochmals. Die nächsten Übungen können dann in immer größeren Abständen erfolgen.
Insbesondere beim Lernen von theoretischen Lerninhalten kann beobachtet werden, dass an manchen Tagen nichts „hängen bleibt". Dieses Phänomen lässt sich durch die folgende Grafik erklären.

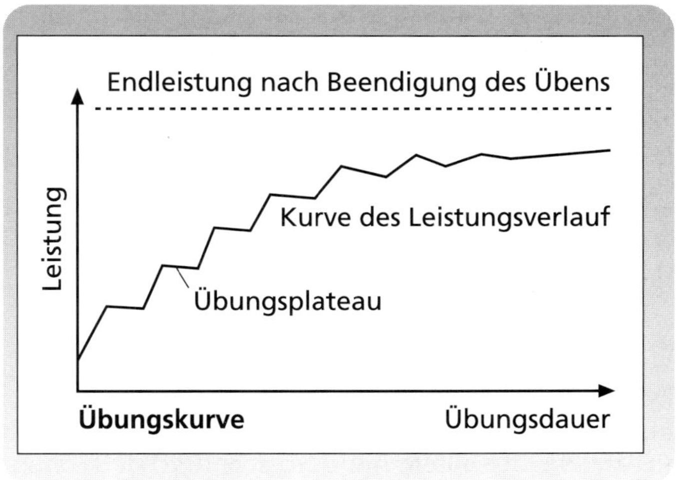

nach W. Rohmert

Das Gelernte muss erst im Gehirn verarbeitet werden, bevor Neues aufgenommen werden kann. Ein stupides „weiterpauken" bringt keine weiteren Erfolge. Bereits am nächsten Tag ist dieses Übungsplateau überwunden. Außerdem zeigt die Grafik sehr anschaulich wie sich das wiederholte Üben auf die Sicherung des Gelernten auswirkt.

Dieses Wissen ist wichtig für alle die die auf den „letzten Drücker" lernen, hier kann es passieren, dass das Gelernte nicht haften bleibt, deshalb sollte jede Lernphase, gerade vor den Prüfungen, rechtzeitig begonnen werden.

▷ Fehler beim Üben verhindern

Der Lernprozess – gerade bei den erarbeitenden Lerntechniken – geht oft den Umweg über den Versuch. Das ist ein Weg, der bei den Azubis sehr nachhaltige Lernwirkungen verursacht. **Während der Übungsphase** jedoch **müssen Fehler unbedingt verhindert werden,** da sonst diese und nicht das erwünschte Verhalten eingeübt werden.
Die Aufgabe der Ausbilder besteht also darin, auch die Übungsphase immer wieder zu kontrollieren, um ein Einschleichen von Fehlern zu vermeiden.

▷ Transfer ermöglichen

Um eine möglichst breite Anwendungsfähigkeit des Gelernten zu erzielen, müssen die Ausbilder Übungen einplanen, die die **Umsetzung des Gelernten in andere Bereiche** erfordern.
So werden die Azubis dazu **angeregt,** nicht nur engstirnig und eingleisig zu denken, sondern bei neuen Aufgaben und Herausforderungen ihr bereits **erworbenes Wissen auf Anwendbarkeit zu prüfen.**
Eine weitere Steigerung des Niveaus kann dann noch sein, von den Azubis selbst weitere Anwendungsbeispiele für die neuen Lerninhalte finden zu lassen.

AUFGABEN

1. Finden Sie zu jeder mit einem Pfeil gekennzeichneten Überschrift ein praktisches Anwendungsbeispiel aus Ihrem beruflichen Alltag.
2. Nehmen Sie Stellung zu folgender Aussage:
   „Die Azubi hat im Betrieb so vielseitige Möglichkeiten, ihr bereits einmal Gelerntes anzuwenden, dass ich als Ausbilderin mir nicht noch den Kopf zerbrechen muss über Übungs- und Transferleistungen. Dazu ist meine Arbeitszeit viel zu kostbar und die Azubi hat ja schließlich auch selbst dafür Sorge zu tragen, dass sie lernt und nicht alles wieder vergisst!"

5.2.2 Individuell erreichbare Ziele setzen

Die in den AOs festgelegten Mindestanforderungen für die Ausbildung sind in der Regel danach bemessen, dass sie von Hauptschülern mit durchschnittlichen Leistungen zu bewältigen sind. Die Anpassung der AOs an die Erfordernisse des Arbeitsmarktes hat jedoch auch bewirkt, dass gerade die Anforderungen im Theoriewissen gestiegen sind. Außerdem ist das Niveau der Hauptschulen wohl auch leicht zurückgegangen.
Das Zusammenwirken dieser Gegebenheiten hat zur Folge, dass sich viele Jugendliche schwer tun, die Ausbildungsanforderungen zu erfüllen. Nun liegt es in der Verantwortung der Ausbilder, sich auf diese Gegebenheiten einzustellen und darauf zu reagieren.
Der erstellte betriebliche Ausbildungsplan richtet sich nach durchschnittlichen Azubis und muss bei Bedarf an Anforderungen für schwächere, aber auch für begabtere Jugendliche angepasst werden.
Diese Berücksichtigungen finden Eingang in die individuellen Ausbildungspläne der Azubis (vgl. 2.5.5 „Der individuelle Ausbildungsplan"). Insbesondere müssen hier Abweichungen von der Regelausbildungszeit berücksichtigt werden.

■ Leistungsschwächen berücksichtigen

Damit Jugendliche mit Leistungsschwächen auch die Chance haben, das Ausbildungsziel zu erreichen, müssen einige Sondermaßnahmen ergriffen werden:
- Die Vermittlung der Lerninhalte darf nicht zu schnell erfolgen – Staffelung der Lernziele enger.
- Es muss ausreichend Übungszeit eingeplant werden, damit sich die Grundkenntnisse festigen können, bevor darauf aufgebaut werden kann.
- Die Schritte innerhalb der Lernziele müssen klein gehalten werden.
- Die Ausbilder haben durch verstärkte Rückfragen und Kontrollen sicherzustellen, dass der vermittelte Ausbildungsinhalt auch verstanden wurde.
- Die pädagogischen Grundregeln (vgl. 2.5.3 „Grundregeln für die Erstellung eines Ausbildungsplanes") müssen besonders streng eingehalten werden.
- Es sollten gezielt Erfolgserlebnisse ermöglicht werden. Diese stärken das Selbstvertrauen und spornen zu weiteren Lernanstrengungen an.
- Evtl. müssen zusätzlich ausbildungsbegleitende Hilfen (vgl. 5.6.2 „Örtliche Beratungsstellen") genutzt werden.
- Werden die Lernerfolge erst mit starker zeitlicher Verzögerung erreicht, kann von Seiten der Azubis auch eine Lehrzeitverlängerung beantragt werden. Diesen Antrag müssen der Betrieb und die Berufsschule mit begründen.

■ Auf überdurchschnittliche Leistungen reagieren

Nicht nur auf Leistungsschwächen müssen sich Ausbilder einstellen. Haben sie Jugendliche in der Ausbildung, die die Lernziele wesentlich schneller erfassen und umsetzen, dann muss verhindert werden, dass sie sich langweilen oder unterfordert fühlen. Das würde die Motivation für Lernanstrengungen gänzlich ersticken und hätte evtl. sogar ein Nichterreichen des Ausbildungszieles zur Folge.

Hier sind folgende Maßnahmen zu ergreifen:
- Die Mindestanforderungen der AO können durch zusätzliche Inhalte erweitert werden.
- Es kann mehr Hintergrundwissen vermittelt werden.
- Zusatzqualifikationen können bereits in der Ausbildung mit vermittelt werden.
- Der Aufbau der Lernaufgaben kann anspruchsvoller gestaltet werden (z. B. weniger Führung bei Leittexten, mehr Informationen, die selbst beschafft werden müssen, weniger Zeit für die Bearbeitung der Aufgaben).
- Eine Verkürzung der Ausbildungszeit ist zu erwägen und rechtzeitig zu beantragen.

5.3 Zwischenprüfungen auswerten

5.3.1 Unterschied zwischen Zwischen- und Abschlussprüfung

■ Funktion der Zwischenprüfung

(vgl. 2.1.1 „Prüfungsanforderungen", 2.6.1 „Beurteilungen als Leistungskontrolle und Rückmeldung")

- Soll- Ist Vergleich
- Motivationshilfe
- Ansporn zum Lernen
- Zugangsvoraussetzung zur Abschlussprüfung

■ Funktion der Abschlussprüfung

- Feststellung, ob die erforderlichen Fertigkeiten beherrscht werden
- Feststellung, ob die notwendigen praktischen und theoretischen Kenntnisse vorhanden sind
- Feststellung, ob die Übernahme einer selbstständigen, verantwortungsvollen und qualifizierten Berufstätigkeit zugetraut werden kann
- Voraussetzung für tarifliche Einstufung und Zugang zu Weiterbildungsmöglichkeiten
- Grundlage für die berufliche Entwicklungsmöglichkeit

■ Durchführung der Zwischenprüfung

Am Beispiel der Hauswirtschafterin nach der AO vom 30. Juni 1999:

- Der schriftliche Teil beträgt 90 Minuten und findet regelmäßig am zweiten Montag im März statt.
- Der praktische Teil beinhaltet zwei Aufgaben, die aus den verschiedenen Ausbildungsbereichen kombiniert sind.
- Die praktische Prüfung besteht aus der Arbeitsplanung (45 Min.), der Arbeitsdurchführung (2,5 Std.) und den Prüfungsgesprächen (2 x 10 Min.).

5.3.2 Ergebnisse von Zwischenprüfungen zur gezielten Förderung nutzen

Nach der Zwischenprüfung erhalten die Azubis und der Betrieb die Ergebnisse der abgelegten Prüfung. Aufgrund dieser Ergebnisse können und sollten folgende Punkte kritisch geprüft werden und Fördermaßnahmen ergriffen werden:

■ Analyse der Prüfungsleistung

- **Welche Lücken sind erkennbar?** – Können diese durch gezielte Maßnahmen geschlossen werden?
- **Ausbildungsplan** – Ist der Plan vollständig oder weist er Lücken auf? Sind eventuelle Leistungsschwächen auf Fehlzeiten zurückzuführen?
- **Art der Vermittlung** – Orientierte sich die Art der Vermittlung am Leistungsvermögen und dem Leistungsstand der Azubis oder wurden sie über- oder unterfordert?
- **Kontakt zur Berufsschule** – Spiegeln sich die Leistungen der Prüfungen im Jahresverlauf wider oder war es ein „Ausrutscher"?
- **Spiegelt sich das erbrachte Leistungsniveau im beruflichen Alltag wider?** – Oder können die Azubis nur mit Prüfungssituationen nicht umgehen? Müssen Stressfaktoren und Prüfungsangst bewältigt werden?

■ Konkrete Fördermaßnahmen

- Überarbeitung des individuellen Ausbildungsplanes
- Gespräch mit Azubis führen und gemeinsam weiteres Vorgehen festlegen.
- Evtl. ausbildungsbegleitende Maßnahmen (vgl. 5.6.2 „Örtliche Beratungsstellen") in Anspruch nehmen.
- Feststellen der konkreten Mängel und Plan zur gezielten Behebung dieser Lücken aufstellen und abarbeiten.
- Bei guten Leistungen evtl. Lehrzeitverkürzung anvisieren – Ist eine sehr gute Leistung erbracht worden und besteht die Chance auf Lehrzeitverkürzung? Muss der individuelle Ausbildungsplan an die veränderte Zeit angepasst werden?

AUFGABE

Erstellen Sie eine Liste mit Argumenten für/gegen eine Zwischenprüfung. Diskutieren Sie diese im Kollegenkreis.

5.4 Auf Lernschwierigkeiten und Verhaltensauffälligkeiten reagieren

(vgl. 1.5.2 „Entwicklungsphasen von Jugendlichen")

Beim Umgang mit Menschen treten immer wieder Schwierigkeiten auf. Schwierigkeiten im Umgang mit Jugendlichen sind oft auch in der speziellen Entwicklungsphase der Jugendlichen begründet.
Starken Schwankungen unterliegt auch das persönliche Empfinden über das Ausmaß eines bestimmten Verhaltens.
Selbst die Verhaltenspsychologie tut sich hier schwer, allgemein gültige Aussagen über Verhaltensauffälligkeiten und Erziehungsschwierigkeiten zu machen. Diese sind nur bei extremen Verhaltensweisen möglich.

Im Folgenden soll verdeutlicht werden, wie Verhaltensweisen von Auszubildenden mit den an sie gestellten Erwartungen korrespondieren. Dabei sind die Grenzen zwischen den einzelnen Bereichen fließend.

Die Erwartungen an die Auszubildenden sind darauf gerichtet,

- dass sie die im Ausbildungsbetrieb gängigen Verhaltensweisen zeigen;

- dass sie das Rollenspiel der Gesellschaft annehmen;
- dass sie Wertvorstellungen für sich gelten lassen;
- dass sie bereit sind, Qualifikationsmöglichkeiten zu nutzen

Als Reaktionen auf die an sie gestellten Erwartungen zeigen Auszubildende folgende Verhaltensmuster:
- überwiegende Übernahme der von ihnen erwarteten Verhaltensweisen = Normalverhalten
- Abweichungen von den Erwartungen. Lage wird je nach Anspruchsniveau und Wertmaßstäben der Erzieher als kritisch beurteilt oder toleriert = kritisches Verhalten
- massive Differenz zwischen erwartetem und gezeigtem Verhalten. Beurteilung des Verhaltens als auffällig; Empfindung der erzieherischen Situation als kompliziert = auffälliges Verhalten
- einem angemessenen Verhältnis von Auszubildenden und Fachkräften
- der Existenz von Ausbildungsordnungen

5.4.1 Soziale Defizite ausgleichen

Jugendliche zeigen immer häufiger ein stark auffälliges Sozialverhalten, das bereits den Lehrern der allgemein bildenden Schulen Probleme bereitet. Bei einigen ändert sich dieses Verhalten schlagartig mit dem eintritt ins Berufsleben, andere zeigen auch hier weiterhin unerwünschtes Verhalten.
Die Berufsausbildung hat nach § 14 Abs. 1.5 BBiG das Ziel Jugendliche charakterlich zu fördern. So ist es Aufgabe der Ausbilder sich diesen Problemen zu stellen und zu versuchen, sie im Sinne der Azubis und des Betriebes zu lösen.
Die schnelle Lösung des Ausbildungsverhältnisses ist sicherlich der einfachste Weg, er widerspricht aber
- dem Erziehungsauftrag,
- der sozialen Verantwortung und
- der gesellschaftlichen Verantwortung

eines ausbildenden Betriebes und der Ausbilder!

Sich auf Ausbildung einzulassen, heißt immer auch sich der gesellschaftlichen und sozialen Verantwortung zu stellen und diese mit allen zu Verfügung stehenden Möglichkeiten und durch persönlichen Einsatz zu tragen!

Gründe und Ziele der Jugendlichen für auffälliges soziales Verhalten

Die Gründe für sozial auffälliges Verhalten sind vielschichtig und nicht immer eindeutig zu klären. Ähnliches Verhalten kann sehr unterschiedlich begründet sein oder anders herum gleiche Beweggründe können sehr unterschiedliches Verhalten hervorrufen. Sicher ist, dass die Jugendlichen ihr Verhalten immer zielgerichtet einsetzen.

Hier einige Gründe für auffälliges Verhalten
- Versagensängste, Angst vor Bloßstellung
- Streben nach Aufmerksamkeit
- Vertuschen von Unsicherheiten und Angst
- Unfähigkeit im Umgang mit Konflikten
- Selbstschutz vor vermeintlichen Gefahren
- Demonstration von Macht und Stärke
- unrealistische Wahrnehmung und Wunschvorstellungen
- Flucht in eine Traumwelt
- Streben nach Selbstständigkeit, Anerkennung und Entscheidungsfreiheit
- Schwierigkeiten und Unkenntnis darüber, wie Konflikte friedlich beigelegt werden können
- übersteigertes Geltungsbedürfnis (Egoismus, Egozentrik)
- erlebte Ausgrenzung und Benachteiligung
- Mangel an Vertrauen
- erlebte Enttäuschungen und innere Bitterkeit, Verzagtheit
- Unfähigkeit, die eigenen Gefühle zu beherrschen

Mögliche gezeigte Verhaltensweisen

Die oben aufgeführten Gründe zeigen, wie vielschichtig diese Problematik ist.

Hier einige Beispiele für gezeigte Verhaltensweisen:
Aggressionen
Negative Einstellungen und Anfeindungen von Dritten, oft begleitet von tätlichen Angriffen.

Opposition / Widerstand
Gezieltes Gegenhalten und Widerstand gegen bestimmte Verhaltensanforderungen oder Anordnungen der Ausbilder oder des Betriebes.

Trotz
Wie bei kleinen Kindern, aktives Widersetzen gegen Forderungen der Ausbilder.

Clownerie
Aufmerksamkeit heischendes Schneiden von Grimassen, lautstarkes Witzereißen, Dazwischenplappern und Albernheit.

Gehemmtheit
Geringer Kontakt zur Außenwelt, wenig Zutrauen, keine oder nur sehr wenige Äußerungen – wirkt teilnahmslos oder schüchtern.

Falschheit und Lügen
Durch Äußerungen von Unwahrheiten werden andere Azubis oder Kollegen gezielt in Schwierigkeiten gebracht. Auch durch Erzählen von Phantasiegeschichten kann versucht werden, Aufmerksamkeit zu erreichen.

5.4.2 Defizite in der Schule und bei der Arbeit

Neben den sozialen Verhaltensauffälligkeiten bereiten Ausbildern auch einige Auffälligkeiten im Lern- und Arbeitsverhalten Probleme. Die Gründe für derartiges Fehlverhalten sind mit denen des sozialen Fehlverhaltens vergleichbar.

Hier einige Beispiele solcher Auffälligkeiten:
Lethargie, Antriebslosigkeit
Geringes Arbeitstempo und mangelnde Anstrengungsbereitschaft, aber oft auch fehlendes Interesse.

Unkonzentriertheit, Unruhe
Leichte Ablenkbarkeit und damit stark fehlerhaftes Arbeiten, das oft begleitet wird von Hast und Eile. Ist die Unruhe durch Unsicherheit bedingt, werden stark gereizte Reaktionen gezeigt.

Ungeschicklichkeit, „Schlaksigkeit"
Motorische Schwierigkeiten insbesondere im Bereich der Feinmotorik, aber auch leichtes Stolpern über die eigenen Füße, Umwerfen von Dingen, die auf Tischen stehen, und schlechte Koordinationen des Bewegungsablaufes kommen bei Jugendlichen häufiger vor – eine Reaktion des Körpers auf oftmals kräftige Wachstumsschübe, sodass sich die motorischen Leistungen erst wieder an die veränderten Körperverhältnisse anpassen müssen.

Schwänzen
Insbesondere Fernbleiben von der Berufsschule, aber manchmal auch von der Arbeit. Wenig Interesse und Einsatzbereitschaft, meist mit sehr schwachen Leistungen verbunden.

Strebertum
Überzogenes Leistungsbestreben, meist mit überdeutlicher Darstellung der erbrachten Leistungen und oft auch verbunden mit der Darstellung von schwächeren Leistungen anderer.

5.4.3 Möglichkeiten von Ausbilderreaktionen auf Fehlverhalten

Wie in den Kapiteln 5.4.1. und 5.4.2. deutlich wird, gibt es vielschichtige Ursachen für Verhaltensauffälligkeiten. Auch wenn das Verhalten der Jugendlichen sehr zielgerichtet ist, so ist ihnen oft nicht bewusst, warum sie sich so verhalten. Für Ausbilder ist es aus diesem Grund besonders schwierig, die Ursachen zu ergründen. Es gibt keine allgemein gültigen Verhaltensregeln, aber es gibt einige Verhaltensweisen, die es lohnen, ausprobiert zu werden.

■ Beurteilungsgespräch führen

Wie in Kapitel 4.7.1 „Ziele des Beurteilungsgesprächs" ausgeführt, kann ein Gespräch dazu dienen, Verhaltensweisen anzusprechen. Dazu wird das beobachtete und das erwünschte Verhalten dargestellt und die Azubis werden auf mögliche Konsequenzen bei anderem Verhalten aufmerksam gemacht. Ziel dieses Gesprächs ist es, eine Einsicht auf Seiten der Azubis zu erreichen, dass dieses Verhalten schlecht ist, und die Bereitschaft zu wecken, dieses Verhalten zu ändern.

■ Unerwartete Reaktionen zeigen

Wie bereits angesprochen, ist das Verhalten der Jugendlichen immer zielgerichtet. Auch wenn ihnen die Gründe nicht bewusst sind, wollen sie mit ihrem Verhalten bestimmte Reaktionen hervorrufen (Bsp.: Aufmerksamkeit der anderen Azubis und der Ausbilder, Störung des Unterrichts, Ablenkung von eigenem Unwissen, Ausbilder aus dem Konzept bringen usw.).
Erreichen sie das erwünschte Verhalten/die Reaktion, dann werden sie diese Verhaltensauffälligkeit weiter verstärken (vgl. 5.1.1 „Lernarten" – Konditioniertes Lernen).

Unterbrechen Ausbilder durch ihr Verhalten diesen Kreislauf, bedeutet das Nichterreichen des Zieles eine Abschwächung der Verhaltensauffälligkeit.

■ Aufbau einer Vertrauensbasis

Grundsätzlich hilft Vertrauen, eine positive Zusammenarbeit zu ermöglichen. Ist das in die Azubis gesetzte Vertrauen auch enttäuscht worden, so lohnt es sich trotzdem, es erneut zu versuchen. Das überrascht die Azubis und kann sie zu Verhaltensänderungen bewegen. Ganz wichtig für den Aufbau von Vertrauen gegenüber den Ausbildern ist ein einschätzbares Verhalten. Nur wenn sich die Azubis sicher sein können, dass sie die Konsequenzen für ihr Verhalten richtig einschätzen, sind sie bereit, Vertrauen aufzubauen.

■ Vorbildfunktion der Ausbilder

Ausbilder, die durch ihre positive Grundeinstellung und ihren verbindlichen und freundlichen Umgang mit Kollegen und Mitarbeitern auffallen, erzielen hierdurch oft eine Vorbildrolle, der die Jugendlichen nacheifern. Schaffen es Ausbilder, trotz negativem Verhalten der Jugendlichen, ihnen gegenüber ehrlich freundlich (vorgetäuschte Freundlichkeit spüren die Jugendlichen sofort!) aufzutreten, sie nicht zu schneiden oder zu meiden, so erhalten sie hierfür oft Anerkennung und Achtung.

■ Konfrontation mit dem eigenen negativen Verhalten

Gezielte Rollenspiele, die den Jugendlichen ihr eigenes Verhalten und evtl. auch die Situation der Ausbilder vor Augen führen, können ungeahnte Einsichten in den Jugendlichen bewirken und ihr Verhalten ändern.

■ Äußerung positiver Erwartungen

„Alles, von dem sich der Mensch eine Vorstellung machen kann, ist machbar." *Wernher von Braun*

Nur wer positive Erwartungen anderen gegenüber hat, wird auch positive Ergebnisse erzielen. Oft haben Jugendliche die Erfahrung gemacht, dass gerade die

Erwachsenen von ihnen nicht viel oder nur Negatives erwarten. Werden ihnen gegenüber positive Erwartungen geäußert, sind sie zum einen überrascht und zum anderen spornt es sie zu mehr Leistungsanstrengungen an. Auch schlechte Leistungen können auf zweierlei Arten kommentiert werden:

- „Das war ja zu erwarten!" oder
- „Es ist schon besser als das letzte Mal, das nächste Mal wird es noch besser werden!"

Wichtig ist, dass solche Äußerungen nie in einem ironischen Ton ausgesprochen werden, sondern die Azubis daraus Ehrlichkeit erkennen können.

■ Übertragung von Verantwortung

Azubis, die trotz ihres negativen Verhaltens mit Verantwortung betraut werden, wandeln oft ihr Verhalten, vor allem wenn ihre Beweggründe Anerkennung, Beachtung/Aufmerksamkeit oder Gleichwertigkeit mit den Erwachsenen waren. Hier haben Ausbilder die Möglichkeit, durch Äußerung einer positiven Erwartungshaltung verstärkend einzuwirken.

■ Offene Äußerung der Erwartungen

Die Werte und Verhaltensweisen der Jugendlichen entsprechen nicht immer den im Betrieb erwarteten. Nur wenn Azubis das von ihnen erwartete Verhalten und die Konsequenzen bei Nichteinhaltung kennen, können sie ihr Verhalten entsprechend anpassen.

■ Präsenz der Ausbilder auch in Pausenzeiten

Es ist sinnvoll, wenn Ausbilder auch in Pausenzeiten für die Azubis erreichbar sind. Hier ergeben sich oft Gespräche, die nicht den Betriebsalltag betreffen, in denen sich ernsthafte Diskussionen über Werte, Einstellungen und Erwartungen entwickeln. Es ist oft erstaunlich, welche Meinungen und Überzeugungen hier vertreten werden und es sind nicht immer nur die Jugendlichen, die vieles aus diesen Gesprächen lernen.
Es ist natürlich nicht immer angebracht, die Pausen mit den Jugendlichen zu verbringen, denn diese wollen auch ungestört Themen besprechen, die nicht für die Ohren der Ausbilder geeignet sind, aber von Zeit zu Zeit ist es durchaus sehr wirkungsvoll.
Auch wenn sich keine tiefschürfenden Diskussionen ergeben, können Ausbilder viel über ihre Azubis erfahren und dadurch Hintergründe für ihr Verhalten erkennen.

■ Auch kleine Schritte beachten und anerkennen

Zeigen Azubis infolge von Gesprächen und Beurteilungen bereits ein verändertes, wenn auch noch nicht ganz das erwartete Verhalten, dann sollte dies von den Ausbildern beachtet werden und den Azubis gegenüber auch geäußert werden.
Jede Verhaltensänderung erfordert eine große Kraftanstrengung und wenn diese „belohnt" wird, spornt dies zu weiteren Anstrengungen in die gleiche Richtung an. Wird diese Anstrengung dagegen übersehen oder als nicht ausreichend abgewertet, kann dies zur Aufgabe der Anstrengungen führen, da sich die Azubis überfordert fühlen, die Erwartungen zu erfüllen.

■ Einsatz von erarbeitenden Ausbildungsmethoden und Gruppenarbeit

Die positiven Auswirkungen von erarbeitenden Ausbildungsmethoden sind bereits ausführlich behandelt worden. Hier soll nur noch einmal kurz auf die stärkende Wirkung auf das Selbstvertrauen hingewiesen werden, die eine Stabilisierung und Veränderung im Verhalten hervorrufen kann.
Die Gruppenarbeit hat oft überraschende Effekte, denn die Gruppe regelt so manches ganz automatisch, was für Ausbilder fast unmöglich wäre (vgl. 6.5 „Lernen in Gruppen").

■ Beheben bzw. Unterstützen beim Beseitigen von Lernlücken

Nicht selten liegen die Ursachen für auffälliges Verhalten in den Lernschwierigkeiten oder bereits entstandenen Defiziten der Azubis. Hier können Ausbilder durch aktive Unterstützung und Anpassung des individuellen Ausbildungsplanes große Erfolge erzielen. Spüren die Jugendlichen das Verständnis und die Hilfsbereitschaft und die ersten Erfolge der Lernarbeit, dann ändert sich ihr Verhalten meist sehr schnell.

AUFGABEN

Situation: Ihre Azubi Manuela, die anfangs recht gut mitarbeitete und an der Ausbildung interessiert war, zeigt immer öfter ein unangenehmes und störendes Verhalten während der Ausbildungszeit.
Sie widersetzt sich Ihren Anordnungen oft bewusst, mault Ihnen nach, wenn Sie bereits gehen, aber so laut, dass Sie es auch sicher hören können, und reagiert auch bei Erklärungen sehr bockig. Sie stellt ein bewusstes Desinteresse zur Schau.

1. Was könnte dieses auffällige Verhalten verursachen? Begründen Sie Ihre Aussage!
2. Überlegen Sie sich verschiedene Reaktionen, die Sie beim nächsten Auftreten solchen Fehlverhaltens zeigen wollen.
3. Welche Reaktionen kann dieses Verhalten bei anderen Azubis hervorrufen?
4. Erstellen Sie einen Plan, wie sie langfristig mit dieser Azubi umgehen wollen. Welche Schritte leiten Sie ein?

5.5 Kulturelle Unterschiede berücksichtigen

Da die Zahl der ausländischen Jugendlichen mit einem qualifizierten Schulabschluss in den letzten Jahren erheblich gestiegen ist, ist auch die Zahl der ausländischen Bewerber um eine Ausbildungsstelle stark angestiegen. Dennoch gibt es noch vielerorts Vorurteile und Barrieren gegen die Ausbildung von Jugendlichen ausländischer Herkunft.

So hat der Hauptausschuss des Bundesinstituts für Berufsbildung (BIBB) 1997 eine Empfehlung zum Thema „Förderung der Berufsausbildung von Jugendlichen ausländischer Herkunft" verabschiedet. Sie besagt, dass sowohl im Interesse der Chancenverbesserung Jugendlicher ausländischer Herkunft als auch vor dem Hintergrund der Internationalisierung der Märkte diese Situation verbessert werden sollte. Als Ziel definiert der Ausschuss die Verbesserung der beruflichen und sozialen Integration durch die Förderung der beruflichen Bildung.

Die Grafik zeigt die Entwicklung der Azubis ausländischer Herkunft der letzten Jahre. Der Rückgang seit 1993 war durch die Engpässe auf dem Lehrstellenmarkt bedingt, wobei sich der Rückgang der deutschen Azubis erst seit 2001 bemerkbar gemacht hat. Im Vergleich fiel hier der Rückgang aber im Schnitt 4–5 % geringer aus.

5.5.1 Azubis mit anderem kulturellen Hintergrund integrieren

■ Ziele einer Integration

- Die Probleme, die mit ausländischen Mitbürgern in Deutschland bestehen, beruhen z.T. auf der schlechten **Integration** dieser Menschen, aber z.T. auch auf ihren geringen beruflichen Entwicklungschancen. Hier soll durch eine Sensibilisierung der Verantwortlichen, aber auch durch gezielte Beratung der ausländischen Mitbürger und ihrer Familien eine Änderung herbeigeführt werden.

Auszubildende mit ausländischer Staatszugehörigkeit 1980–2003
Alte Bundesländer (einschl. Berlin)

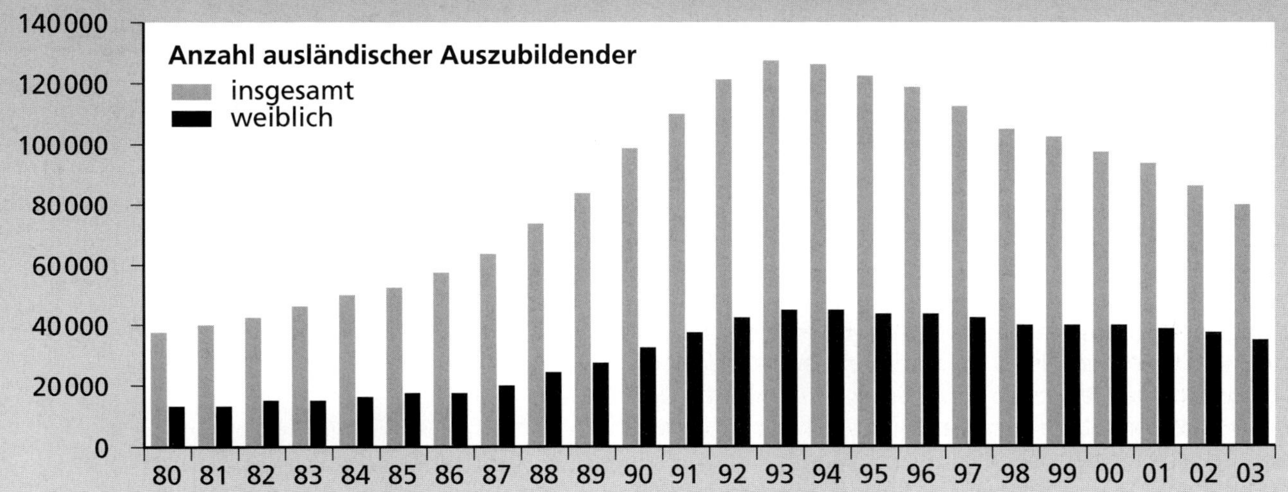

Ausbildungsberufe mit der höchsten Anzahl von ausländischen Auszubildenden 2003

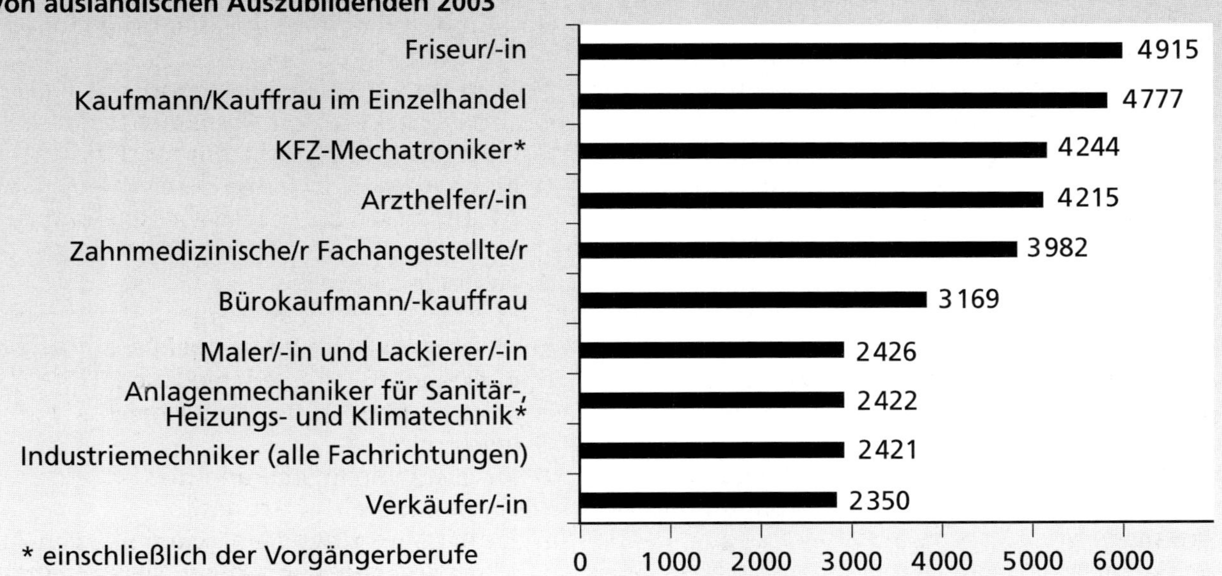

* einschließlich der Vorgängerberufe

- Die **Sprachkenntnisse,** aber **auch die Kenntnisse der landesüblichen Gegebenheiten** können gezielt **zum Vorteil der Betriebe genutzt** werden.
- Informationen und Kenntnisse über die fremde Kultur sind als Bereicherung anzusehen.
- **Diskriminierungen** sollen durch Verständnis und Akzeptanz für die andere Kultur **verringert** werden. Das Verständnis und die Akzeptanz sollen durch mehr Gemeinsamkeiten und Kontaktmöglichkeiten eben auch im beruflichen Alltag verbessert werden.

Möglichkeiten, die Integration zu fördern

- Eine Beratung und Einbeziehung der Familien in die Berufswahl der Kinder soll bewirken, dass diese die Chancen, die eine solche bietet, erkennen und dann auch die Kinder in ihrer Ausbildung unterstützen. Gerade bei Mädchen ist eine solche Unterstützung oft sehr mangelhaft und die Belastung von Ausbildung plus Mithilfe Zuhause für viele nicht leistbar.
- Eine Förderung der Sprache ist sowohl für die Muttersprache als auch für die deutsche Sprache oft notwendig, da oftmals keine der beiden Sprachen mehr korrekt gesprochen werden kann und die Beherrschung der Muttersprache die Voraussetzung für abstraktes Denken bildet.
- Weitere Unterstützungen in allgemein bildenden Bereichen sowie fachliche Nachhilfe können die ausländischen Azubis ebenso wie deutsche Azubis über die ausbildungsbegleitenden Hilfen erhalten (vgl. 5.6.2 „Örtliche Beratungsstellen").

AUFGABEN

Situation: Salim ist eine türkische Azubi im ersten Ausbildungsjahr. Sie bemerken seit einiger Zeit, dass Salim nervös und unkonzentriert ist. Auf ihre Fragen reagiert sie ausweichend. Sie führen ein Gespräch mit ihrem Bruder, der auch im Betrieb arbeitet. Hier erfahren Sie, dass Salims Eltern der Ausbildung nur mit Widerwillen zugestimmt haben und dass Salim derzeit auf ihre künftigen Pflichten als Ehefrau vorbereitet wird, indem sie täglich mehrere Stunden zur Betreuung der fünf jüngeren Geschwister herangezogen wird.
Des Weiteren haben sich Probleme mit ihrer Ausbildung in der Küche ergeben, sie weigert sich **seit kurzem,** bestimmte Gerichte zu probieren oder zuzubereiten. Ihr Bruder äußert dazu, dass Salims künftiger Mann sie zu diesem Verhalten gedrängt hat. Salims Bruder selbst isst alles.

1. Ist in Ihren Augen eine Lösung des Problems möglich? Begründen Sie Ihre Aussage.
2. Wie sehen aus Ihrer Sicht die Voraussetzungen für eine Lösung aus? Begründen Sie Ihre Aussagen gründlich auch unter Nennung rechtlicher Quellen.
3. Wie verhalten Sie sich, welche konkreten Maßnahmen wollen Sie ergreifen?
4. Wie beeinflusst Ihre eigene Einstellung zur Kultur und der Religion von Salim Ihr Verhalten und Ihre Wertung?
5. Wo finden Sie Hilfe und Beratung, um keine falschen Handlungen zu begehen?

5.6 Mit externen Stellen kooperieren

Gemeint ist hier die Kooperation mit Stellen, die bei besonderen Lernschwierigkeiten, Verhaltensauffälligkeiten und Suchtproblemen helfen können. Die Zusammenarbeit mit für jede Ausbildung notwendigen Institutionen wie Berufsschule und zuständiger Stelle wurde bereits im Kapitel 1.4.2 „Mit den Beteiligten der Ausbildung kooperieren" bearbeitet.

5.6.1 Grenzen der eigenen Kompetenz erkennen

Sofern es sich um Lernschwierigkeiten oder Verhaltensauffälligkeiten normalen Ausmaßes oder aufgrund der Entwicklung der Jugendlichen handelt, haben Ausbilder gute Chancen und Möglichkeiten, die Probleme selbst in den Griff zu bekommen (vgl. 5.4.3).

Es gibt Bereiche, da stoßen Ausbilder an ihre Grenzen. Diese dann zu erkennen, sich selbst einzugestehen und wissen, wo kompetente Hilfe für den entsprechenden Bereich erhältlich ist, ist Aufgabe der Ausbilder.

Hierzu zählen aus dem Bereich der Lernschwierigkeiten und Verhaltensauffälligkeiten:
- Sprachschwierigkeiten
- unzureichende Fertigkeiten im Schreiben, Lesen und Rechnen
- massive soziale Integrationsschwierigkeiten
- extreme Verhaltensauffälligkeiten
- gestörtes Sozialverhalten
- stark gestörtes Selbstbild
- umfassende Lücken im fachtheoretischen und fachpraktischen Bereich
- starke motorische Störungen
- psychische Belastungen wie Depressionen, massive Versagensängste usw.

5.6.2 Örtliche Beratungsstellen

Für diese Bereiche gibt es, von verschiedenen Trägern angeboten, **ausbildungsbegleitende Hilfen (abH),** die vom Arbeitsamt gefördert, d. h. bezahlt werden.

Ein Anrecht auf Förderung haben:
- sozial benachteiligte Azubis
- lernbeeinträchtigte Azubis
- junge Aussiedler/-innen
- Azubis, deren betriebliche Ausbildung zu scheitern droht
- ausländische Azubis

Ansprechpartner für Informationen zu den benötigten Trägern sind:
- Arbeitsämter
- Berufsschulen
- die zuständigen Stellen

In der Regel werden die Termine mit den Azubis und den Betrieben abgesprochen. Die Teilnahme ist freiwillig und findet **außerhalb der Ausbildungszeit** statt.

Für die Azubis und die Ausbildungsbetriebe sind die „abH" derzeit kostenlos.

5.6.3 Missbrauch von Suchtmitteln

Wenn z. B. einer Ausbilderin im Verlauf der Ausbildung plötzliche Leistungseinbrüche einer Azubi auffallen, so sollte sie alarmiert sein.

Anzeichen können sein:
- große Stimmungsschwankungen
- Anzeichen von Verwahrlosung
- auffällig erweiterte Pupillen
- auffällige Konzentrationsschwierigkeiten
- Häufung kleinerer Unfälle
- Verringerung des Arbeitstempos
- depressive Haltungen, ungewohnte Aggressivität
- Geruch nach Alkohol
- häufigeres kurzzeitiges Verschwinden

Ausbilder ergründen derartige Beobachtungen in der Regel in einem Beurteilungsgespräch. Hier ist besondere Sensibilität und Feinfühligkeit notwendig. Ziel des Gespräches ist es, eventuelle Suchtgefährdungen oder erste negative Suchtfolgen zu erspüren.

■ Handlungsstrategien der Ausbilderin bei Verdacht von Suchtgefährdung

Bei einem begründeten Verdacht und Anzeichen von Suchtgefährdung ist es wichtig, mit der Azubi in ein vertrauensvolles Gespräch zu kommen, in dem diese sich zu ihren Problemen bekennt.
Die Taktiken der Ausbilder können sehr unterschiedlich sein und müssen dabei unbedingt auf den Typ der Azubi abgestimmt sein.

Mögliche Taktiken:
- Die Azubi mit dem Verdacht direkt konfrontieren.
- Verständnis für Probleme zeigen und Hilfsangebote machen.
- Durch weitere Beobachtungen die Entwicklung genauer beurteilen können.

Manche Azubis sind sich zwar gewisser Probleme, nicht aber des vollen Ausmaßes ihrer Probleme bewusst.
Werden von der Azubi Probleme eingeräumt, muss professionelle Hilfe hinzugezogen werden.
In einigen Betrieben bestehen Maßnahmenkataloge für das Verhalten gegenüber suchterkrankten Personen. Wichtig ist auf alle Fälle, jeden weiteren Schritt sorgfältig zu dokumentieren und ab sofort keine „4-Augen-Gespräche" mehr zu führen. Für eine rechtliche Absicherung des Betriebes muss ein Zeuge bei den Gesprächen, die dann auch zur Vereinbarung von weiteren Aktivitäten der erkrankten Person dienen, anwesend sein.

Mögliche Hilfen durch die Ausbilderin:
1. Informationen über vorhandene Beratungsstellen weitergeben
2. Vereinbarung eines festen Zeitplanes für Aktivitäten der Azubi mit Information über die Konsequenzen bei Nichteinhaltung
3. Absolute Konsequenz und strikte Einhaltung der Verabredungen
4. Zusicherung betrieblicher Unterstützung bei Einhaltung der Vereinbarungen
5. Hilfe zur Selbsthilfe ist im Suchtfall ein wichtiges Gebot. Die Erkrankten müssen sich ihren Problemen selbst stellen, nur so ist es möglich, dass ihnen geholfen werden kann.

AUFGABEN

1. a) Finden Sie Beratungsstellen für Suchtprobleme in Ihrer Umgebung heraus.
   b) Erstellen Sie eine Liste mit Ansprechpartnern und Telefonnummern, die Sie im Notfall verwenden können.
   c) Besorgen Sie sich Informationsmaterial über die genauen Erkennungsmerkmale, Symptome und typischen Schädigungen der verschiedenen Suchtprobleme.

2. Rollenspiel!
   Konfliktlösungsversuch durch ein Beurteilungsgespräch
   <u>Vorbereitung:</u>
   a) Erstellen Sie eine Liste von Daten mit auffälligen Handlungen.
   b) Vorbereitung des Gesprächs, Fragenkatalog erstellen, Wunschziele formulieren. Ankündigung des Gesprächs.
   c) <u>Durchführung des Gesprächs</u> mit gemeinsamer Erarbeitung von Zielen. Klare Festlegung der künftigen Verhaltensweisen – klare Formulierung des Zielverhaltens (vgl. 4.7.2 „Regeln für Beurteilungsgespräche").

3. <u>Situation:</u> Sie haben zwei Azubis des zweiten Ausbildungsjahres derzeit in der Küche eingesetzt. Der Ausbildungsstand ist sehr unterschiedlich.
   a) Wie reagieren Sie darauf bei der Aufgabenverteilung?
   b) Begründen Sie Ihre Entscheidung.

Handlungsfeld 6
In der Gruppe ausbilden

6.1 Kurzvortrag

Als alleinige Ausbildungsmethode ist der Kurzvortrag für die handlungsorientierte Ausbildung nicht geeignet.

Im Rahmen der Ausbildung wird er dennoch eingesetzt, um
- in ein neues, komplexes Thema einzusteigen;
- ein Thema ausbildungsgerecht zu gliedern;
- eine Orientierungshilfe zu geben (Überblick gewinnen, Hintergründe verstehen);
- fachliche Zusammenhänge in sprachlicher Form in wenigen Minuten darzustellen;
- Grundsätze zu vermitteln;
- Azubis zu motivieren;
- Einstellungen der Azubis zu beeinflussen;
- schnell Kenntnisse und Einsichten zu vermitteln.

6.1.1 Vor-/Nachteile

Vorteile	Nachteile
• lebendige Vortragsweise • Zusatzmedien einsetzbar • viele Infos in kurzer Zeit	• Zuhörer passiv • eingeschränkte Behaltensquote • gute Vorbereitung nötig

6.1.2 Vorbereitung

Jeder Vortrag bedarf einer gründlichen Vorbereitung. Selbst Personen, die fachlich sehr versiert sind, sollten sich ein Konzept für einen Vortrag erstellen. Erst durch die **Gliederung,** die **Auswahl der** zu vermittelnden **Informationen** und den **richtigen Aufbau** wird aus einer informativen Stoffsammlung ein Vortrag.

Außerdem muss sich der Vortragende über die Zielgruppe Gedanken machen, denn danach richten sich seine Wortwahl (Fachbegriffe oder Umgangssprache), die Art der Beispiele und der Aufbau seines Vortrages. Die Zuhörer müssen gedanklich folgen können und geschickt zum Zuhören animiert werden. Dies zeigt dann die „methodische Kunst" des Vortragenden.

■ Stoffsammlung

- Brainstorming (z. B. beim Kaffee oder in der Straßenbahn)
- Mind-Mapping
- Schlagworte zur Ideensammlung: z. B. Quantität, Vielfältigkeit, Neuartigkeit!
- Ideen und Materialien sammeln: z. B. Magazinbeiträge, Internetauszüge, Begriffserklärungen aus dem Lexikon, Kopien aus Büchern, Diagramme usw.

Zu einer Stoffsammlung gehören **alle** Ideen, die zu diesem Thema passend erscheinen, denn aussortiert ist schnell, aber Lücken füllen ist schwierig.

■ Material bewerten – Auswahl treffen – Reduzieren

Ist genügend Material gesammelt, wird gesichtet, bewertet, zugeordnet und aussortiert. D. h., dass nun erst die nicht passenden Mosaikteile aussortiert werden und doppelte, sich wiederholende Bestandteile reduziert werden. So bleibt eine überschaubare Menge an Material zurück.

■ Sortieren des Materials

Das so gesichtete und reduzierte Material wird nun sortiert zugeordnet und gewichtet.

■ Gliedern des Materials

Damit ein Zuhörer einem Vortrag auch gedanklich folgen kann, muss er einen „roten Faden" finden, an dem er sich entlangführen lassen kann. Informationen, die aus dem Zusammenhang gerissen sind, können so gut wie gar nicht vom Gehirn verarbeitet und gespeichert werden.

Folgende logisch aufgebaute Gliederungen sind möglich:
- zeitlich (chronologisch)
- dem Prozessablauf folgend (prozessual)
- problemlösend
- eine Regel/Rechtsvorschrift auslegend und unterbauend (deduktiv)
- Darstellung verschiedener Handlungen und Entscheidungen und Abwägen der Folgen

■ Vortrag gliedern

Die formale Gliederung eines Vortrages sieht wie folgt aus:

Einleitung:
- Ziele, Absichten (wissen, worum es geht)
- Zuordnung zu bisherigen Erfahrungen und Kenntnissen (Einordnung, Orientierung, Betroffenheit)
- Interesse wecken durch besondere Erfahrungen (folgenreiche Vorfälle, erlebnisreicher Ereignisbericht, Anekdoten)

Hauptteil:
- innere gedankliche Führung – roter Faden
- liefert die eigentlichen Infos und Hintergründe
- klare Sachlogik im Aufbau

Schlussteil:
- kurze Zusammenfassung der wichtigsten Informationen = Verankerung im Gehirn
- wesentliche Botschaft ins Gedächtnis holen

Aussprache:
- kurz, offen, ehrlich
- Fragen beantworten
- zeigt, ob Inhalte verstanden wurden

„Der Anfang prägt, das Ende haftet."

Medienunterstützung für den Vortrag

Um die Behaltensquote beim Vortrag zu steigern, ist es sinnvoll, maßvoll Medien mit einzusetzen, über die den Zuhörern die **Grobgliederung vor Augen geführt** wird.

Hierzu eignen sich:
- Informationsblätter/Kopien
- Tafel, Flip-Chart (nur bedingt, da das Anschreiben den Sprachfluss unterbricht)
- Tageslichtprojektor (mit vorbereiteten Folien)
- Pinnwand (gut, da durch Anheften neuer Bestandteile die Aufmerksamkeit der Zuhörer steigt)
- Computer mit Beamer

6.1.3 Durchführung des Vortrages

Beziehung zu den Zuhörern schaffen durch:
- engagierte Sprache
- zurückhaltenden, **freundlichen** Humor, Anekdoten
- freundliche, persönliche Hinwendung zu den Zuhörern
- rhetorische Fragen – selbst beantwortend – Zuhörer wird in die Gedanken mit einbezogen
- gezielte Modulation, deutliche Sprache, normales Sprechtempo
- besondere Betonung wichtiger Aussagen
- kleine Pausen
- verständliche Sprache/Ausdrücke

6.1.4 Worauf ein Redner achtet

Da nicht nur beim Vortrag, sondern auch bei jeder Präsentation und jedem Auftreten vor einer Gruppe weitere Faktoren die Wirkung des Gesagten, die Behaltensquote und den Lernerfolg beeinflussen, soll hier ausführlicher auf diese Einflussfaktoren eingegangen werden.

Stimme und Sprache wirkungsvoll einsetzen

1. Satzbau
- kurz, knapp und präzise
- jeder Gedanke ein neuer Satz
- bildhaft darstellen
- „Sie"-Ansprache
  (nicht „ich", „man", sondern „stellen Sie sich vor")

2. Wortschatz
- Zielgruppe beachten
- Fremdwörter möglichst vermeiden
- keine Füllwörter
  („Äh", „Nicht wahr", „Sehen Sie")
- situationsgerecht ausdrücken
- Modewörter vermeiden

3. Sprechstil / Sprechweise
- persönliche Ausdrucksweise zeigen
- natürlich bleiben
- Dialekt nur, wenn angebracht und die Zielgruppe stimmt
- Endsilben nicht „verschlucken"
- Stil eines anderen nicht nachahmen
  (eigenes „Markenzeichen" finden)

4. Lautstärke / Modulation / Betonung
- Lautstärke auf den Raum und die Situation abstimmen
- zu lautes/leises Sprechen strengt den Hörer an
- Modulation belebt die Reden
  (Haben Sie Mut zur eigenen Stimme!)

Tondehnung → das betreffende Wort wird gewichtiger

Tonerhöhung / Tonverstärkung → wirkt eindringlicher

5. Sprechtempo
Tempovariationen bringen Lebendigkeit
- Verzögerung: → Spannung erzeugen
- Beschleunigung: → mitreißend

Nicht zu schnell reden
- Zuhörer kann nicht folgen
- Redner verhaspelt sich, ist schlecht zu verstehen und erzeugt Hektik

Nicht zu langsam reden
(Monotonie)
- Zuhörer schalten ab, schlafen ein, werden unruhig

Sprechpausen einschieben
- Vorteile für Redner
  - ☺ hat Zeit zum Nachdenken
  - ☺ erzeugt Spannung
  - ☺ hebt einzelne Aussagen hervor
  - ☺ findet Zeit zum Blickkontakt
  - ☺ Verlegenheitspausen fallen nicht auf
- Vorteile für Zuhörer
  - ☺ bessere Aufnahme des Gesagten
  - ☺ Zeit für Zwischenfragen

■ Persönliche Erscheinung

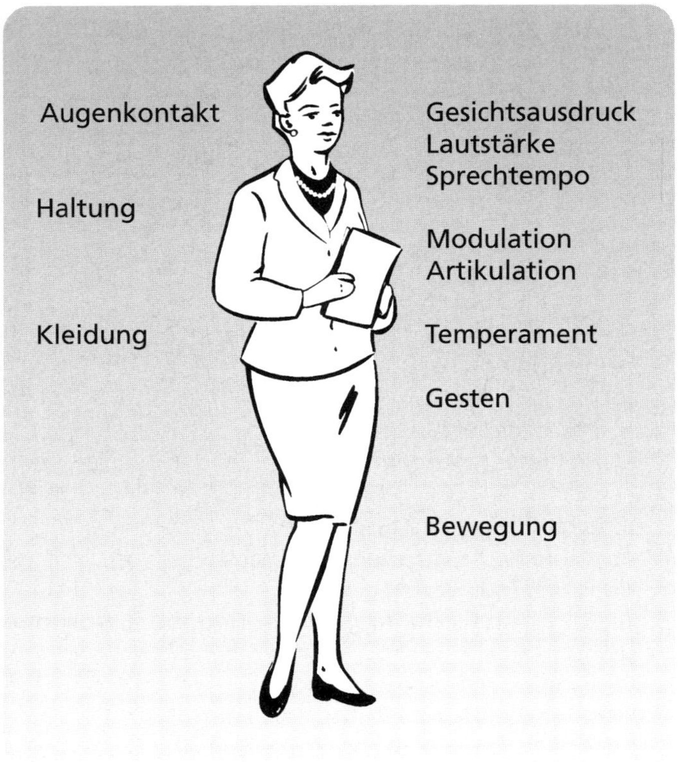

Erscheinung
- Sicherheit und Ruhe ausstrahlen
- verbindlich, herzlich

Kleidung
- den Gegebenheiten angemessen
- nicht zu auffällig

Körperhaltung
- Körper aufrecht, Kopf gehoben
- mäßig gespannt

Gestik
- muss der Persönlichkeit und der Person entsprechen
- muss zum Wort passen

Mimik
- muss zum Wort passen
- Gesicht muss Bewegung zeigen

Blickkontakt
- nicht zu starr und aufdringlich
- wechselseitig
- auch die Flügel berücksichtigen

Achten Sie auf Zuhörerbezogenheit!

6.2 Lehrgespräche führen

Lehrgespräche sind eine sehr vielseitig einsetzbare Ausbildungsform, die vorrangig ausbilderorientiert ist. Im Vergleich zum Vortrag sind die Azubis jedoch nicht nur gedanklich eingebunden, sondern durch die Beisteuerung eigener Beiträge auch aktiv. Durch das Lehrgespräch können nur theoretische Grundlagen oder Hintergründe vermittelt werden, keine praktischen Handlungen.

Diese Methode eignet sich für Einzelgespräche ebenso wie für die Gruppenausbildung. Werden Gruppen ausgebildet, ist darauf zu achten, dass alle Teilnehmer dem Gespräch folgen und zu Denkleistungen angeregt werden und dass alle persönliche Beiträge beisteuern und nicht nur Einzelne.

■ Erreichbare Ausbildungsziele

Durch Veränderung der Fragestellungen können **unterschiedliche Ausbildungsziele** erreicht werden:
- Einführung und Erarbeitung eines neuen Themas
- Erarbeitung von Zusammenhängen
- Festigung und Vertiefung bereits behandelter Ausbildungsinhalte
- Herstellung von Transfer

Die Ausbilder lenken und steuern gezielt das Gespräch in die Richtung, die sie anstreben.
Weitere Ziele, die durch das Lehrgespräch erreicht werden, sind:
- Steigerung der Ausdruckfähigkeit
- Verbesserung der Kommunikationsfähigkeit (genaues Hinhören und gezieltes Antworten)
- gedankliches Durchdringen von Problemstellungen
- kreative Lösungsfindung

6.2.1 Das erarbeitende Lehrgespräch

Hier werden neue Ausbildungsinhalte gemeinsam mit den Azubis erarbeitet.
Angeleitet durch Fragen der Ausbilder, erarbeiten sich die Azubis die Ausbildungsinhalte selbst.

Voraussetzungen hierfür sind:
- Die Azubis müssen schon gewisse Erfahrungen zu dem Thema gesammelt haben oder
- eigene Vorstellungen zu dem Thema entwickeln können oder
- übertragbare Kenntnisse und Erfahrungen besitzen.

Wird dieses Gespräch mit einer Gruppe von Azubis geführt, kann auch die Erfahrung Einzelner genutzt werden.
Beispiel: „Manuela. Sie haben ja letzte Woche bereits miterlebt, …, berichten Sie uns doch mal!"

Oder es kann auf bereits gemachte übertragbare Erfahrungen verwiesen werden, um die Azubis zu Transferleistungen anzuregen.
Beispiel: „Sie haben ja bereits Erfahrungen mit …, welche Ähnlichkeiten im Arbeitsablauf können Sie sich vorstellen?"

Beispiel für ein erarbeitendes Lehrgespräch aus der Hauswirtschaft

Einführung
Ausbilderin: „Heute ist An- und Abreisetag. (Evtl. Transferübung einbauen: ‚Sie haben ja bereits alle Erfahrungen auf den Stationen mit dem Gästewechsel. Welche Informationen von dort können wir denn mit dem Geschehen im Speisesaal vergleichen?')
Wir wollen uns heute den besonderen Anforderungen dieses Tages zuwenden.
Welche Anforderungen dieses Tages unterscheiden sich denn von den anderen Tagen?"
Azubi: „Entfernen der Serviettentaschen der abgereisten Gäste; Änderung des Sitzplanes; neue Gäste auf frei werdende Plätze verteilen; neue Serviettentaschen beschriften; ..."

Ausbilderin: „Welche Informationen müssen dazu vorliegen?"
Azubi: „Name und Anzahl der abreisenden und neu anreisenden Gäste, ..."

Ausbilderin: „Woher bekommen Sie diese Informationen?"
Azubi: „Aus der Verwaltung von Frau Meier."

Ausbilderin: „Ja richtig, ich habe bereits die aktuellen Zahlen von Frau Meier bekommen. Wie gehen Sie nun vor?"
Azubi: „Im Sitzplan die abreisenden Gäste markieren; alle alten Serviettentaschen einsammeln, neue Serviettentaschen beschriften, auf die freien Plätze verteilen, den Plan aktualisieren."

Ausbilderin: „Gibt es Dinge, die Sie beim Verteilen der neuen Serviettentaschen berücksichtigen müssen?"
Azubi: „Diabetikerecke, Ehepaare zusammen, behindertengerechte Sitzplätze freihalten, ..."

Ausbilderin: „Welche Schwierigkeiten können dann noch auftreten?"
Azubi: „Spezielle Platzwünsche von Gästen, Platzänderungen aufgrund bisher unbekannter Behinderungen oder Sonderkostformen, ..."

Die Ergebnisse des Lehrgesprächs können als sammelnder Tafelanschrieb oder in Form von Karten an der Pinnwand gesammelt werden.

Auf ein Lehrgespräch können
- **aufbauende Arbeitsaufträge** folgen (Bsp.: „Erstellen Sie nun, unter Berücksichtigung aller notwendigen Aufgaben einen Arbeitsplan mit Zeitangabe" oder „Bereiten Sie anhand der Liste mit den neuen Zahlen und Namen die neuen Serviettentaschen vor")
- **Unterweisungen** aufgebaut werden (Bsp.: „Beschriftung der neuen Serviettentaschen mit Namen, Platz, Kostform, Zimmernummer)
- **Übungsaufgaben** folgen

6.2.2 Das bearbeitende oder verarbeitende Lehrgespräch

Wie der Name schon sagt, werden hier bereits vermittelte Ausbildungsinhalte vertieft und gefestigt. Für die Ausbilder besteht so die Möglichkeit:
- Hintergrundwissen zu vertiefen
- Verständnislücken festzustellen und zu beseitigen
- Wissenslücken ausfindig zu machen
- Verbindungen zu bereits Gelerntem aufzubauen oder deutlich zu machen
- Transferleistungen zu ermöglichen
- vermittelte Ausbildungsinhalte, die länger zurückliegen, zu wiederholen
- auf Prüfungen vorzubereiten

Der Aufbau gleicht dem erarbeitenden Lehrgespräch (siehe Beispiel), nur dass die Ausbilder durch Nennung des Themas hier bereits Kenntnisse erwarten dürfen. Liegen die abgefragten Ausbildungsinhalte schon länger zurück, so können die Ausbilder durch kleine Hilfen den Azubis auf die Sprünge helfen.

6.2.3 Fragetechnik des Lehrgesprächs

Da das Lehrgespräch über Fragen gesteuert wird, kommt diesen eine sehr hohe Bedeutung zu. Grundsätzlich ist es wichtig, dass alle Fragen klar und verständlich formuliert werden.
Ausbilder sollten sich schon im Vorfeld Gedanken über die Fragenformulierungen machen.

Die Fragen sollen so gestaltet sein, dass
- ein Denkprozess angeregt wird;
- die Antwort die Azubis nicht überfordert, sondern mit ihrem Erfahrungshorizont möglich ist;
- nur bekannte Fremdwörter bzw. Fachbegriffe verwendet werden;
- keine Mehrfachfragen, Schachtelfragen oder Kettenfragen verwendet werden;
- die Azubis nicht nur mit Ja oder Nein antworten können;
- das Fragewort an den Anfang gestellt wird;
- die Antwort nicht bereits enthalten ist.

Fragen können nach ihrer Funktion/Absicht, ihrem Inhalt, ihrer Form, ihrem Typ unterschieden werden.

Die folgende **Tabelle** unterteilt die Fragen nach den oben genannten Kriterien, die verwendeten Begriffe sind gebräuchlich, jedoch nicht allgemein gültig.

Unterscheidung der Frage nach: (siehe auch 3.3.3 „Fragetechniken)"

Fragefunktion	Fragegegenstand	Frageform	Fragetyp
Führungsmittel Die Ausbilder bestimmen die Denkrichtung.	**Faktenfrage** Erfragt reine Fakten, Regeln, Namen, Eigenschaften, Daten.	**Offene Fragen** Lassen frei gestaltete Antworten zu, fördern ein positives Gesprächsklima und bringen viele Informationen.	**Rhetorische Frage** Es wird keine Antwort erwartet, da diese schon mitgeliefert wird oder nahe liegt.
Aktivierungsmittel Die Azubis werden zur Darstellung ihrer Kenntnisse, Erfahrungen, Meinungen angeregt.	**Definitionsfrage** Erkundet die genaue, umfassende Erläuterung eines Begriffes und seine Abgrenzung zu anderen Begriffen und Aussagen.	**Geschlossene Fragen** Nur kurze, konkrete, begrenzte Antwortmöglichkeiten, bieten wenig Informationen.	**Suggestivfrage** Spricht bestimmte Gefühle, Gedanken, Vorstellungen und Verhaltensweisen an und versucht den Befragten in eine bestimmte Richtung zu lenken/zu manipulieren.
Motivationsmittel Durch die Frage wird Interesse geweckt.	**Kausalfrage** Zielt auf die Ursache/Wirkung eines Vorgangs oder Sachverhaltes ab.	**Direkte Fragen** Können aufdringlich wirken, liefern aber viele Informationen.	**Kettenfrage** Mehrere Fragen aneinander gereiht, führt leicht zur Verwirrung der Befragten.
Lernkontrollmittel Anhand der Antworten können die Ausbilder erkennen, ob noch Lücken im Verständnis oder dem Vorwissen der Azubis bestehen.	**Vergleichsfrage** Zielt auf die Wahrnehmung und Beschreibung von Unterschieden oder Gemeinsamkeiten ab.	**Indirekte Fragen** Schwer zu erkennen, was erwartet wird. Führen zu Missverständnissen. Antworten sind schwer zu interpretieren, Gesprächspartner sind leicht verwirrt. Ein schlechtes Gesprächsklima entsteht.	**Alternativfrage** Eine Frage, auf die nur mit Ja oder Nein oder mit einer von zwei vorgegebenen Antworten reagiert werden kann. Für ein Lehrgespräch ungeeignet, da solche Fragen das Gespräch ins Stocken bringen.
	Merkmalsfrage Richtet sich auf Eigenschaften oder Verhaltensweisen eines Gegenstandes, Prozesses oder Lebewesens.		**Negationsfrage** Eine Frage, die nach Dingen fragt, die nicht da sind. Solche Fragen provozieren falsche Antworten.
	Wertungsfrage Fordert die Azubis auf, eine Beurteilung oder Bewertung abzugeben.		**Informationsfrage** Hier werden einfache Informationen oder Definitionen abgefragt.
	Entscheidungsfrage Erwartet eine Auswahl eines Gesichtspunktes, einer Lösung oder einer Verhaltensweise aus mehreren Möglichkeiten.		**Schachtelfrage** Sie beinhaltet viele verschachtelte Nebensätze, sodass die eigentliche Frage kaum mehr erkennbar ist.
			Gegenfrage Wird auf eine Frage hin eingesetzt, um die Azubis selbst zum Nachdenken anzuregen und so einen Denkprozess in Gang zu setzen.

AUFGABEN

1. Finden Sie ein Thema aus Ihrem Arbeitsbereich, das sich für ein Lehrgespräch eignet.
2. Überlegen Sie sich den Aufbau des Lehrgesprächs, das anvisierte Ziel und formulieren Sie geeignete Fragen.
3. Überlegen Sie dazu geeignete Aufbauaufgaben, Folgearbeiten oder Übungen.

6.3 Moderierend ausbilden

Für die moderierende Ausbildungsmethode ist es wichtig, dass die Ausbilder in die Entscheidungsfindung nicht eingreifen. So werden die Azubis anhand von Verhaltensregeln und durch gezielt aufbauende Leitfragen zu einem selbstständigen Arbeitsprozess geführt.

Ausbilderaufgaben sind:
- Vorgabe eines Themas mit kurzer Einführung
- visuelle Unterstützung der Arbeit der Azubis
- Aufstellen von Verhaltensregeln
- Einhaltung der Regeln durchsetzen
- Lenken der Denkprozesse durch Vorgabe von Leitfragen

Azubis können so
- sich zu einem Themenkomplex verschiedene Einzelthemen erschließen
- lernen, ein Thema eigenverantwortlich auszuwählen
- demokratische Entscheidungen fällen
- ein Thema angeleitet näher bearbeiten

Diese Ausbildungsmethode lässt sich dahingehend ausweiten, dass Azubis dann sogar
- notwendige Arbeitsschritte erkennen und selbst festlegen
- Arbeitsaufgaben eigenständig definieren und untereinander aufteilen
- Ergebnisse zusammentragen und auswerten

6.3.1 Lernprozesse in Gruppen fördern

Das folgende **Beispiel aus dem Bereich der Hauswirtschaft** stellt eine auf die Durchführung einer Arbeitsaufgabe **erweiterte Moderation** dar.

1. Phase:
Vorgabe des Themenkomplexes
- Die Ausbilderin gibt den Themenbereich vor und heftet ihn an die Pinnwand.
- Die Ausbilderin stellt den Themenkomplex mit einer kurzen einführenden Erläuterung den Azubis vor. Beispiel: Das Haus hat sich als Ziel gesetzt, die Ökologie in allen Bereichen besonders zu beachten. Die Küche setzt dies durch Verwendung von Biolandprodukten und in der Gestaltung des Speiseplanes um.
- Der Themenkomplex und eine Leitfrage werden visualisiert (vgl. 6.3.2 „Moderationstechniken").

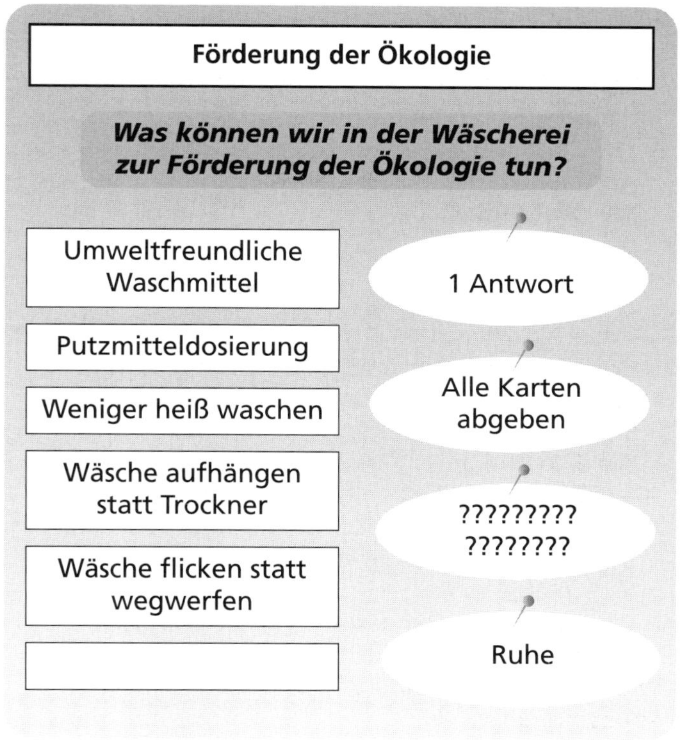

- Dann werden die Verhaltensregeln erklärt und ebenfalls visualisiert. Es ist wichtig, dass bei größeren Gruppen in dieser 1. Phase Ruhe herrscht, um den Gedankenfluss der Jugendlichen nicht zu stören.
- Die Azubis erhalten Antwortkarten und dicke Stifte und schreiben ihre Ideen auf die Karten.

Nach einiger Zeit werden alle Karten eingesammelt und, evtl. zu Gruppen sortiert, aufgehängt.

2. Phase:
Diskussion der verschiedenen Themengruppen mit anschließender Entscheidung
- Wieder gibt die Ausbilderin die Fragestellung und die Verhaltensregeln vor und visualisiert diese.
- Die Azubis äußern nun ihre Meinungen und diskutieren diese.

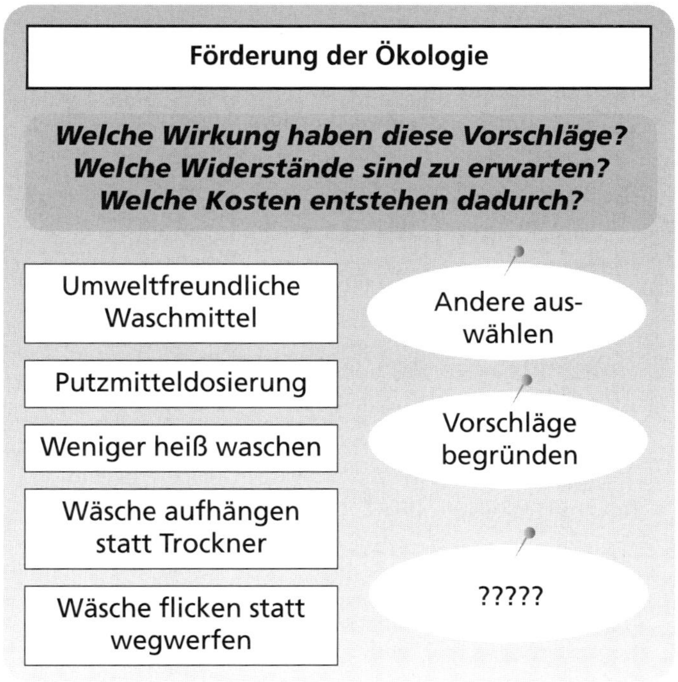

- Wenn alle Azubis ihre Meinungen dargestellt haben und auf die Äußerungen der anderen reagieren konnten, wird die Diskussion durch die Ausbilderin beendet.
- Jetzt wählen die Azubis in einer demokratischen Abstimmung eine Themengruppe aus, die sie weiterbearbeiten wollen.

3. Phase:
Eingrenzen der Arbeitsaufgabe
- Wie in der 1. Phase findet eine erneute Stoffsammlung zum ausgewählten Thema statt.
- Die eingebrachten Vorschläge werden diskutiert und auf Brauchbarkeit von den Azubis geprüft.
- Die Ausbilderin heftet die Vorschläge zunächst an und entfernt dann die von den Azubis abgelehnten Vorschläge.
- Übrig bleibt die eingegrenzte Arbeitsaufgabe.

→ **Putzmittel besser dosieren**

- ***Verschiedene Dosierungseinrichtungen finden***
- ***Kosten vergleichen***
- ***Einsparungen berechnen***

4. Phase:
Festlegen der Arbeitsschritte
- Die Azubis sammeln notwendige Arbeitsaufgaben, evtl. wie in Phase 1, oder sortieren diese gleich durch eine begleitende Absprache.
- Die lose gesammelten Arbeitsaufgaben (wieder auf Karten gesammelt) werden dann von den Azubis in eine Reihenfolge gebracht und ein Arbeitsplan wird erstellt.
- Die einzelnen Aufgaben verteilen die Azubis untereinander.
- Die Ausbilderin legt fest, bis wann die Einzelergebnisse vorliegen müssen und wann die Ergebnisse präsentiert werden sollen.

Putzmittel besser dosieren

Ideensammlung	Arbeitsplan!
Vertreter befragen	Kataloge sichten
Kosten berechnen und vergleichen	Versuchsstücke besorgen
Einsparungen an Putzmittel feststellen	Bedarf ermitteln
Dosierhilfen finden und testen	Kostenberechnungen erstellen
…	Kosteneinsparungen gegenüberstellen

5. Phase:
Ergebnisse zusammentragen und darstellen
- Die Azubis teilen nacheinander den anderen ihre herausgefundenen Ergebnisse mit.
- Die Ausbilderin visualisiert diese wieder deutlich.
- Eine abschließende Entscheidungsfindung der Azubis führt zu einer Empfehlung oder stellt ein Endergebnis heraus.

Wer macht was?

Wer	Was	Bis
	Fa. Meier	
	Fa. Lever	

6.3.2 Moderationstechniken

Das Beispiel zeigt, welche Aufgaben die Ausbilderin bei der Moderation übernimmt und die besondere Bedeutung der Visualisierung während einer Moderation. Hierzu gibt es verschiedene Möglichkeiten:

■ Visualisierung

Als Medien eignen sich vor allem:
- alle Tafeln
- Flip-Chart
- Pinnwand
- Tageslichtprojektor
- Türen + glatte Wände (hier werden Zettel oder Antwortkarten mit Kreppklebeband befestigt, um eine Beschädigung des Mobiliars/der Wände zu verhindern!)
- Fußboden (hier können beschriftete Zettel ausgelegt werden)

Insgesamt richtet sich die Art der Visualisierung natürlich nach den vorhandenen Gegebenheiten. Aber wie die Liste zeigt, sind diese (Fußboden, Wände) in jedem Betrieb zu finden.
Auf die genauere Anwendung der einzelnen Methoden wird im folgenden Abschnitt eingegangen.

■ Arbeitstechniken

Antwortkarten
Die **Teilnehmer schreiben:**
Vorschläge für Themen, Bewertungen, Ideen, Probleme, Zielvorschläge.
Die anschließende Erörterung wird von der Ausbilderin zielorientiert, jedoch nicht inhaltlich gelenkt.

Anschrieb auf Zuruf
Die **Ausbilderin schreibt** nur auf Zuruf z. B. an eine Tafel, auf Karten, die auf dem Boden ausgelegt oder an

eine Pinwand geheftet werden, oder auf eine Folie am eingeschalteten Tageslichtprojektor, damit die Azubis ihre Arbeit vor Augen haben.
Bei kleineren Gruppen ist dieses Verfahren gut geeignet.

AUFGABEN

Suchen Sie ein Thema aus Ihrem Arbeitsbereich, das sich wie das Beispiel für eine moderierte Besprechung eignen würde.

1. Überlegen Sie, wie Sie das Thema präsentieren und vorstellen wollen.
2. Machen Sie sich Gedanken über mögliche Vorschläge, falls die Kreativität der Azubis nicht so richtig ins Rollen kommt. Stecken Sie die Grenzen ab, die nicht überschritten werden sollen (finanzieller Rahmen, Zeitaufwand, ...).

6.4 Medien auswählen und einsetzen

Die Azubis sollen schrittweise an neue Techniken und Arbeitsweisen herangeführt werden, um deren Umsetzung so schnell und so sicher wie möglich zu erlernen. Nicht immer ist es möglich und sinnvoll, alles vor Ort an den Original-Arbeitsmitteln auszubilden. Oft müssen vorher Grundlagen geschaffen, Hintergründe und Einsichten vermittelt werden.

Hierzu sollten die Ausbilder möglichst viele Sinne der Lernenden ansprechen, um ein größtmögliches Behalten zu gewährleisten.

Medien sind laut Duden „Unterrichtshilfsmittel, die der Vermittlung von Informationen dienen". Sie können in allen Ausbildungsabschnitten und in allen Unterrichtsprozessen eingesetzt werden. Aber als „Hilfsmittel" können sie niemals die Erfahrungen mit dem originalen Ausbildungsgegenstand ersetzen, sondern bleiben immer nur hinführend, aufbauend und unterstützend im Einsatz.

6.4.1 Medienarten

Die Medien werden je nachdem, welche Sinne des Menschen sie ansprechen, in verschiedene Gruppen eingeteilt.

■ Visuelle (optische) Medien

Texte können große Informationsmengen auf eng begrenztem Raum speichern. Die so gespeicherten Informationen können relativ einfach beliebig oft vervielfältigt und an andere Orte transportiert werden, ohne dass sich die festgehaltenen Informationen verändern.

Ein Leser kann selbst bestimmen, ob er den Text „quer lesen" oder eine Stelle intensiver studieren will (im Gegensatz zum Vortrag), bis er den gesamten Inhalt in sich aufgenommen, alle Informationen verstanden und gedanklich umgesetzt hat.

In der Ausbildung sind folgende **Textmedien** gebräuchlich und sinnvoll:

- Lehrbücher
- Arbeitsblätter
- Texte / Tabellen
- Gebrauchsanleitungen
- Zeitungen
- Fachzeitschriften
- Musterformulare

Bilder bieten im Vergleich zum gesprochenen oder geschriebenen Text genauere Vorstellungen. Sie können Details oder auch die „ganze" Wirklichkeit eines Lerngegenstandes gleichzeitig darstellen. Es gibt Menschen, die Bildinformationen besonders gut behalten können (visuelle Typen). Im Allgemeinen ist die Behaltensquote über das Sehen höher als bei der Aufnahme über das Ohr (vgl. 5.1 Grafik „Behaltensquoten in %").

In der Ausbildung sind folgende **Bildmedien** gebräuchlich und sinnvoll:

- Dias / Fotos
- Schaubilder
- Grafiken / Piktogramme
- Folien
- Modelle
- Skizzen / Pläne
- Zeichnungen / Karikaturen

Um nun die oben genannten Bild- und Textmedien auch für größere Gruppen einsetzen zu können, gibt es zahlreiche technische Hilfsmittel. Beim Einsatz solcher Hilfsmittel sind jedoch immer Aufwand und Nutzen gegeneinander abzuwägen.

Diese technischen Hilfsmittel sind:

- Tafel, Flip-Chart, Pinnwand
- Epidiaskop (veraltet, wird kaum noch eingesetzt, da durch neuere Technik ersetzt)
- Diaprojektor (ebenso veraltet)
- Tageslichtprojektor
- PC mit Beamer (gefällt Jugendlichen sehr gut, muss aber auch gut beherrscht werden)

■ Tafelanschriften

Die **Tafel** als ältestes und immer noch hochaktuelles Unterrichtsmedium verdient hier besondere Beachtung. Sie ist vielseitig einsetzbar:
z. B. in einer ungeordneten Tafelanschrift, nur um beispielsweise die Rechtschreibung von Wörtern zu klären oder um Diskussionspunkte zu sammeln und zu visualisieren;
z. B. in einem geordneten, vorher gründlich **geplanten „Tafelbild"**, um die wesentlichen Inhalte, Begriffe, Daten, Merksätze und die Stoffstruktur/-gliederung hervorzuheben. Wie bei der Moderation kann die Tafel auch für leitende/führende Tafelanschriften genutzt werden. Hierzu werden die Leitfragen auf die Tafel geschrieben, so haben die Azubis diese dann deutlich vor Augen.

Sammelnde Anschriften begleiten das Lehrgespräch und die Moderationsarbeit. Alle Anregungen, Ideen und Beiträge der Azubis werden so festgehalten, um später bearbeitet zu werden. Aus solchen **Sammelanschriften** werden dann später die **Ergebnisanschriften** erarbeitet, bei denen die gesammelten Fakten, Ideen oder Lösungsvorschläge sortiert und zugeordnet werden. Hierbei ist es wichtig, einen **gut strukturierten, übersichtlichen** und **klar gegliederten** Tafelanschrieb zu erstellen.

Die vorbereitete Tafelanschrift erleichtert die **zielorientierte Unterrichtsführung,** die **bestmögliche Ausnutzung der Tafelfläche** und **das deutliche Hervorheben der Kernpunkte.**

■ Auditive (akustische) Medien

Die rein akustischen Medien haben in der Ausbildung keine besonders hervorzuhebende Bedeutung, da Informationen, die das Gehirn nur über die Ohren erreichen, am wenigsten gespeichert werden können.
Meist werden diese Medien in Verbindung mit anderen Medien eingesetzt, so z.B. im Sprachlabor die Kassette in Verbindung mit dem Lehrbuch.

Die **gebräuchlichsten auditiven Medien** sind: Kassetten, CDs, Schallplatten, Sprachlabor.

■ Audio-visuelle Medien

Die ständig fortschreitende Technik im Bereich von Video und Computer eröffnet weitreichende Möglichkeiten zum Einsatz in der Ausbildung. Inwieweit von dieser Technik Gebrauch gemacht werden kann, hängt natürlich von den technischen Voraussetzungen des Betriebes und der technischen Begabung/Fähigkeit der Ausbilder ab.

Ton-Bild-Schau, Tonfilm, Fernsehfilme, Video-Bänder, PC, DVD

Hier nun einige Beispiele für den sinnvollen Einsatz von audio-visuellen Medien in der hauswirtschaftlichen Ausbildung:

- Bewusstmachung von Unfallgefahren im Arbeitsbereich durch den Einsatz von Videos/DVDs
- Demonstration und Übung von Kundenkontakten, Betreuungsaufgaben mit dem Einsatz von Videokamera und Fernseher/PC
- Erstellen und Bearbeiten von Präsentationen und Werbemitteln am PC, z. B. Internetseiten oder Dokumentation einer Arbeit (Buffetaufbau)

Das Feld der multimedialen Möglichkeiten (Verbindung von Video, Tonband und Computer) ist riesengroß und wird ständig erweitert. Sicherlich ist der Einsatz dieser Medien etwas ganz Besonderes und weckt sehr große Motivationen und Lernbegeisterung der Jugendlichen, doch darf bei all der Begeisterung die Effizienz für den Lernerfolg nicht übersehen werden.

6.4.2 Kriterien für die Medienauswahl

Wie in den vorigen Abschnitten bereits angesprochen, kann der **Medieneinsatz** in der Ausbildung die **Ausbildungserfolge sehr steigern,** doch sollte jeglicher Medieneinsatz wohl überlegt werden.

Medien eignen sich besonders, um

- trockenen, abstrakten, schwer verständlichen Lernstoff aufzulockern;
- Informationen leichter zugänglich zu machen;
- den Azubis ein selbstorganisiertes Lernen zu ermöglichen (Arbeitsblätter, Gebrauchsanleitungen, Lehrbücher usw.);
- das eigene Verhalten, die Wirkung auf andere zu demonstrieren (Videoaufnahmen im Kundenkontakt oder Betreuungsbereich);
- die Stoffvielfalt abwechslungsreich zu gestalten;
- Stoffinhalte strukturiert darzubieten (Diagramme, Schaubilder usw.);
- gezielt mehr Sinne anzusprechen und dadurch die Behaltensquote zu erhöhen.

Beim Einsatz von Medien ist unbedingt zu beachten,

- dass abwechslungsreiche Medienkombinationen und Methoden-Mix angewendet werden,
- dass es nicht zur Multi-Media-Schau ausartet,
- dass die Azubis durch einen übermäßigen Medieneinsatz nicht in die Passivität gedrängt werden,
- dass Folien/Arbeitsblätter/Tafelanschriebe gut lesbar gestaltet – nicht überfrachtet – sind,
- dass die Räumlichkeiten ausreichend ausgestattet sind (Verdunklungsmöglichkeiten, freie Wände, ...),
- dass alle Darstellungen vorher gründlich geplant und vorbereitet werden müssen.

AUFGABEN

1. Bearbeiten Sie in der Gruppe je eine Medienart.
   a) Welche Einsatzmöglichkeiten in konkreten Ausbildungssituationen sehen Sie für die einzelnen Medien?
   b) Stellen Sie die Grenzen der einzelnen Medien heraus.
   c) Ordnen Sie den Medien Nachteile zu.
   d) Präsentieren Sie Ihre Ergebnisse mithilfe eines Mediums Ihrer Wahl den anderen Arbeitsgruppen.
2. Situation: Sie wollen Ihrer Azubi verschiedene Nähte beibringen. In Ihrem Nähraum steht gerade die Flip-Chart und außerdem hängt an der Wand noch eine kleine Tafel.
   a) Entscheiden Sie sich für ein Medium und entwerfen Sie eine Ausbildungsunterstützung, mit der sich die Azubi die Arbeitsweise für die Doppelnaht vergegenwärtigen kann.
   b) Begründen Sie Ihre Entscheidung.
   c) Was beachten Sie bei dem von Ihnen gewählten Medium besonders?

6.5 Lernen in Gruppen

Unter Gruppe versteht man:
mehrere Personen, die **miteinander Umgang haben,** wobei jeder mit allen anderen in Verbindung treten kann.

6.5.1 Grundwissen über Gruppen

■ Merkmale von Gruppen

- längerer, häufiger Kontakt der einzelnen Gruppenmitglieder untereinander, direkt oder auch indirekt
- Organisation ist fest oder freiwillig
- gemeinsame Ziele und Verhaltensweisen
- entwickeln Normen und oft eine eigene Sprache
- soziale Rollen entstehen
- verteilen Aufgaben untereinander, die den gemeinsamen Zielen dienen

■ Gruppenarten

Ansammlung / Menge (= keine Gruppe!)
Menschen, die nichts miteinander zu tun haben, die sich nicht kennen, die nur kurzfristig und zufällig gemeinsam an einem Ort zusammentreffen (z. B. Menschenmengen in der Fußgängerzone am Samstag, Menschenmengen auf Bahnsteigen).

■ Formelle Gruppe

Zusammensetzung der Gruppenmitglieder ist von außen vorgegeben, die Gruppenmitglieder haben sich **nicht selbst** zu dieser Gruppe **zusammengeschlossen** (z. B. Schulklasse, Büro, Werkstatt).

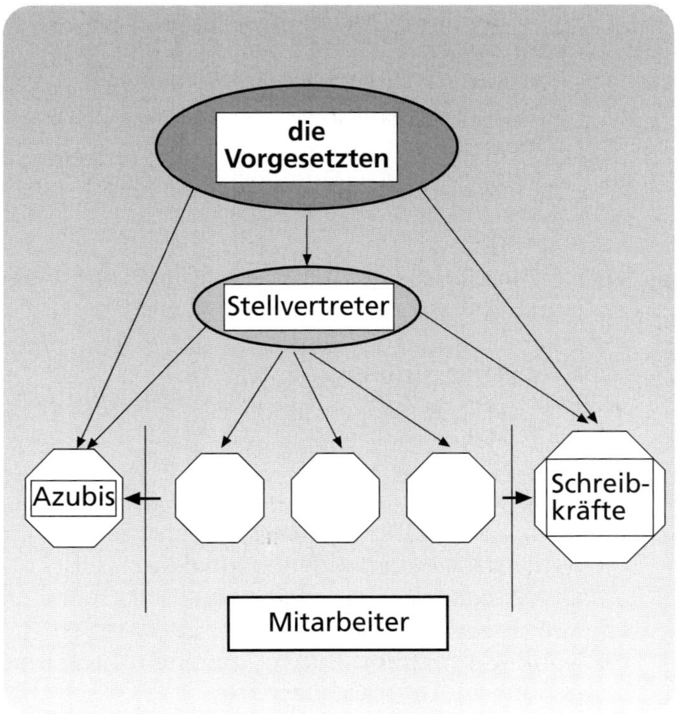

Innerhalb eines Betriebes gibt es viele formelle Gruppen:
die jeweiligen Abteilungen mit ihren Chefs und deren Mitarbeiter, die Chefs bilden wiederum selber eine formelle Gruppe.
Jugendliche kennen vor ihrem Eintritt ins Berufsleben bereits eine Vielzahl formeller Gruppen, die sie beeinflusst haben. Sie haben die Erfahrungen gespeichert und je mehr die Ausbildung an bisherige Erfahrungen erinnert, umso eher werden alte Verhaltensmuster reaktiviert.

■ Informelle Gruppe

Eine Gruppe, deren Beziehungen, Aufgaben, Ziele und Rollen von den Mitgliedern selbst bestimmt werden.
Eine informelle Gruppe kann sich innerhalb einer formellen Gruppe bilden (z. B. fünf der acht Mitarbeiter in der Küche verstehen sich besonders gut und gehen gemeinsam kegeln, sie bilden eine informelle Gruppe innerhalb der formellen Gruppe „Küchenpersonal").

Gruppenstrukturen der informellen Gruppe
Die verschiedenen informellen Gruppen können unterschiedliche Gruppenstrukturen aufweisen.

Beispiele:
Netzstruktur Ideale Gruppenstruktur

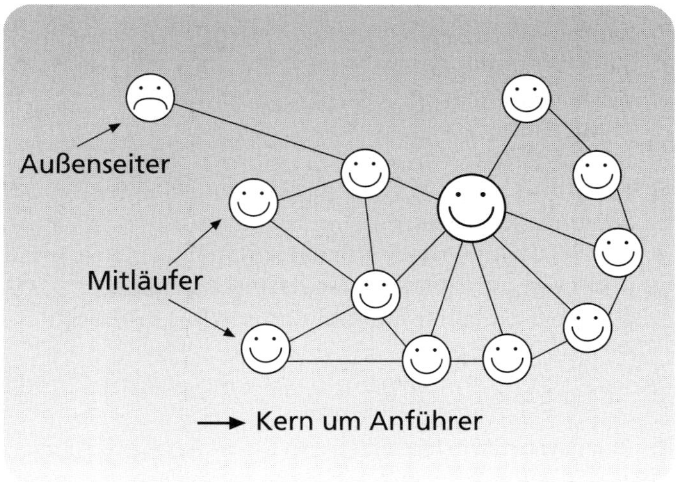

Sternsoziogramm insbesondere bei jungen Gruppen

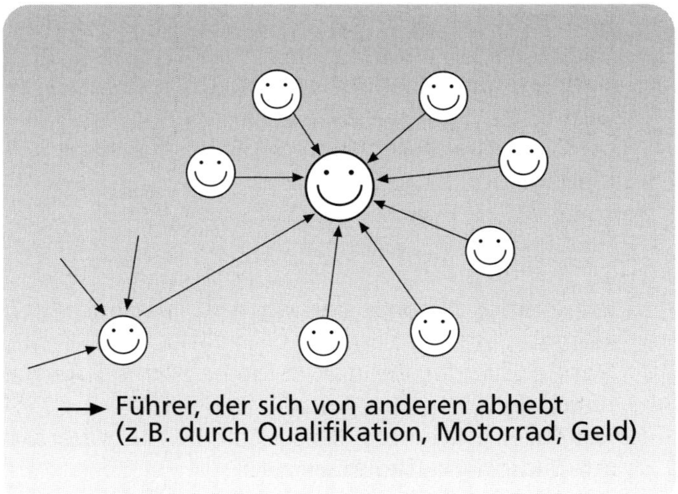

Cliquenbildung Gefahr verschiedener Interessengruppen, die dem Betriebsziel entgegenlaufen

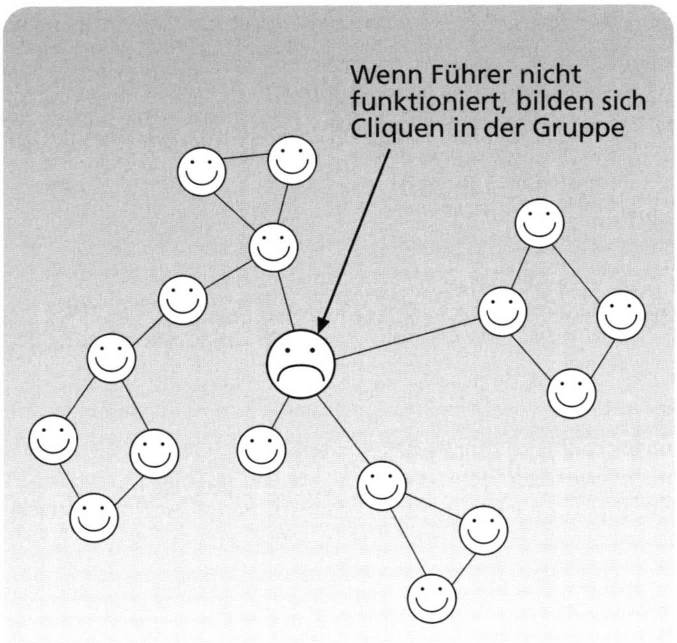

Gründe für die Entstehung informeller Gruppen:
- aufgrund gleicher Interessen, Hobbys, Sympathie
- durch das Gefühl, bedroht zu sein (gemeinsam gegen einen unliebsamen Chef)
- Minderheiten (z. B. Ausländer im Betrieb oder auch die Azubis) schließen sich gerne aus dem Gefühl der Sicherheit und auch durch die sie verbindenden Gemeinsamkeiten (z. B. alle jung und unerfahren) zusammen
- spontane Bildung
- aufgrund von sozialer Anerkennung oder einem Geborgenheitsgefühl
- starkes Gruppenbewusstsein – gemeinsame Normen und gegenseitige Unterstützung bei der Durchsetzung persönlicher Ziele bilden die Basis einer informellen Gruppe

■ Funktionen der Gruppe ⟶ Sozialisation

- **Statusfunktion** (Stellung) oder Rangstufe
  - Sie gibt Halt, Geborgenheit, Sicherheit, Selbstachtung, Ansehen, Zugehörigkeit, ein „Wir Gefühl".
  - Minderheiten ertragen Missachtung und eingeschränkten Handlungsspielraum als Gruppe leichter.
  - Vergessen von Minderwertigkeitsgefühlen ⟶ Gefühl der Stärke – lässt Unterlegenheitsgefühle oft in Überheblichkeits- und Allmachtsgefühle umkippen.

- **Bezugssystem** (Gruppe, mit der ich mich identifiziere)
  - Es beseitigt Desorientierung, hilft Lebensziele zu klären.
  - Normen werden entwickelt (gemeinsame Sprache, Kleidung ...).
  - Rollen: Bestimmtes Verhalten wird erwartet: Interaktionen – Sanktionen.
  - Soziale Verhaltensweisen werden geübt.
  - Selbstständigkeit wird in der Gruppe aufgegeben, gegenüber der Erwachsenenwelt entsteht Emanzipation.
  - Führungsstil entspricht den Grundregeln der Gruppe.

Führer:	Autorität, Ansehen, Qualität:
formeller Führer	– bestimmt, gewählt
informeller Führer	– aufgrund seiner Beliebtheit

EXKURS!

Die Rolle der Jugend in der Gesellschaft

Die folgenden Ausführungen sind nicht mehr Bestandteil des Lehrplans für die neue AEVO.
Dennoch ist es ein Anliegen dieses Buches, ein wenig Hintergrundwissen über die Beweggründe für „typisch jugendliches Verhalten" zu vermitteln.

Ausbilder übernehmen eine besondere Aufgabe auch für die Erziehung der ihnen anvertrauten Jugendlichen, der sie aber nur gerecht werden können, wenn sie sich der Besonderheiten dieser Altersgruppe bewusst sind.
Diese Informationen umreißen nur grob die sehr komplexen und vielschichtigen Zusammenhänge, sie sollen trotzdem zum Innehalten und Nachdenken anregen und vielleicht ein bisschen mehr Verständnis für eine nicht immer leicht einzuschätzende Gruppe unserer Gesellschaft hervorrufen.

Der **graue Balken** seitlich markiert den nicht im Lehrplan geforderten Bereich.

1. Struktur der Jugend
- besonderes System innerhalb der Gesellschaft
- ungeklärter Status zwischen Kindheit und Erwachsenenalter = Interim , Jugend als Autonomiephase
  (Interim = inzwischen, einstweilen, Zwischenzeit, vorläufige Regelung)
- Gruppennormen:
  - Verhalten
  - Kleidung
  - Sprache
  - Konformität (Gleichmäßigkeit) wird verlangt und geübt

2. Wandel der Normen
in Elternhaus, Schule, Beruf, in der Öffentlichkeit, in der Politik
- Emanzipationsstreben ⟶ andere Wertvorstellungen
- Normen der Eltern werden in Frage gestellt
- Suche nach neuen/eigenen Idealen
- idealistische Zielanforderungen
- Verbote und Barrieren sind zu überwinden
- Konflikte verstärkt durch Umwelteinflüsse und geänderte Autoritätsbegriffe
- Anpassung und Widerstand ⟶ Bewegung und Anschubkraft in der Gesamtgesellschaft

3. Schichtspezifische Einflüsse

- Oberschicht
- gehobene Mittelschicht
- Mittelschicht
- untere Mittelschicht
- unterste Schicht

Hier soll keine Bewertung der einzelnen Schichten der Gesellschaft vorgenommen werden. Dass diese Schichten existieren, ist jedoch unbestritten und die einzelnen Schichten unterscheiden sich z. B. in ihrer Erziehung, der Sprache, der Bildung, der Leistungsmotivation, ihrem Anspruchsdenken.
Voraussetzung für allgemein gültige Wertorientierung und Leistungsverhalten ist eine **intakte, aufgeschlossene Familie.**
Doch leider ist die heute wohl die Ausnahme, sodass die Bundesministerin für Verbraucherschutz Renate Künast im Juli 2003 es als Aufgabe der Schulen bezeichnete, den Kindern ein Bewusstsein für gesundes und natürliches Essen zu vermitteln, da dies heute nicht mehr in der Familie vorgelebt und beigebracht werde.

4. Zeitgeisteinflüsse
Einige Beispiele, wie der Zeitgeist die Jugend beeinflusst hat:

- Hitlerjugend: Zwangsmaßnahmen – Begeisterung wurde missbraucht
- 68er Jugendbewegung – Studentenaufstände und Studentenrevolte
- 70er Jahre: Demonstrationen gegen Atom, Startbahn West, für Frieden (Sponti-Zeit)
- heutige Jugend:
  a) Reizeinflüsse, z. B. Werbung = Medien-Idole
  b) körperliche Entwicklung beschleunigt = Akzeleration
  c) geistig-seelische Entwicklung verzögert = Retardation
  Auswirkungen:
  - verschlechterte Konzentrationsfähigkeit
  - aber: bessere Auffassungsgabe, Interesse, kritisches Denken
  - Autoritätsverlust und geringe Disziplin (Rauschmittel, Drogen, Aids)
  - Arbeitslosigkeit, mangelnde Berufsbildung
  - bewusster Unterschied zur Erwachsenenwelt
  - Fehlen von Idealen
  - extreme politische Ziele, z. B. Hausbesetzer, Demos, Rechtsextremismus

Schon heute ist ein sich ankündigender Wandel dieses Jugendzeitgeistes zu erkennen. Lassen wir uns überraschen, womit wir die nächsten Jahre konfrontiert werden. Aber nur wenn wir positive Veränderungen erwarten, werden wir sie auch bemerken.

5. Auseinandersetzung der Jugendlichen mit der Arbeit / dem Beruf
Notwendigkeit und Bedeutung einer entwicklungsgemäßen und situationsgerechten Berufsausbildung

- Feststellung von Berufseignung und Berufsneigung
- Berufswahlproblem ⟶ Anpassungsschwierigkeiten

Subjektive Ursachen
Zwang zu verfrühter Berufswahl
weit verbreitete Berufsunkenntnis
abrupter Übergang aus Familie und Schule in die Arbeitswelt

Objektive Ursachen
unzeitgemäße Ausbildungssysteme
unzulängliche Orientierungshilfen
Unter- oder Überforderung der Jugendlichen
Betriebsklima

Einflüsse auf die Berufswahl

- Eignung und Begabung
- Neigung und Interesse
- soziale Sicherheit

Elternhaus:	soziale Herkunft, Tradition, Anspruchsdenken
Umwelt:	Freunde, Schule, Moderichtung
Ausbildungsangebote vor Ort:	Verkehrslage, Weiterbildung möglich?
Berufsberatung:	Information

Betriebliche und außerbetriebliche Umwelteinflüsse

Betriebliche Einflüsse

- Arbeitseinflüsse
- Einflüsse durch die Mitarbeiter

Außerbetriebliche Einflüsse

Familie:	soziale Herkunft, Anspruchsniveau, Vorbildung, Schule, Sprache, Normen, Verhaltensmuster, Erziehungsstil, Familienstruktur, Geschwisterreihe
Schule:	Ausbildung der intellektuellen Fähigkeiten, Vermittlung von Werten, Persönlichkeitsreifung
Massenmedien:	Konsumverhalten, Meinungsbildung
Freizeitverhalten:	Regeneration, Ausgleich, Unterhaltung

Rollenverteilung in der Gruppe

Entstehung von Rollen

- Menschen haben verschiedene Charaktere und Eigenarten, die die Gruppe beeinflussen.
- Gruppenmitglieder entwickeln ein Gespür für die Reaktionen der anderen auf ihre Eigenarten.
- Spielräume werden ausgetestet.
- Das eigene Verhalten wird den Erwartungen der anderen angepasst.

↓ ↓ ↓

Eine Rolle prägt sich aus.

Typische Rollen

Gruppenführer:
- gibt Ziele der Gruppe vor
- lebt Verhaltensregeln vor und ist Vorbild für andere Gruppenmitglieder
- ist Schlichtungsinstanz bei Konflikten und schützt bzw. organisiert den Schutz von Gruppenmitgliedern
- verteilt Aufgaben innerhalb der Gruppe

Stellvertreter:
- übernimmt die Aufgaben des Gruppenführers bei dessen Abwesenheit
- dient oft auch als Vermittler zwischen dem Gruppenführer und anderen Gruppenmitgliedern
- zeichnet sich oft durch besonderes Wissen oder Können aus, das ihm in der Gruppe zu besonderem Ansehen verhilft

Außenseiter:
- Trottel, Sündenbock, unerwünschter Mitläufer, unbeachtetes Gruppenmitglied
- warum? – neu in der Gruppe, Streber, andersartig durch: Hautfarbe, Nationalität, Haarfarbe, Religion, Schichtzugehörigkeit, extreme Ansichten, besonderes Leistungsverhalten (schwach oder stark)
- unangenehmste Rolle, gewöhnt sich an diese Rolle, reagiert mit Rückzug und Aggressivität auch ohne Grund

Gruppen brauchen Außenseiter → Sündenböcke, da sonst der Zusammenhalt der ganzen Gruppe gefährdet ist. Jedoch kann auch ein menschlicher Umgang mit solchen Personen eingeübt werden.

AUFGABEN

1. Geben Sie Beispiele für Verhaltensweisen, die zur „Abstempelung" als Außenseiter führen können.
2. Finden Sie zu diesen Beispielen Möglichkeiten von Ausbilderreaktionen, die einen bewussten und menschlichen Umgang mit Außenseitern fördern können.

Gruppenprozesse für den Lernerfolg nutzen

- Den **Gruppenführer als „Zugpferd" nutzen.** Gelingt es, den von der Gruppe gewählten Führer zu Engagement und Leistungsbereitschaft zu bewegen, so wird dieser durch seine Rolle die anderen Gruppenmitglieder mitziehen.
- **Aufgaben entsprechend den Neigungen und besonderen Fähigkeiten zuordnen.** Zunächst wird dies gezielt durch die Ausbilder, später selbstständig durch die Gruppe organisiert. Es muss allerdings darauf geachtet werden, dass so nicht Ausbildungslücken entstehen, wenn die Azubis immer nur mit den Aufgaben betraut werden, die sie sowieso schon gut können. Hier sind Kontrolle und Lenkung durch die Ausbilder vonnöten.
- **Gruppenehrgeiz nutzen.** Der Ansporn zu Leistung ist in der Gruppe meist höher bzw. wird durch die restliche Gruppenmitglieder eingefordert.
- **Kommunikationsfähigkeit und Kooperationsbereitschaft stärken.** Durch die Auseinandersetzung mit der Gruppe werden diese Sozialkompetenzen „ganz nebenbei" verbessert und geschult.
- **Entscheidungsfindung erleichtern.** Innerhalb einer Gruppe werden Entscheidungen einfacher gefällt, da die Verantwortung auf mehrere verteilt ist, trotzdem ist dies ein wichtiger Schritt hin zur eigenständigen Entscheidungsfindung.
- **Rückmeldung.** Kritisieren Gruppenmitglieder Fehlverhalten oder geben Anregungen, ist dies für die Azubis oft leichter anzunehmen, als wenn die gleichen Aussagen von einer Ausbilderin getätigt werden.

Die Gruppe vermag also Leistungen zu erbringen, die dem Einzelnen nicht möglich wären.

Wichtig!
Die Ausbilder müssen den Gruppenzusammenhalt durch Aufbau von Vertrauen, positive Erwartungen und geringe Einmischung in Gruppenprozesse fördern. Arbeitsaufträge müssen immer klar und verständlich formuliert sein.

6.5.2 Konflikte in Gruppen

(vgl. 8.5 „Konflikte und Konfliktbewältigung")

Konflikte entstehen überall dort, wo Menschen mit unterschiedlichen Wertvorstellungen, Gefühlen, Interessen, Meinungen oder Motiven aufeinander treffen. Es ist ganz natürlich, dass Menschen Konflikte miteinander haben. Für Jugendliche ist es ein wichtiger Lernprozess, damit umzugehen.

Konfliktarten in Gruppen

- **Sachkonflikte**
  entstehen durch die unterschiedliche Bewertung einer Sache oder Situation.
- **Rollenkonflikte**
  ergeben sich, wenn z. B. eine Azubi verschiedenen Gruppen angehört, in denen sie verschiedene Rollen wahrnimmt, oder wenn eine Azubi die durch die Rolle an sie gerichteten Erwartungen nicht erfüllen kann oder will.
  Beispiel:
  In ihrem Freundeskreis hat Ursel eine herausragende Rolle, da sie attraktiv und auch sozial sehr aktiv ist. Im Betrieb hat sie durch ihre schwachen Leistungen eine unbedeutende Rolle in der Gruppe der Azubis. Ihr Verhalten in diesen beiden Rollen ist sehr unterschiedlich. Versucht sie im Betrieb tonangebend zu sein, wird sie von den anderen zurückgewiesen. Das verursacht für Ursel zahlreiche innere Konflikte.
- **Beziehungskonflikte**
  betreffen immer die Beziehungen/Kontakte zwi-

schen zwei Personen. Wird diese Beziehung durch einen äußeren Umstand gestört oder existiert erst gar nicht durch nicht vorhandene Sympathien, dann wird es hier zu Beziehungskonflikten kommen.

- **Wertekonflikte**
  sind auf verschiedene Wertvorstellungen zurückzuführen (Auftreten, Einstellungen, Umgangsformen). Die Wertvorstellungen von Jugendlichen sind zunächst geprägt durch den eigenen Sozialisationsraum, doch bei Jugendlichen sind diese Werte noch nicht gefestigt, was bedeutet, dass hier noch große Veränderungen möglich sind. Jugendliche nehmen die Werte ihrer Umgebung wahr und passen sich an. Jugendliche untereinander haben andere Wertvorstellungen und Verhaltensnormen, die oft denen des Betriebes z. B. widersprechen. Auch hier kommt es zu Wertekonflikten, wenn die Jugendlichen nicht bereit sind, die Werte des Betriebes zu akzeptieren und sich nach ihnen zu richten.

Lösungsstrategien für Konflikte innerhalb von Gruppen

Jugendliche müssen oftmals erst lernen, wie man mit den Meinungen oder Interessen anderer Menschen umgehen kann, wenn diese den eigenen widersprechen. Die Lösung solcher Konflikte ist eine Chance für die Reifung und die persönliche Weiterentwicklung der Jugendlichen. So gesehen haben Konflikte eine durchaus positive Seite.

Reaktionsmöglichkeiten von Ausbildern auf Konflikte innerhalb einer Gruppe:

- **Keine Konfliktunterdrückung**
  Konflikte müssen offen angesprochen werden, denn übergangene oder heruntergespielte Konflikte können bei geringfügigen Anlässen aufbrechen und zu äußerst aggressivem Verhalten der Azubis führen. Mischen sich die Ausbilder in Konflikte der Jugendlichen ein und versuchen auf dem gleichen Niveau durch Ironie, Sarkasmus oder gar Wutausbrüche wieder „Ordnung" zu schaffen, wird möglicherweise gerade das Gegenteil von dem erreicht, was eigentlich erreicht werden sollte. Der Konflikt wird sich aufschaukeln und noch wesentlich heftigere Ausmaße annehmen.

- **Partnerschaftliche Konfliktlösung**
  Ausbilder sollten auf partnerschaftlichem Wege versuchen, die Konflikte zu lösen. Ein Gespräch der am Konflikt beteiligten Jugendlichen mit den Ausbildern steht dabei im Mittelpunkt dieses Lösungsweges. Wichtig ist, dass die Ausbilder sich neutral verhalten und dass es am Ende dieses Gespräches keine „Sieger" oder „Besiegten" gibt.

Je nach Konfliktursache, -ausmaß und Persönlichkeitsstruktur der Jugendlichen können mit den Konfliktbeteiligten Einzelgespräche oder ein gemeinsames Gespräch geführt werden.
Der Ablauf und Aufbau eines solches Gesprächs ist mit dem Beurteilungsgespräch (vgl. 4.7.2 „Regeln für Beurteilungsgespräche") vergleichbar.

- Einstieg ist die jeweilige Darstellung der Problemsituation. Hier wird es zu stark unterschiedlichen Sichtweisen und Bewertungen der Situation kommen. Erst wenn hierüber Klarheit und Einvernehmen besteht, lassen sich die **Ursachen analysieren.**
- **Die Schilderungen** der Konfliktbeteiligten müssen unbedingt **aufmerksam angehört** und **ernst genommen** werden.
- Erst jetzt kann mit der **Suche nach Lösungswegen** begonnen werden.
- Hier sind die Ausbilder gefordert, **alternative Lösungswege aufzuzeigen.**
- **Gemeinsam** wird die beste **Lösung ausgewählt** und in die Praxis umgesetzt.
- Eine **Kontrolle** der Umsetzung muss im Sinne eines langfristigen Erfolges unbedingt durchgeführt werden. Außerdem sollten Ausbilder den Konfliktparteien Rückmeldung geben und Anerkennung aussprechen für die Anstrengungen, die sie zur Konfliktlösung unternommen haben.

Der Erfolg dieser Konfliktlösestrategie ist nur zu gewährleisten, wenn alle bereit sind, den Konflikt zu lösen. Die Ausbilder sollten die Azubis dazu ermutigen und evtl. leichten Druck ausüben.

Problemlösungsversuche erfordern Geschick, Ausdauer, Diplomatie, Geduld!

AUFGABE

Situation: Sie haben in Ihrem Betrieb nun 7 Azubis, die zwischen 16 und 19 Jahre alt sind. Seit einiger Zeit bemerken Sie eine Konflikthäufung. Die 19-jährige Marina hat bereits eine Ausbildung hinter sich und tritt sehr engagiert und selbstbewusst auf. Figen, eine Türkin, und die ebenfalls 17-jährige Ute „zoffen" sich häufiger. Sie haben bereits mitbekommen, dass es sich um Probleme mit Jungen handelt, haben aber auch schon ausländerfeindliche Sprüche von Ute gehört. Die jüngste Azubi Laura ist sehr schüchtern und kontaktscheu und in die Gruppe der Azubis nicht so recht integriert.

a) Wie gehen Sie mit dieser Situation um?
b) Inwiefern können Sie Marina in die Konfliktlösungen mit einbeziehen?
c) Was können die Folgen sein, wenn Sie sich nicht um die Konflikte kümmern?
d) Entwerfen Sie einen Aktionsplan für die Verbesserung der Situation und begründen Sie diesen.
e) Welche konkreten Maßnahmen können die Situation von Laura verändern? Nennen Sie verschiedene Möglichkeiten und erläutern Sie deren Auswirkungen.

6.6 In Teams ausbilden

(vgl. 8.3.2 „Arbeiten in Teams")

Die heutige wirtschaftliche Entwicklung setzt auf die guten Erfolge der Teamarbeit, da das von Einzelkämpfern bisher Geleistete häufig von Maschinen und Fertigungsstraßen übernommen worden ist. Aber nicht nur in der Industrie ist Teamarbeit gefragt. Auch in vielen anderen Bereichen und Branchen – so auch in der Hauswirtschaft – haben sich die Vorteile der Teamarbeit herumgesprochen.

Als **Teams** gelten Kleingruppen von drei bis fünf Personen. In solchen Teams zu lernen und zu arbeiten kann besonders intensiv sein, weil eine kleine Gruppe mehr Argumente austauscht als ein größere.

Wesentliche Gründe für den Einsatz von Teamarbeit im Betrieb

- Komplexere Arbeitsaufgaben erfordern mehr Koordination und intensivere Kommunikation, diese sind durch ein Team leichter zu erfüllen als im Alleingang.
- Um heute auf dem Markt bestehen zu können, müssen oft Entscheidungen sehr schnell getroffen werden. Um aber diese Entscheidungen abzusichern, müssen umfangreiche Informationen eingeholt werden. Auch hier ist das Team dem Einzelkämpfer überlegen.

Hier soll differenziert werden zwischen den oft gleich verwendeten Begriffen „Gruppe" und „Team".
Der Begriff **Gruppe** bezeichnet eine Anzahl von Personen, die von außen oder freiwillig miteinander verbunden sind (vgl. 6.5.1 „Grundwissen über Gruppen"). Die Interessen der Gruppenmitglieder sind nicht unbedingt gleich gerichtet, ebenso wenig die Ziele. Die Arbeitsmotivation der Gruppenmitglieder wird von außen vorgegeben (man muss!). Es kann Konkurrenz unter den Gruppenmitgliedern bestehen und die Kommunikation erfolgt teils verdeckt und teils offen.
Ein **Team** strebt das Erreichen **eines Ziels** an (z. B. Projektteam, Sportteam, ...).
Alle Teammitglieder streben mit ganzer Kraft das gemeinsame Ziel an, die Motivation: „Man will!" Die Organisation ist straff, Konkurrenz gibt es nur nach außen. Die Teammitglieder geben sich gegenseitig Informationen und Feedback. Es gibt keinen Chef.

6.6.1 Voraussetzungen für Teamarbeit schaffen

Die Teamfähigkeit gehört zu den Sozialkompetenzen. Durch eine Stärkung dieser Kompetenzen wird also auch die Grundlage für Teamfähigkeit gelegt.

Folgende Fähigkeiten sollten den Azubis vorher vermittelt werden:
- Erkennen der wesentlichen und wichtigen Inhalte einer Information
- Fähigkeit, Wichtiges von Unwichtigem zu unterscheiden
- Fähigkeit zu Darstellung und Weitergabe von Informationen
- positives Zuhörer-Verhalten
- Fähigkeit, auf andere einzugehen
- Anerkennung und Einhaltung von aufgestellten Regeln
- Fähigkeit zur Selbstdarstellung/Äußerung von Wünschen
- Fähigkeit zur Meinungsbildung

Folgende Persönlichkeitseigenschaften unterstützen zusätzlich die Teamarbeit:
Hilfsbereitschaft, Engagement und Eigeninitiative.

Aufbau eines „Wir-Gefühls"

Ein **„Wir-Gefühl"** verbindet die Gruppenmitglieder und ist gekennzeichnet durch:
- starkes Zusammengehörigkeitsgefühl/starken Zusammenhalt
- verstärkte Einsatzbereitschaft/höhere Leistungsbereitschaft der einzelnen Mitglieder
- Ansporn für andere Gruppenmitglieder
- Sympathie füreinander
- gegenseitige Unterstützung und Hilfe für einzelne Mitglieder
- Stolz auf gemeinsame Leistungen und Erfolge

Arbeits- und Leistungserfolge verstärken das „Wir-Gefühl", das auch hilft, Krisenzeiten leichter zu überstehen.

Unterstützung der Teamentwicklung

Ausbilder haben verschiedene Möglichkeiten, die Entwicklung und das Entstehen von Teams zu unterstützen:
- Die Aufgaben müssen vom Anspruchsniveau langsam steigend aufgebaut werden, so werden Erfolgserlebnisse vermittelt und der Aufbau eines Wir-Gefühls erreicht.
- Das Thema muss eine komplexe, realistische Aufgabe sein, deren Ergebnis für den Betrieb verwertbar ist.
- Die Aufgabe muss so gestaltet sein, dass sie nicht von einer Person alleine gelöst werden kann.
- Die Teammitglieder müssen schon über Wissen und Erfahrungen verfügen, die sie in die Arbeit mit einbringen können.
- Dem Team müssen freie Gestaltungsmöglichkeiten und Entscheidungskompetenzen eingeräumt werden.

So können Ausbilder gezielt erreichen, dass aus einer **Gruppe von Azubis** ein zielorientiertes, sich **gegenseitig unterstützendes Team** wird.

6.6.2 Methoden der Teamarbeit

Um den Teamentwicklungsprozess richtig zu fördern, sind geeignete Ausbildungsmethoden zu wählen. Alle hier beschriebenen Methoden folgen im Aufbau dem „Modell der vollständigen Handlung" (vgl. 4.5.1 „Selbstgesteuertes offenes Lernen ermöglichen").

Es gibt noch eine Reihe weiterer Methoden, die ähnlich aufgebaut sind und deshalb hier nicht ausführlich beschrieben werden wie z. B. die Fallstudie oder Fallmethode, die an einem realen oder fiktiven „Fall" die Azubis zu einer Lösungsfindung herausfordert.

Hier nur zur Wiederholung nochmals „die Stufen der vollständigen Handlung":
1. Informieren
2. Planen
3. Entscheiden
4. Ausführen
5. Kontrollieren
6. Bewerten
7. Dokumentieren

Der Unterschied zwischen den einzelnen Methoden besteht in erster Linie durch die Art der Führung und Lenkung der Azubis durch die Lernprozesse.

Leitfragenmethode

Diese Fragen leiten die Azubis an:
- einen Lern- oder Arbeitsprozess gedanklich zu durchdringen
- einen Klärungsbedarf festzustellen und zu beseitigen
- eine Arbeitsplanung in Form von Gliederung und Organisation zu erstellen

Die **Leitfragen** bilden somit den „roten Faden", an dem sich die Denk- und Arbeitsprozesse entfalten. Ohne die weitere Unterstützung der Ausbilder vollziehen sie die einzelnen Stufen der „vollständigen Handlung" an ihrer Arbeitsaufgabe.
Das „Netz", das diese Leitfragen für die Azubis darstellt, muss zunächst sehr engmaschig sein, mit steigender Übung werden die Fragen weniger konkret und somit wird den Azubis mehr Denkleistung abverlangt.

Hier nun ein **einfaches Beispiel** für den Einsatz von Leitfragen aus dem Bereich der Hauswirtschaft.
Die Leitfragen sind unter dem Gesichtspunkt entwickelt worden: Was müsste ich mich selbst fragen, wenn ich geeignete Beschriftungskarten für ein Buffet planen und beschaffen müsste?

Die Leitfragen werden einem Team von drei Azubis ausgeteilt und folgender Arbeitsauftrag wird dazu erteilt:
„Wir wollen neue Beschriftungen auf unserem Buffet einführen und benötigen dazu ca. 50 Stück pro Buffetaufbau. Erarbeiten Sie einen brauchbaren Vorschlag und begründen Sie Ihre Auswahl bis zum ..."

Leitfragen für die Beschaffung von Buffetbeschriftungen unter besonderer Berücksichtigung der Optik und der Funktionalität:
1. Welche Arten von Beschriftungen gibt es?
2. Wer bietet solche Dinge an?
3. Welche Farben kommen beim Buffet in Frage?
4. Welche Optik passt zum Stil des Hauses, der sonstigen Einrichtung?
5. Gibt es Verordnungen, die bei der Nutzung solcher Schilder zu beachten sind?
6. Wer kann bei den vorstehenden Fragen kompetent beraten?
7. Welche Lieferanten kommen in Frage?
8. Wie sieht das Preis-Leistungs-Verhältnis Ihres optimierten Vorschlages aus?

Die Azubis müssen nun im Team die Aufgaben verteilen, einen neuen Besprechungstermin vereinbaren und dann die Entscheidung für ihren Vorschlag fällen und begründen.

AUFGABE

Erstellen Sie zu einem einfachen Thema aus Ihrem Arbeitsalltag ein Beispiel für einen von Leitfragen gestützten Arbeitsauftrag.

Leittextmethode

Hier wird als Führungsmittel ein Leittext verwendet. Unter einem Leittext versteht man eine Sammlung von verschiedenen Aufgaben, die ein bestimmtes, umfassendes Thema von verschiedenen Seiten beleuchten und bearbeiten.
Beispiele für Leittexte finden sich in den Berichtsheften für Azubis der Hauswirtschaft für die Themenbereiche Sicherheit und Gesundheitsschutz bei der Arbeit oder Lebensmittelhygiene.

Diese Leittexte beinhalten:
- die Aufgabe
- das anvisierte Lernziel
- Literaturhinweise
- einige Aufgaben mit vorgezeichneten leeren Tabellen zu verschiedenen Themen, z. B. Tabelle zur Erstellung einer persönlichen Tagesleistungskurve; Tabelle für Fehlerquellen, deren Unfallgefahren und deren Gegenmaßnahmen
- verschiedene Ankreuzfragen
- Aufgaben, die in Aufsatzform zu beantworten sind
- Lückentexte

Der Phantasie und Kreativität der Ausbilder sind hier keine Granzen gesetzt. Auch ein Lernzirkel kann als Leittext aufgebaut sein.
Die Azubis können derartige Leittexte also alleine oder in Gruppenarbeit bearbeiten. Wird diese Methode zur Teamarbeit eingesetzt, können die einzelnen Aufgaben entsprechend umfangreicher sein. Außerdem sollte dabei berücksichtigt werden, dass zwischendrin die Notwendigkeit zum Informationsaustausch und zur Absprache der Teammitglieder untereinander besteht.

Leittexte sind zwar in der Erstellung zunächst sehr aufwändig, können dann aber immer wieder eingesetzt werden und fördern stark die Selbstständigkeit, die Entscheidungsfähigkeit sowie die Organisationsfähigkeit der Azubis.

AUFGABEN

1. Finden Sie eine Arbeitsaufgabe, die sich als Ausbildungseinheit für die Verwendung von Leittexten eignet.
2. Entscheiden Sie sich für die notwendigen Medien, die Sie einsetzen wollen, und stellen Sie alles so zusammen, dass Sie es für spätere Azubis wieder verwenden können.

■ Projektarbeit

Auch die Projektarbeit ist nach dem „Modell der vollständigen Handlung" aufgebaut und strukturiert. Sie unterscheidet sich von der Leittext- und Leitfragenmethode insbesondere durch die Aufgabenstellung.

Die Führung der Azubis ist durch die Aufgabenstellung, die klare und eindeutige Formulierung des Arbeitsauftrages gegeben. Die Azubis organisieren und planen also ganz selbstständig. Dazu ist es notwendig, dass die Azubis bereits eine Reihe von Qualifikationen erworben haben, wie:

- Fähigkeit zum selbstständigen Arbeiten
- Fähigkeit, eine Aufgabe komplett zu planen
- Fähigkeit, klare Arbeitsaufträge umzusetzen
- notwendige fachliche Qualifikationen müssen bereits vorliegen

Die Aufgabe

- sollte eine Aufgabe sein, die verschiedene Bereiche aus dem Arbeitsgebiet berührt;
- sollte den Azubis viele Freiräume für Kreativität und Entscheidungen bieten;
- kann theoretische und praktische Inhalte verbinden;
- sollte von mehreren Personen bearbeitet werden müssen.

Projektarbeiten, wie sie derzeit meist durchgeführt werden, sind sehr komplex und arbeitsaufwändig und werden pro Ausbildungszeitraum max. einmal durchgeführt, da ihre Bearbeitung mehrere Wochen in Anspruch nimmt.

Die Erfordernisse an die Aufgabengestaltung lassen aber auch kleinere Projektarbeiten zu.

<u>Beispiel</u> einer Projektarbeit aus dem Bereich der Hauswirtschaft:
In einer Kurklinik reisen nach Schließung der Küche noch sechs Personen an, die nach ihrer langen Reise dringend noch etwas zu essen benötigen.
(Projektaufgabe von ca. 1,5 Stunde Umfang!)
Die zwei Azubis aus dem 3. Ausbildungsjahr sollen die Gäste mit einer warmen Mahlzeit versorgen.

1. Stufe: Zur Planung sind Gespräche mit den Gästen zu führen, um Besonderheiten festzustellen, außerdem sind die Vorräte zu prüfen (Fächer: Betreuungsleistungen und Vorratshaltung).
2. Stufe: Aus diesen Informationen können mögliche Gerichte überlegt werden.
3. Stufe: Entscheidung für ein Gericht.
4. Stufe: Die zwei Azubis verteilen die Aufgaben (Gerichte zubereiten, Tisch decken, Gäste bewirten), führen die Arbeiten aus und reinigen anschließend den Arbeitsplatz sorgfältig.
5. Stufe: Die Azubis kontrollieren ihre Arbeiten (Geschmack und Aussehen des Essens, Nutzung der Zeit, Verlassen des Arbeitsplatzes).
6. Stufe: Sie bewerten ihre eigene Leistung (ihre Planung, Arbeit, Arbeitsteilung und ihr Verhalten bei der Projektarbeit).
7. Stufe: Schwierigkeiten und Probleme werden schriftlich festgehalten und dokumentiert.

AUFGABEN

1. Welche Kompetenzen und Fähigkeiten der Azubis werden bei der oben aufgeführten einfachen Projektarbeit gefördert?
2. Erstellen Sie eine Liste von fünf Arbeitsaufgaben, die sich aufgrund ihres ganzheitlichen Umfangs für eine Projektarbeit eignen würden. Beachten Sie dabei, dass auch Arbeiten mit einem Arbeitsumfang von einigen Stunden sinnvolle Projektarbeiten sein können.

Handlungsfeld 7
Ausbildung beenden

7.1 Auf Prüfungen vorbereiten

Am Ende der Ausbildung steht die Abschlussprüfung. Hier wird der Erfolg der Ausbildung gemessen und festgestellt, ob die Azubis zur Ausübung qualifizierter Berufstätigkeit befähigt sind.
Die Prüfung soll durch gezielt zusammengesetzte Fragestellungen möglichst viele verschiedene Tätigkeitsbereiche der beruflichen Praxis widerspiegeln. Dazu werden in der Hauswirtschaft so genannte Kompaktaufgaben verwendet, die durch ein Ineinandergreifen verschiedener Fachbereiche auch die Koordinierungsfähigkeit und die Planungsfähigkeit der Azubis zeigen.

Ob die Azubis nach bestandener Prüfung in ihren Ausbildungsbetrieben weiterbeschäftigt werden oder ob sie sich eine neue Stelle suchen müssen, sollte schon vor der Prüfung geklärt sein. Werden die Azubis nach ihrer bestandenen Prüfung weiterbeschäftigt, so gilt dies als Abschluss eines unbefristeten Arbeitsverhältnisses. Die **ehemaligen Azubis** haben dann Anspruch auf eine entsprechende Entlohnung und auch die Kündigungsregelungen entsprechen denen von normalen Arbeitnehmern. Eine **Probezeit gibt es nicht** mehr, da der Betrieb die Person ja schon in der Ausbildung kennen gelernt hat und auch der Betrieb für diese Person bekannt ist.

7.1.1 Funktion der Prüfungen

Während die Zwischenprüfung eine Bestandsaufnahme ist, nach der noch einiges an Korrekturen möglich ist, ist die Abschlussprüfung von viel weitreichenderer Konsequenz, bestimmt sie doch häufig über den weiteren Werdegang einer ehemaligen Azubi. Kann sie nämlich – auch nach bestandener Prüfung – nicht in ihrem Betrieb bleiben, so trägt das Prüfungsergebnis mit dazu bei, ob sie anschließend eine Stelle nach ihren Vorstellungen bekommt.

■ Funktion der Zwischenprüfung

(vgl. 5.3.2 „Ergebnisse der Zwischenprüfung zur gezielten Förderung nutzen")

- Soll- Ist-Vergleich
- Motivationshilfe
- Ansporn zum Lernen
- Zugangsvoraussetzung zur Abschlussprüfung

■ Funktion der Abschlussprüfung

Die Prüfungsvorbereitung ist der letzte Abschnitt der Ausbildung. Zwangsläufig wird hierbei auf die vorangegangene Ausbildung zurückgeschaut. Die Azubis stellen oftmals erst jetzt richtig fest, wie viel sie in dieser Zeit gelernt haben. Außerdem sollen sie nun Techniken erwerben, mit denen sie ihre **Kompetenzen in der Prüfung darstellen** können. Wichtig sind hier auch die psychologischen Bedingungen während der Prüfungsvorbereitung.

Laut § 38 BBiG soll in der Abschlussprüfung festgestellt werden, ob

- die erforderlichen Fertigkeiten beherrscht werden;
- die notwendigen praktischen und theoretischen Kenntnisse vorhanden sind;
- der Lehrstoff der Berufsschule vertraut ist.

Neben der Feststellung, ob die Übernahme einer selbstständigen, verantwortungsvollen und qualifizierten Berufstätigkeit zugetraut werden kann, ist das Bestehen der Prüfung

- die Voraussetzung für tarifliche Einstufung und Zugang zu Weiterbildungsmöglichkeiten;
- Grundlage für die berufliche Entwicklungsmöglichkeit einer Person.

Um ein neutrales Urteil und eine Vergleichbarkeit der Prüfungsergebnisse zu erreichen, werden diese Abschlussprüfungen von Prüfungsausschüssen, die durch die zuständigen Stellen berufen sind, abgenommen.

7.1.2 Aufbau von Prüfungen

Alle Abschlussprüfungen beinhalten einen theoretischen Teil, der meist schriftlich und mündlich abgefragt wird, und einen praktischen Teil.
Hier soll nun am Beispiel der Hauswirtschaft der Aufbau der Prüfung verdeutlicht werden.

Schriftliche / Theoretische Prüfung:
Alle Azubis eines Bundeslandes schreiben am gleichen Tag und zur gleichen Uhrzeit die gleichen Prüfungen.

In der Hauswirtschaft sind dies 3 Fächer mit insgesamt 5 Stunden Prüfungszeit.

- Hauswirtschaftliche Betreuungsleistungen 2 Stunden
- Hauswirtschaftliche Versorgungsleistungen 2 Stunden
- Wirtschaft und Sozialkunde 1 Stunde

Die einzelnen Fachbereiche der Ernährungslehre, Hygiene, Fachrechnen, Haus- und Textilpflege, Erziehungslehre, Materialkunde, ... sind in die oben genannten Fachbereiche integriert.

Hat ein Prüfling in zwei der schriftlichen Fächer eine 5, so besteht die Möglichkeit, sich auf Antrag in einem der beiden Fächer durch eine mündliche Ergänzungsprüfung zu verbessern und somit das Bestehen der Prüfung doch noch zu erreichen.

Praktische Prüfung:
Die praktische Prüfung kann bereits vor der schriftlichen angesetzt sein oder erst danach. Diese Prüfung wird durch die örtlichen Prüfungsausschüsse organisiert und auch die Aufgaben werden vor Ort erstellt.

Nach der neuen AO von 1999 hat jeder Prüfling
- 2 Kompaktaufgaben von je 2,5 Stunden Dauer zu bearbeiten.
- Jede dieser Aufgaben umfasst mindestens 3 Fachbereiche, sodass durch die 2 Kompaktaufgaben fast alle Fachbereiche der praktischen Ausbildung abgedeckt sind.
- Die eine Kompaktaufgabe, die Regelaufgabe, bezieht sich auf alle Ausbildungsinhalte, die die AO vorgibt.
- Die andere Kompaktaufgabe, die Aufgabe aus dem Einsatzgebiet, kann zusätzliche Aufgaben enthalten, sofern sie durch die betriebliche Ausbildung abgedeckt wurden. Die Angaben hierzu macht der Prüfling selbst durch die Erstellung eines Erfassungsbogens.
- Jeder Prüfling muss eine Betreuungsaufgabe und eine Präsentationsaufgabe bearbeiten.
- Die Prüflinge bekommen die Aufgaben gut einen Tag vor der praktischen Durchführung, um so ausreichend Zeit für die Planung und den Einkauf zu haben. (Dies entspricht der beruflichen Realität, da auch hier nicht erst morgens feststeht, dass Feste oder andere größere Arbeitsaufgaben anliegen.) Dadurch können die Azubis ihre berufliche Planungsfähigkeit besser unter Beweis stellen.
- An die Durchführung jeder Kompaktaufgabe schließt sich nach einer kurzen Pause ein Prüfungsgespräch an, in dem die Azubi ihre Arbeit reflektieren soll, Planungen begründet und Ursachen von „Pannen“ näher bezeichnen kann. Dies soll die realistische Einschätzung der eigenen Leistung, das Problembewusstsein und die Ausdrucks- und Argumentationsfähigkeit der Azubi zeigen.

Korrektur und Bewertung:
Alle Arbeiten, schriftlich und praktisch, werden von 2 Prüferinnen beurteilt und bewertet.

Bestehen der Prüfung:
Wenn sowohl der schriftliche Teil als auch der praktische Teil mit einer Durchschnittsnote von mindestens ausreichend (= 4,45) abgelegt und kein Teilbereich mit ungenügend (5,5 – 6) bewertet wurde, ist die Prüfung bestanden.
Die Prüflinge erhalten dann zunächst eine schriftliche Bestätigung über das Bestehen der Prüfung und dann bei der Freisprechungsfeier ihre Prüfungszeugnisse.

7.1.3 Prüfungsvorbereitung

Um eine gute Prüfungsvorbereitung zu gewährleisten, muss dieser Abschnitt der Ausbildung sorgfältig geplant und organisiert werden.
Die folgende mögliche Strategie nach dem „Modell der vollständigen Handlung“ kann eine Hilfe zur Vorbereitung sein.
Jede Vorbereitung muss allerdings an die Gegebenheiten des jeweiligen Betriebes und an den entsprechenden Ausbildungsberuf angepasst werden.

■ Informieren

- Zunächst sollte die Azubi mit den Erfordernissen und Gegebenheiten der Prüfung vertraut gemacht werden, d. h.:
  - Die Räumlichkeiten, in denen die Prüfung abgehalten werden, müssen besichtigt werden.
  - Der zeitliche Ablauf und die Termine müssen rechtzeitig bekannt gegeben werden.
  - Die Prüfungssituation mit den 2 Prüferinnen sollte der Azubi vertraut gemacht werden.
- Die geforderten Prüfungsinhalte und Fächer müssen bearbeitet werden, d. h., es müssen die geforderten Inhalte der AO mit der Azubi besprochen werden und mit den vermittelten Ausbildungsinhalten verglichen werden.
- Es können auch alte Prüfungsaufgaben betrachtet werden, so sieht die Azubi den Aufbau und die Gestaltung der Aufgaben und findet sich in der Prüfungssituation mit den Formularen besser zurecht.

■ Planen

- Je nach Ergebnis der Bestandsaufnahme, können nun gezielte Übungen für Ausbildungsinhalte ausgesucht werden.
- Es kann eine ganze Liste dieser Übungen aufgestellt werden.
- Es sollte auch wenigstens ein vollständiger Prüfungsdurchlauf eingeplant werden (wird häufig von den zuständigen Stellen am Prüfungsort durchgeführt = Betriebstag, damit die Azubis mit den dortigen Gegebenheiten vertraut gemacht werden).
- Für diese Übungen muss ausreichend Zeit eingeplant werden, da „neben“ dieser Vorbereitung der normale Betriebsablauf unvorhergesehene Störungen hervorrufen kann.
- Insbesondere bei Ausbildungsverkürzung ist eine Bestandsaufnahme, ob alle Ausbildungsinhalte auch sicher vermittelt wurden, notwendig. Hierzu kann das Berichtsheft wertvolle Dienste leisten.

■ Entscheiden

- Die Azubi sollte selbst mitentscheiden, welche Arbeiten noch Unsicherheiten bereiten und wo evtl. noch Nachholbedarf besteht.
- Auch die Reihenfolge der Übungsaufgaben muss nun entschieden werden, dabei sind die größten Unsicherheiten zuerst zu beseitigen.

■ Durchführen

- Von der Planung bis zur Durchführung einer vollständigen Aufgabe sollten Übungseinheiten durchgeführt werden.

- Nach der Arbeit sollten Reflexionsgespräche geführt werden, die die Azubi mit der Situation der Prüfungsgespräche vertraut machen.
- Insbesondere Rollenspiele, wie sie in der Hauswirtschaft zum Abprüfen der Betreuungsaufgabe eingesetzt werden, sollten geübt werden (evtl. sogar mit fremden Personen, um die Prüfungssituation besser zu simulieren).
- Alle geplanten Ausbildungsinhalte, insbesondere die, bei denen die Azubi noch Schwierigkeiten oder Lücken hat, sollten geübt werden.
- Durch ermutigende Gespräche sollte der Azubi Sicherheit vermittelt werden.
- Lerntechniken wiederholen, um der Azubi das Lernen zu erleichtern:
  Wechsel zwischen Lesen und Schreiben / Fragen und Antworten /verschiedenen Lerngebieten,
  Lernpausen einlegen.
- Prüfungsangst bekämpfen (siehe unten).

Kontrollieren

- Bei der Durchführung der Übungen wird die Sicherheit und Selbstständigkeit der Azubi kontrolliert.
- Die Beherrschung der theoretischen Inhalte kann durch Fragebögen oder alte Prüfungsfragen ergründet werden.

Eine so vorbereitete und durchgeführte Prüfungsvorbereitung hat verschiedene Vorteile:
- Die Azubi bekommt die Sicherheit, dass sie die Ausbildungsinhalte ausreichend beherrscht.
- Die Azubi kann sich der Tatsache, dass die Prüfung ansteht, nicht weiter verschließen und fängt dann auch rechtzeitig an, daheim die Berufsschulinhalte zu lernen.
- Für den Betrieb besteht Gewissheit, die Ausbildung so zu einem sinnvollen Abschluss gebracht zu haben und die Azubi bestmöglich auf die Prüfungen vorbereitet zu haben.

Prüfungsangst sinnvoll bearbeiten

Trotz all dieser Vorbereitung und auch bei guten Leistungen haben manche Azubis regelrecht panische Prüfungsangst. Diese stellt ein nicht zu unterschätzendes Problem dar.

Wissenschaftler haben festgestellt, dass ein gewisses **Angstniveau** sogar die **Leistungen steigern** kann. Zu große Angst dagegen führt zu schlechten Leistungen, da die Prüflinge blockiert sind, ihnen Antworten nicht einfallen, die sie eigentlich wissen, und sie Fehler machen, die sie sonst nicht gemacht haben.

Die Leistungen in einer Prüfung werden aber nicht nur von der Prüfungsangst beeinflusst. Sie sind vielmehr von zahlreichen anderen Faktoren mitbestimmt, z. B. der physischen Verfassung des Prüflings, der Erfahrung von Prüfungssituationen, dem Übungsstand, der Formulierung und dem Niveau der Aufgabenstellungen, den Leistungsmotiven, der Begabung des Prüflings usw.

Symptome der Prüfungsangst:
- schlaflose Nächte
- unruhiger Schlaf
- schweißgebadetes Aufwachen
- nasse Hände
- Zittern
- Denkblockaden
- Konzentrationsschwächen

So ist es eine wichtige Aufgabe der Ausbilderin, sich dieser Problematik gezielt zu stellen und sie in eine sorgfältige Prüfungsvorbereitung mit einzubeziehen.

Als Ausbilderin helfen Sie durch
- offene, vertrauensvolle Gespräche,
- Nachspielen der Prüfungssituation,
- realistische Leistungsbewertung,
- Ernstnehmen des Prüflings,
- Schilderungen eigener Erlebnisse und Erfolge,
- Erklärung der Wirkung von positivem Denken,
- spezielle Entspannungs-/Atemtechniken,
- Klarlegung des objektiven Prüfungswertes.

Eine gründliche Vorbereitung auf die Prüfung vermittelt Sicherheit und Selbstvertrauen und trägt dadurch gleichzeitig zur Minderung von Prüfungsangst bei. Die geführten Gespräche sollen eine realistische Einschätzung der Prüfung erzeugen. Weder ein Herunterspielen noch ein Dramatisieren sind eine geeignete Hilfe. Die Prüfung ist eine schwierige Ausbildungs- und Lebensphase, die es zu bewältigen gilt.

Prüfungsangst ist keine Schwäche, sondern eine „biologisch sinnvolle Reaktion" aller Menschen bei Bedrohung ihrer Existenz.

Angst kann willkommener Leistungsverstärker sein!

AUFGABEN

1. Beschreiben Sie typische Symptome von Prüfungsangst.
2. Wodurch wird Prüfungsangst verstärkt?
3. Welche der unter 2. angegebenen Punkte können durch eine sorgfältige Prüfungsvorbereitung verringert werden?
4. Nehmen Sie Stellung zu der Aussage: „Nur wer alleine mit der Prüfungsangst zurechtkommt, taugt anschließend auch etwas im beruflichen Stressalltag!"

7.1.4 Prüfungsordnungen

Die Prüfungsordnungen regeln für die einzelnen Berufe die notwendigen Formalitäten:
Dazu gehören:
- die Errichtung und Zusammensetzung der Prüfungsausschüsse
- Befangenheits- und Verschwiegenheitsregelungen

- Wahl des Vorsitzes und die Geschäftsführung
- Die Aufgaben zur Vorbereitung der Prüfung
- Prüfungs-Zulassungsvoraussetzungen und die Zulassungsvoraussetzungen in besonderen Fällen
- Die Anmeldung der Prüfung mit Termin und notwendigen Unterlagen
- Prüfungsanforderungen der Prüfung
- Angaben zur Durchführung der Prüfungen (Aufsicht, Täuschungsversuche, Rücktritt, ...)
- Angaben zur Bewertung, Feststellung und Bekanntgabe des Prüfungsergebnisses
- Bestimmungen zu Prüfungswiederholungen
- Angaben zu den Prüfungsunterlagen

Für die Prüflinge und die Ausbildenden wichtig, sind die Angaben über die terminlichen Voraussetzungen der Anmeldung zur Prüfung und die geforderten Unterlagen. Außerdem wollen Prüflinge den genauen Ablauf der Prüfung erfahren und wie und wann die Prüfungsergebnisse mitgeteilt werden. Für die Betriebe sind diese Informationen für die Vorbereitung auf die Prüfungen und aus rechtlichen Gesichtspunkten wichtig.

AUFGABEN

1. Diskutieren Sie die Frage nach der Gleichstellung von Ausbildungsergebnissen z. B. im Rahmen der Wiedervereinigung Deutschlands oder der Eingliederung von Spätaussiedlern aus dem Osten.
2. Nehmen Sie Stellung zu folgenden Aussagen:
   - „In den Ländern, wo die herkommen, konnte man sich doch alles, also auch den Zettel für einen Berufsabschluss, erkaufen."
   - „Die wirtschaftlichen Verhältnisse dort sind mit denen in Deutschland nicht vergleichbar, also können wir auch real gemachte Ausbildungen nicht anerkennen, da sie nicht unserem technischen Stand entsprechen."
3. Überlegen Sie die Konsequenzen einer Nicht-Anerkennung von Ausbildungen für die betroffenen Personen im Hinblick auf
   - ihren beruflichen Werdegang,
   - ihre Persönlichkeit,
   - ihr Selbstwertgefühl,
   - ihre Zukunftsperspektiven (Rente)
   - ihre Einstellung zu dem Land und den Bewohnern des Landes in dem sie nun leben.

7.2 Zur Prüfung anmelden

Damit die Prüfung in geordneten Bahnen ablaufen kann, müssen bestimmte Formalitäten und Fristen eingehalten werden, denn die Vorbereitung der Prüfung durch die Prüfungsausschüsse braucht auch ihre Zeit. Die Anmeldung zur Prüfung zählt zu den Pflichten der Ausbildenden und kann nur in Ausnahmesituationen (vorzeitige Zulassung, Wiederholungsprüfung ohne Fortbestehen des Ausbildungsverhältnisses) durch die Azubis selbst erfolgen. Die Einhaltung dieser Pflicht ist wichtig, da durch ein Versäumnis Schadenersatzansprüche durch die Azubis entstehen können.

7.2.1 Zulassungsvoraussetzungen laut BBiG

Das seit dem 1. April 2005 geltende BBiG regelt in §§ 43–46 die Zulassung zur Prüfung. Die Abläufe der Prüfungsanmeldung stellen sich wie folgt dar:

- Nachdem die zuständige Stelle Anmeldefristen und Prüfungstermine in den Mitteilungsblättern bekannt gegeben und zur Anmeldung aufgefordert hat, meldet der Ausbilder den Auszubildenden an. Nur in Sonderfällen macht dies der Auszubildende selbst. Der Ausbilder wird durch die zuständige Stelle mittels der Prüfungsordnung über das Zulassungsverfahren informiert.
- Voraussetzungen für die Anmeldung: letztes Berufsschulzeugnis, Bescheinigung über die Teilnahme an Zwischenprüfung, Ausbildungsnachweis, Prüfungsgebühr, Anmeldeformular.
- Hält die zuständige Stelle die Voraussetzungen der Zulassung für gegeben, lässt es den Auszubildenden zur Prüfung zu.
- Hält die zuständige Stelle die Voraussetzungen für nicht gegeben, entscheidet der Prüfungsausschuss über die Zulassung. Dieser teilt seine Entscheidung dem Auszubildenden mit.

7.2.2 Zulassungscheckliste[1]

Um sicherzustellen, dass alle Formalitäten rechtzeitig und vollständig erledigt werden können, hat sich die Nutzung einer Checkliste bewährt.

Beispiel einer solchen Checkliste.
Durch farbiges Abhaken ist ein schneller Überblick über die noch anstehenden Aufgaben möglich. Aus Gründen der Übersichtlichkeit sollte für jeden Prüfling eine eigene Checkliste angelegt werden.

Zum Prüfungstermin:

- Endet die Ausbildungszeit spätestens zwei Monate nach dem maßgebenden Termin?
- Wenn nicht: Ist ein Antrag auf vorzeitige Zulassung beabsichtigt?

Zu notwendigen Unterlagen / Anlagen

- Ist das Ausbildungsverhältnis im Verzeichnis der Ausbildungsverhältnisse bei der zuständigen Stelle eingetragen? Wenn nicht: Mit der zuständigen Stelle klären!
- Wurden die Berichtshefte regelmäßig geführt und kontrolliert?
- Liegt das letzte Berufsschulzeugnis vor?
- Liegt die fachliche Beurteilung der Ausbildungsabschnitte vor?

Für den Fall vorzeitiger Zulassung

- Können die betrieblichen Leistungen mindestens mit gut bewertet werden?
- Können alle notwendigen Kenntnisse und Fertigkeiten bis zur Prüfung vermittelt werden?

1) nach Arnfried Müller, Joachim Peege, Wolfgang Tripp, Claus-Dieter Weibert: „Der Weg zur Ausbilderprüfung"

Zum Verfahren

- Liegt das Formular der zuständigen Stelle vor?
- Ist das Formular vollständig ausgefüllt?
- Sind ggf. Angaben zu Behinderungen der Azubi gemacht?
- Sind ggf. Angaben zu Wahlbausteinen gemacht?
- Hat die Azubi der Anmeldung zugestimmt (Unterschrift!)?

Weiter zu veranlassen

- Azubi für die Prüfungsteilnahme freistellen!
- Notwendige Werkzeuge und Werkstoffe für die Prüfung bereitstellen!
- Prüfungsgebühr entrichten!

7.3 Zeugnis ausstellen

Am Ende der Ausbildung erhalten die Azubis meist drei Zeugnisse:

- das Prüfungszeugnis der zuständigen Stelle
- das Zeugnis der Berufsschule
- das Zeugnis des Ausbildungsbetriebes

Beim Zeugnis des Ausbildungsbetriebes wirken die Ausbilder maßgeblich mit. Dabei sind die arbeitsrechtlichen Grundsätze für Zeugnisse zu beachten.

7.3.1 Rechtliche Vorgaben

Laut § 16 BBiG sind die Ausbildenden verpflichtet, den Azubis zum Ende der Ausbildungszeit ein Zeugnis auszustellen. Dieses Zeugnis sollen auch die Ausbilder unterschreiben, sofern Sie nicht selber Ausbildende sind. In § 16 BBiG werden auch die Mindestinhalte dieses Zeugnisses festgelegt.
Nur in Ausnahmefällen sind die Ausbildenden verpflichtet, den Azubis auch ein **Zwischenzeugnis** auszustellen:

- Ausscheiden von Ausbildern, die für die Zeugniserstellung maßgebend sind
- Zulassung der Azubis zu einem weiterführenden Bildungsgang, die an die Vorlage eines Zeugnisses gebunden ist
- Antrag auf vorzeitige Zulassung zur Abschlussprüfung

7.3.2 Form und Aufbau des Zeugnisses[1])

Zeugnisse zu schreiben ist eine meist ungeliebte Angelegenheit, da allgemein eine große Unsicherheit über die Form und die geforderten Inhalte besteht. Diese Unsicherheit ist unnötig und der Sache nicht dienlich. Wer öfter Zeugnisse verfassen muss, sollte sich unbedingt mit Fachliteratur beschäftigen, aber auch die Berufsverbände helfen hier gerne weiter.
Ein Zeugnis entscheidet über die berufliche Entwicklung eines Mitarbeiters und sollte nicht „so nebenbei" erledigt werden!

■ Zeugnisform

Alle Zeugnisse haben jedoch gewisse **Grundsätze** in der Form gemeinsam:

- Ein Zeugnis ist immer schriftlich zu erstellen, meist Maschinenschrift, bei Handschrift ist Bleistift unzulässig.
- Empfohlen wird die Blattgröße DIN A4, mindestens jedoch DIN A5. Eine Faltung sollte vermieden werden.
- Die Anreden „Frau" und „Herr" und öffentlichrechtliche Titel (z. B. Diplomkaufmann in nicht abgekürzter Form!) sind anzuführen.
- Die Person des Arbeitnehmers ist genau zu bezeichnen: Vorname, Familienname, ggf. auch Geburtsname, damit es nicht zu Verwechslungen mit Gleichnamigen kommt.
- Die Adresse des Arbeitnehmers darf nur auf dessen Wunsch vermerkt werden.
- Qualitativ hochwertiges, haltbares Papier sollte verwendet werden, denn das Zeugnis ist auch die Visitenkarte des Betriebes.
- Das Zeugnis darf keine Radierungen, Streichungen oder Einschaltungen enthalten.
- Das Zeugnis darf nicht mit geheimen Kennzeichen versehen werden.
- Ein Zeugnis ist fehlerfrei zu erstellen, bei Schreibfehlern ist das Zeugnis neu zu schreiben.
- Unterstreichungen, Fettschrift, Fragezeichen, Ausrufungszeichen und Gänsefüßchen sind unzulässig.
- Auch Ausländern ist das Zeugnis in deutscher Sprache auszustellen.
- Das Datum der Ausstellung ist in das Zeugnis aufzunehmen. Rückdatierungen sind unzulässig. Bei Zeugnisänderungen durch Gerichtsbeschluss bleibt das ursprüngliche Ausstellungsdatum erhalten.
- Jedes Zeugnis muss eigenhändig unterschrieben werden. Faksimiles sind nicht ausreichend.
- Der Unterzeichnende muss im Rang höher stehen als der Zeugnisempfänger.

■ Aufbauschema der Zeugnisse

Es gibt verschiedene Zeugnisarten, das **einfache Zeugnis** und das **qualifizierte Zeugnis,** die sich hauptsächlich durch ihren Inhalt unterscheiden. Die Punkte **8, 9 und 10 sind nur Bestandteile des qualifizierten Zeugnisses.** Alle anderen Punkte sind in beiden Zeugnisformen gleich.

1. **Bezeichnung des Ausbildungsbetriebes**
   die übliche Bezeichnung und Anschrift des Betriebes
2. **Datum der Ausstellung**
   meist mit dem Datum der Beendigung der Ausbildung identisch
3. **Bezeichnung der Azubi**
   Vor- und Familienname, ggf. Geburtsname, Geburtsdatum, Geburtsort
4. **Angaben zur Art der Ausbildung**
   Hier sollen der Betrieb mit seinen Aufgaben oder Produktionsleistungen, die berufsbildende Schule oder Berufsbildungseinrichtung kurz erläutert werden, in denen die Ausbildung stattfand.

[1]) nach Herbert Sabel: „Arbeitszeugnisse richtig schreiben und bewerten"

5. **Dauer der Ausbildung**
   Tag des Ausbildungsbeginns und der Beendigung
6. **Ziel der Ausbildung**
   Bezeichnung des Ausbildungsberufes und evtl. die genaue Kennzeichnung der zugrunde gelegten AO
7. **Erworbene Fertigkeiten und Kenntnisse**
   Es reicht eine schwerpunktmäßige Darstellung, eine Anlehnung an das Ausbildungsberufsbild erleichtert die Formulierung und ist für Fremde verständlicher.
8. **Angaben über die Führung**
   Grundsätzlich ist hier nur die Führung im Betrieb gemeint, einmalige Ausrutscher im Verhalten rechtfertigen keine Verschlechterung der Beurteilung.
9. **Angaben über die Leistungen**
   Sie umfassen die gesamte Ausbildungsdauer, sodass Leistungsschwächen, die überwunden wurden, hier nicht besonders herausgestellt werden sollten. Ein Hinweis auf eine nicht bestandene Prüfung ist statthaft.
10. **Angaben über besondere fachliche Fähigkeiten**
    Auf Verlangen der Azubi müssen besondere Eignungen, Neigungen und Leistungen in das Zeugnis aufgenommen werden.
11. **Unterschrift und Name der Ausbildenden**
    Der Name der Ausbildenden sollte unter der Unterschrift aufgeführt werden, da die Unterschriften oft nicht sehr gut leserlich sind.
12. **Unterschrift und Name der Ausbilder (Soll-Vorschrift)**
    Wurde die Ausbildung von bestellten Ausbildern durchgeführt, so sollen diese das Zeugnis ebenfalls unterschreiben. Sie können ihre Unterschrift nur verweigern, wenn sie den Inhalt des Zeugnisses nicht mitverantworten können.

7.3.3 Zeugnissprache[1])

Eine Beurteilung der Leistung und Führung einer Person so zu formulieren, dass der Empfänger des Zeugnisses dies auch so versteht, wie es der Aussteller gemeint hat, ist fast unmöglich. Deshalb haben sich in der Praxis und mithilfe der Arbeitsgerichte bestimmte Redewendungen ausgeprägt, die allgemein verstanden und häufig benutzt werden.

Als oberster Grundsatz gilt, dass **jedes Zeugnis der Wahrheit entsprechen muss.**
Hat also ein Arbeitnehmer nur mittelmäßige oder schlechtere Leistungen erbracht, so muss das Zeugnis dies auch ausdrücken.
Da ein Zeugnis keine „negativen" Beurteilungen enthalten darf, werden entsprechend schlechte Leistungen verschlüsselt dargestellt, was fälschlicherweise oft als „Geheimsprache der Personalleiter" bezeichnet wird.
Die Formulierungen müssen klar und verständlich sein.
Es besteht kein Anspruch auf eine bestimmte Formulierung. Der Arbeitgeber entscheidet über die Hervorhebung von positiven und negativen Leistungen, wobei er nur darauf achten muss, dass **das Zeugnis nichts Falsches enthält.**

Beispiele kodierter Bewertungen:

Note 1
- Herr/Frau ... hat unseren Erwartungen in jeder Hinsicht und in allerbester Weise entsprochen
- Herr/Frau ... hat die ihm/ihr übertragenen Arbeiten stets zu unserer vollsten Zufriedenheit erledigt
- ihre/seine Leistungen haben in jeder Hinsicht unsere volle Anerkennung gefunden
- ihre/seine Leistungen waren sehr gut
- wir waren mit ihren/seinen Leistungen in jeder Hinsicht außerordentlich zufrieden

Note 2
- ihre/seine Leistungen waren gut
- er/sie hat unseren Erwartungen in jeder Hinsicht und in bester Weise entsprochen
- Herr/Frau ... hat die ihm/ihr übertragenen Arbeiten stets zu unserer vollen Zufriedenheit erledigt

Note 3
- ... jederzeit/stets zu unserer Zufriedenheit
- er/sie hat seine/ihre Aufgaben zur vollen Zufriedenheit erledigt
- wir waren mit ihren/seinen Leistungen jederzeit/stets zufrieden
- sie/er hat unseren Erwartungen in jeder Hinsicht entsprochen

Note 4
- mit ihren/seinen Leistungen waren wir zufrieden
- Herr/Frau ... hat die ihm/ihr übertragenen Aufgaben zu unserer Zufriedenheit erledigt
- sie/er hat unseren Erwartungen entsprochen
- die gezeigten Leistungen bewegten sich durchaus im Rahmen ihrer/seiner Fähigkeiten
- ... hat zufrieden stellend gearbeitet

Note 5
- ... hat sich stets bemüht
- sie/er hat sich bemüht (mit großem Fleiß), die ihr/ihm übertragenen Arbeiten zu unserer Zufriedenheit zu erledigen
- sie/er hat sich stets bemüht, den Anforderungen gerecht zu werden
- sie/er hat sich mit großem Eifer an diese Aufgabe herangemacht und war erfolgreich
- sie ist eine zuverlässige, gewissenhafte Mitarbeiterin
- sie/er machte Vorschläge zur Bewältigung der Arbeit

Es wirft kein gutes Licht auf einen Betrieb, wenn alle Zeugnisse ähnliche Formulierungen enthalten. Diese aufgelisteten Beispiele zeigen, dass es eine ganze Reihe von Formulierungen gibt, die sich zusammenstellen lassen, sodass individuell ausgerichtete Zeugnisse erstellt werden können, die aber auch aussagekräftig sind.

[1]) nach Herbert Sabel: „Arbeitszeugnisse richtig schreiben und bewerten"

AUFGABE

Situation: Ihre Azubi Sabine Meier wird in Kürze die Abschlussprüfung machen. Es ist sicher, dass sie die Prüfung bestehen wird, denn ihre Leistungen waren stets gut. Sie wollen schon mal das Zeugnis vorbereiten, das Sie ihr nach bestandener Prüfung ausstellen müssen. Dazu sehen Sie ihre Beurteilungsmappe durch, um Informationen für ein qualifiziertes Zeugnis zu haben. Hier finden Sie die Information, dass Sabine im 2. Ausbildungsjahr einige Male unpünktlich war; in allen Abteilungen hatte sie gewisse Schwierigkeiten mit ihren Kolleginnen, da sie einen recht ruppigen Umgangston hat; sie hat aber immer viel und gut gearbeitet und war auch zu Sonderarbeiten bereit; mit den Gästen des Hauses kam sie sehr gut zurecht.

a) Erstellen Sie für Sabine Meier ein qualifiziertes Arbeitszeugnis. Notwendige fehlende Angaben ergänzen Sie frei.
b) Welche Informationen haben in dem Zeugnis nichts zu suchen? Begründen Sie Ihre Aussage.
c) Markieren Sie die Teile des Zeugnisses, die in einem einfachen Zeugnis fehlen würden.
d) Wer unterschreibt das Zeugnis?

7.4 Ausbildung beenden/verlängern

In der Regel endet das Ausbildungsverhältnis mit dem Bestehen der Prüfung oder nach Ablauf der Ausbildungszeit. Hierzu bedarf es keiner zusätzlichen Erklärung oder Kündigung.
Darüber hinaus kann ein Ausbildungsverhältnis aber auch aus verschiedenen Gründen beendet oder auch verlängert werden.

7.4.1 Ausbildung beenden

Anhand des Beispiels einer Azubi:

1. nach **Ablauf der Ausbildungszeit**
   Zu dem im Ausbildungsvertrag eingetragenen Zeitpunkt, auch wenn keine Prüfung abgelegt wurde (z. B. bei schwangeren Azubis), sofern die auszubildende Person nicht eine Verlängerung des Ausbildungsverhältnisses beantragt hat.
2. durch **Bestehen der Prüfung**
   Nach Erhalt der Bescheinigung über das Bestehen der Prüfung durch den Prüfungsausschuss. Wird die Azubi nach der Vorlage der Bescheinigung weiter beschäftigt, so ist dies als eine Übernahme in ein unbefristetes Arbeitsverhältnis zu werten.
3. in **beiderseitigem Einvernehmen**
4. während der **Probezeit**
   Hierzu ist keine Angabe des Grundes erforderlich, die Kündigung muss allerdings schriftlich erfolgen. Es sind keine Kündigungsfristen vorgesehen und die Kündigung kann sowohl von Seiten des Betriebes als auch von der Azubi erfolgen.
5. **fristlose** Kündigung, nach Ablauf der Probezeit
   Nach § 626 Abs. 1 des BGB kann eine **außerordentliche, fristlose Kündigung** aus wichtigem Grund erfolgen. Hierunter fallen z. B. Tätlichkeiten des Ausbildenden oder fortlaufende Unpünktlichkeit der Azubi. Vorher sollten aber alle Erziehungsmittel ausgeschöpft sein und es muss **abgemahnt** worden sein.

Inhalt und Form einer Abmahnung:

- Überschrift „Abmahnung"
- Name, ggf. auch Geburtsname und Geburtsdatum des Arbeitnehmers
- genaue Beschreibung des Grundes für die Abmahnung, mit genauen Zeitangaben
- Einstufung des Vergehens als Vertragsbruch
- Nennung der arbeitsrechtlichten Konsequenzen im Wiederholungsfalle
- Datum und Unterschrift des Ausstellers
- schriftliche Bestätigung bei Erhalten der Abmahnung durch den Arbeitnehmer/Azubi bzw. seine gesetzlichen Vertreter

Wichtig: Bei Minderjährigen muss die Abmahnung auch den gesetzlichen Vertretern geschickt werden.

Folgende Formerfordernisse einer außerordentlichen Kündigung sind einzuhalten:

- Innerhalb von zwei Wochen mit dem Bekanntwerden des Kündigungsgrundes hat die Kündigung zu erfolgen. Wird erst danach gekündigt, ist die Kündigung unwirksam.
- Der Kündigungsgrund muss angegeben werden.
- Die Kündigung ist schriftlich einzureichen/zuzustellen und bei Minderjährigen auch den gesetzlichen Vertretern zu schicken (Einschreiben mit Rückschein).
- Es muss **abgemahnt** worden sein, es sei denn, dass ein längeres Abwarten unzumutbar wäre.
- Die Azubi muss zuvor zu dem Fehlverhalten gehört worden sein.
- Der Betriebsrat muss angehört werden.
- Eine Kündigungsfrist besteht nicht.

Hier einige Beispiele für außerordentliche, fristlose Kündigunggründe:

Die Azubi:

- verstößt, trotz Abmahnung, wiederholt gegen die im Ausbildungsvertrag festgehaltenen Pflichten
  - Lernpflicht
  - Berufsschulpflicht
  - Weisungsgebundenheit
  - Sorgfaltspflicht
  - Wahrung der Betriebsgeheimnisse
  - Benachrichtigungspflicht bei Fernbleiben und Krankheit
  - Durchführung der gesetzlich vorgeschriebenen ärztlichen Vorsorgeuntersuchungen
- wird dauerhaft arbeitsunfähig
- kann, als Minderjährige, durch Umzug der Eltern den Ausbildungsbetrieb nicht mehr erreichen.

Der Auszubildende

- verliert die Ausbildungsberechtigung
- verstößt wiederholt oder schwer gegen das JuArbSchG
- verweigert die Eintragung des Ausbildungsver-

trages in das Verzeichnis der Ausbildungsverhältnisse bei der zuständigen Stelle, trotz wiederholter Aufforderung durch die Azubi

Der Betrieb
- verliert die Ausbildungsberechtigung
- ist zahlungsunfähig
- wird stillgelegt/geschlossen

Dies ist keine vollständige Liste aller möglichen Kündigungsgründe, aber diese Beispiele machen deutlich, dass nur wirklich schwerwiegende Gründe eine außerordentliche, fristlose Kündigung rechtfertigen. Jedes Vergehen muss vorher abgemahnt worden sein (siehe oben), es sei denn es ist unzumutbar länger abzuwarten.

6. **fristgerechte** Kündigungen nach Ablauf der Probezeit können nur durch die Azubi ausgesprochen werden, wenn sie den Beruf wechseln oder die Ausbildung aufgeben möchte.

Grundsätzlich gilt, dass
- Kündigungen schriftlich mitzuteilen sind
- die vertraglichen Kündigungsfristen einzuhalten sind (meist 4 Wochen)
- der Kündigungsgrund anzugeben ist.

7.4.2 Ausbildung verlängern

1. **kraft Gesetz**
   Erziehungsurlaub und Wehrdienst werden nicht auf die Ausbildungszeit angerechnet, sie müssen der zuständigen Stelle nur gemeldet werden, dadurch verlängert sich die Ausbildungszeit um die Dauer dieser Unterbrechungen.
2. auf **Antrag der Azubis** (§ 8 Abs. 2 BBiG)
   Einen Antrag können nur die Azubis selbst bei der zuständigen Stelle einreichen, Ausbildende können eine Verlängerung weder beantragen noch verfügen oder verweigern. Ein Antrag auf Verlängerung ist dann sinnvoll, wenn schon im Vorfeld absehbar ist, dass das Ausbildungsziel nicht erreicht wird, z. B. verursacht durch längere Krankheit oder eine durch Anrechnung verkürzte Ausbildungszeit. Die Verlängerung erfolgt jeweils um $^1/_2$ Jahr.
3. bei **Nichtbestehen der Prüfung** (§ 8 Abs. 2 BBiG)
   Nach § 21 Abs. 3 BBiG verlängert sich die Ausbildungszeit bis zur nächstmöglichen Wiederholungsprüfung, höchstens jedoch um ein Jahr, wenn die Prüfung nicht bestanden wurde. Hierzu müssen die Azubis allerdings einen Antrag bei der zuständigen Stelle einreichen.

Insgesamt können die Azubis die Prüfung zweimal wiederholen, sie können jedoch jeweils nur bis zur nächstmöglichen Wiederholungsprüfung eine Verlängerung beantragen. Misslingt auch die erste Wiederholung, kann ein erneuter Antrag gestellt werden. Nach der zweiten Wiederholung gibt es in diesem Beruf keine weitere Möglichkeit zur Prüfung.
Selbst wenn beispielsweise der Ausbildende die Auffassung vertritt, dass eine Azubi auch nach einer Verlängerung die Prüfung nicht bestehen wird, kann er ihr die Verlängerung nicht verwehren. Die Verlängerungszeit ist von dem Ausbilder so zu gestalten, dass Mängel in der Qualifizierung behoben werden können. Die Azubi erhält in der Verlängerungszeit keine erhöhte Vergütung, da es sich hierbei nicht um ein Fortschreiten, sondern um das Nachholen der Ausbildung handelt.

7.5 Auf Fortbildungsmöglichkeiten hinweisen

Die handlungsorientierte Ausbildung zielt darauf ab, dass bereits in der Ausbildung der Grundstock für selbstständiges, eigenverantwortliches weiteres Lernen gelegt wird. Die heutige wirtschaftliche Situation erfordert von jedem Mitarbeiter ein gewisses Maß an Eigeninitiative, sich Neuerungen anzupassen und sich dem Wandel der Anforderungen nicht entgegenzustellen, sondern diesen kreativ und innovativ mit zu gestalten.

7.5.1 Ziele von Fortbildungen

Ein Ziel der Ausbildung ist es deshalb, die Möglichkeiten und Notwendigkeiten von Fort- und Weiterbildungen darzustellen.

Weiterbildungsmöglichkeiten nach Abschluss der Ausbildung (am Beispiel der Hauswirtschaft)

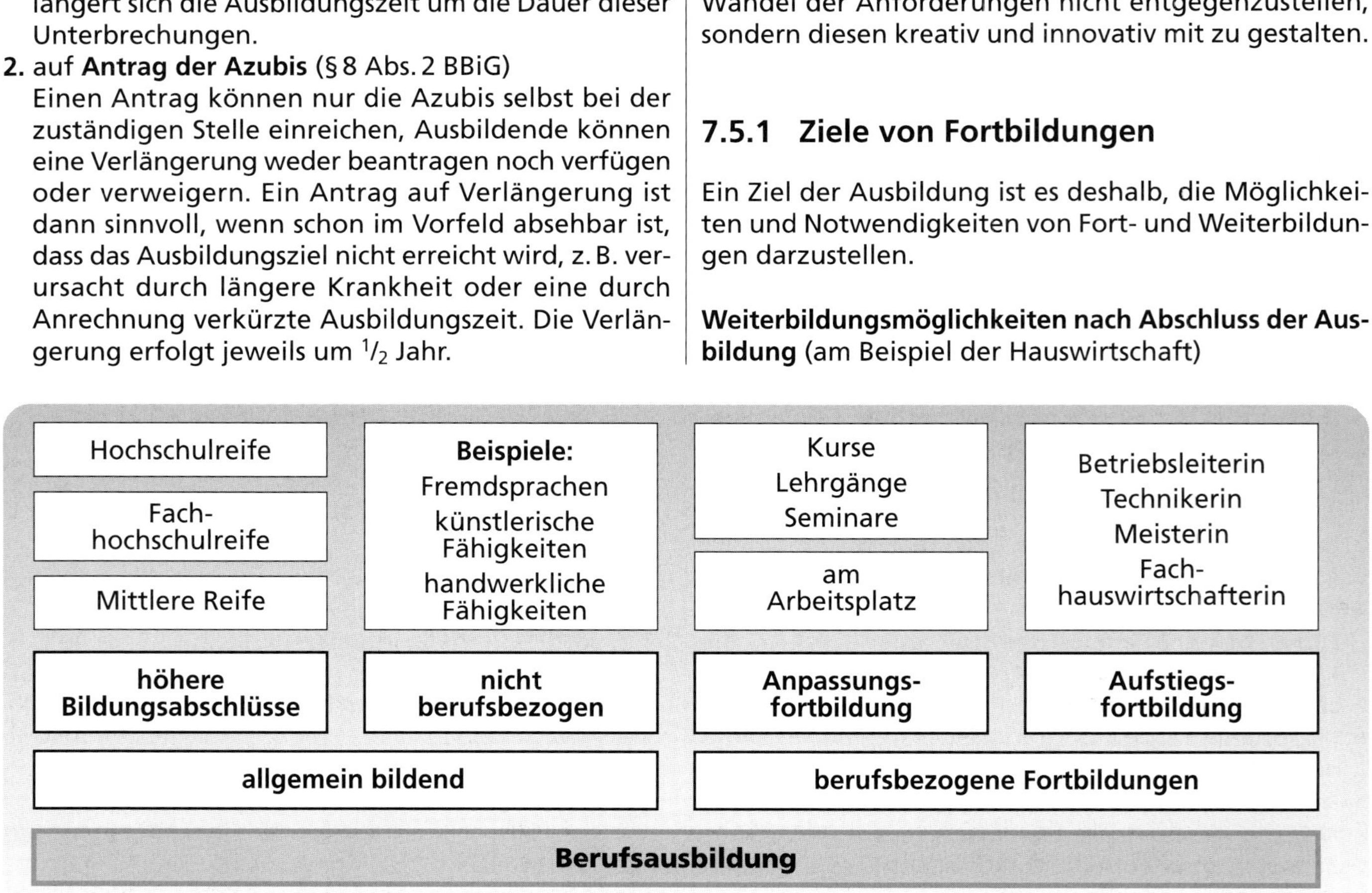

Die Inhalte dieser Bildungsangebote können auf verschiedene Ziele ausgerichtet sein, z. B.:

- Aneignung neuer Fertigkeiten und Kenntnisse
- Kennenlernen neuer Arbeitsverfahren und -techniken zur Erweiterung des beruflichen Horizontes
- Auffrischung bisher wenig oder ungenutzter Fertigkeiten und Kenntnisse
- Vertiefung und Erweiterung der beruflichen Handlungsfähigkeit

7.5.2 Möglichkeiten für Fort- und Weiterbildungen

Angebote machen die Berufsverbände, Regierungen, zuständigen Stellen, Kammern, privaten Schulungsunternehmen und freischaffenden Berater.
Es müssen aber nicht immer nur Seminare, Vorträge, Erfahrungsaustauschgruppen oder Arbeitsgruppen sein, die zur Weiterbildung beitragen. Aktuelle Artikel in Fachzeitschriften und Fachliteratur bieten hier ebenso eine große Bandbreite der Weiterbildung.
Allerdings bieten Schulungen, Seminare und Vorträge oft auch die Möglichkeit, die erworbenen Kenntnisse durch Teilnahmebestätigungen oder Zertifikate schriftlich zu belegen, sodass diese als Qualifizierungsnachweise dem Arbeitgeber vorgelegt werden können.

Unterschieden wird in 3 große Gruppen:

- **Anpassungsfortbildung**
  Hierbei handelt es sich um die Vertiefung oder Erhaltung bereits erworbener beruflicher Fertigkeiten und ihre Anpassung an die fortschreitende Entwicklung.

- **Aufstiegsfortbildung**
  Hierbei handelt es sich um die Erweiterung der Fertigkeiten und Kenntnisse, die mit einem höheren Berufs- oder Bildungsabschluss abgeschlossen wird.

- **Weiterbildungen**
  Hierbei handelt es sich um jegliche Art des Bildungsangebotes, auch nicht berufsbezogen. Es ist davon auszugehen, dass jede Lernaktivität die geistige Beweglichkeit steigert und somit auch der beruflichen Handlungsfähigkeit nützt.

Grundsätzlich kann man sagen, dass jede Verbesserung der beruflichen Position von entsprechender Fort- und Weiterbildung und Bildungsbereitschaft abhängig ist. Hier können und sollten die Ausbilder auf die Bedeutung und auf die Möglichkeiten der in Frage kommenden Fortbildungen hinweisen.

Als weitere Motivationshilfen sollten dann die staatlichen Unterstützungsprogramme wie das „Meister-Bafög" genannt und die verbesserten Verdienstmöglichkeiten aufgezeigt werden.

Zusätzlich sollten Ausbilder darüber Auskunft geben, wo Detailinformationen zu den Förderprogrammen erhältlich sind.

AUFGABEN

1. Stellen Sie wichtige Punkte zusammen, welche Möglichkeiten Ausbilder in der Ausbildung haben, um auf Fort- und Weiterbildungen aufmerksam zu machen.
2. Beurteilen Sie folgende Aussage: „Die Azubi ist gerade am Ende ihrer Ausbildung so sehr mit Lernen beschäftigt, dass sie vom weiteren Lernen nach der Prüfung derzeit nichts wissen will!"
3. Überlegen Sie sich Argumente, mit denen Sie auch in der letzten Phase der Ausbildung dieses Thema ins Interesse der Azubi rücken können.

7.6 An Prüfungen mitwirken

Ehrenamtlich tätige, engagierte Mitglieder und Stellvertreter der Prüfungsausschüsse werden immer wieder gesucht. Viele sehen dabei nur die Arbeit, die mit einer solchen Tätigkeit verbunden ist, doch sollte man auch die fachliche Bereicherung und den Erfahrungsaustausch, die an diese Tätigkeit gebunden sind, nicht übersehen.

Die Regierungen/zuständigen Stellen bieten regelmäßige Fortbildungen für die Mitglieder ihrer Prüfungsausschüsse. Aber auch der Kontakt zu Kolleginnen aus anderen Betrieben mit eventuell ähnlich gearteten Problemen kann sehr fruchtbar für die eigene Arbeit sein. Außerdem ist der Kontakt zur Berufsschule bzw. zu den entsprechenden Fachlehrern oftmals ein Vorteil für Ausbildungskooperationen, die sonst durch eine unpersönliche Atmosphäre unterblieben wären. Auch hier lassen sich einige positive Anregungen für den beruflichen Alltag finden.

7.6.1 Zusammensetzung und Berufung der Prüfungsausschüsse

Die Prüfungsausschüsse sind paritätisch zusammengesetzt, d. h. $^1/_3$ Lehrer, $^1/_3$ Arbeitgeber, $^1/_3$ Arbeitnehmer. Die Mitglieder werden von der zuständigen Stelle berufen. Hierfür werden die Berufsverbände aufgerufen, geeignete, engagierte Mitglieder zu benennen. Nur wenn von den Verbänden nicht ausreichend Personen genannt werden, kann die zuständige Stelle andere Bewerbungen in Betracht ziehen.

7.6.2 Anforderungen an Prüfer

Prinzipien für Prüfer

Die Wertvorstellungen unserer Gesellschaft erfordern, dass Prüfer mit einer bestimmten **Haltung und Einstellung** ihrer Prüfungstätigkeit nachgehen:

- Allen Prüflingen ist eine Chance zu geben.
- Alle Prüflinge werden nach dem gleichen Maßstab bewertet.
- Alle Prüflinge werden gleich und fair behandelt.

- Über Prüfungsaufgaben, Prüfungsleistungen bzw. Vorfälle aus der Prüfung muss Stillschweigen gewahrt werden.
- Prüfungsaufgaben sind der beruflichen Praxis zu entnehmen bzw. dieser so weit als möglich anzupassen.
- Die eigenen Kenntnisse sind stets zu aktualisieren – Fortbildung ist unerlässlich.
- Befangenheiten müssen berücksichtigt werden, d. h., Prüfer dürfen keine Verwandten oder engen Bekannten prüfen. Außerdem sollten Lehrer die eigenen Schüler nicht prüfen. Auf keinen Fall sollten Lehrer aber die Prüflinge in dem Fach prüfen, das sie selbst unterrichtet haben.
- Das Prüfungswesen muss sich den wirtschaftlichen Erfordernissen anpassen!
- Aktuelle und zukunftsweisende Veränderungen müssen schnell Eingang in die Prüfungen finden. Dazu gehören z. B.:
  - Handlungsorientierung (Planen, Durchführen und Kontrollieren)
  - bezahlbares Arbeitstempo
  - Zielorientierung / Personenorientierung
  - Lösungsorientierung

Kenntnisse und Fähigkeiten von Prüfern

- **Fachliche Fähigkeiten**
  Nach § 40 Abs. 1 BBiG müssen Prüfer in den Prüfungsgebieten sachkundig und für die Mitwirkung im Prüfungswesen geeignet sein.
- **Prüfungspädagogische Fähigkeiten**
  Diese drücken sich aus durch:
  - Schaffung einer angenehmen Prüfungsatmosphäre
  - Lösen von Prüfungsängsten durch natürlichen, freundlichen und korrekten Umgang mit den Prüflingen
  - einfühlsamen Umgang mit der praktischen Prüfungssituation
  - geschickte Fragestellung bei Prüfungsgesprächen (vgl. 3.3.3 „Fragetechniken" und 6.2.3 „Fragetechnik des Lehrgesprächs")
  - feinfühlige Führung des Prüflings durch Fragen und Setzen von Impulsen besonders in der mündlichen Prüfung
- **Berufs- und arbeitspädagogische Fähigkeiten** (für die Meisterprüfungsausschüsse)
  Diese Fähigkeiten, die durch die Prüfung nach der AEVO nachgewiesen werden, sind nur für die Tätigkeit im Meisterprüfungsausschuss Voraussetzung. Bei Lehrkräften sind diese Fähigkeiten durch ihre Ausbildung und entsprechende Prüfung ebenfalls gegeben.
  Für die Tätigkeit in den Prüfungsausschüssen der Gesellenprüfungen (z. B. Prüfungen zur Städt. Hauswirtschafterin) sind diese Fähigkeiten nicht vorgeschrieben.

Persönliche Eigenschaften

- Urteilsvermögen (durch Fachkompetenz, geschultes Auge, Kooperationsbereitschaft mit anderen Prüfern, angemessene Wertvorstellungen usw.)
- menschliche Reife (Selbstbewusstsein, Sicherheit im Umgang und im Auftreten usw.)
- Charakter (frei von Vorurteilen, keine Überheblichkeit usw.)

7.6.3 Aufgaben der Prüfungsausschüsse

- Organisation und Durchführung von Prüfungen
- Korrektur und Bewertung von Zwischen- und Abschlussprüfungen
- Aufgabenerstellung für praktische und mündliche Prüfungen im jeweiligen Prüfungsausschuss
- überörtliche Aufgabenerstellung für schriftliche Prüfungen
- Entscheidung über Prüfungszulassungen in Sonderfällen

AUFGABEN

1. Welche Schwierigkeiten sehen Sie für Ausbilder, die zusätzlich in einem Prüfungsausschuss tätig sind, durch den auch ihre eigenen Azubis geprüft werden?
2. Nehmen Sie Stellung zur Parität der Prüfungsausschüsse. Betrachten Sie dazu die folgende Aussage kritisch: „Was sollen die Lehrer bei der Prüfung eines Berufes? Hier ist doch das Wissen der Arbeitgeber und Arbeitnehmer gefragt und nicht die Theorie der Schule, die oftmals eh an der praktischen Realität vorbeigeht."
3. Bewerten Sie den ehrenamtlichen Einsatz von Prüfern aus Sicht der gesellschaftlichen Verantwortung und aus Sicht der beruflichen Belastbarkeit.

Handlungsfeld 8
Mitarbeiterführung und Zusammenarbeit im Betrieb

Die hauswirtschaftliche Ausbilderin hat im Betrieb nicht nur die Aufgabe, Azubis auszubilden und zu betreuen, sondern auch eine oder mehrere Abteilungen zu leiten. Dazu gehört es in ganz wesentlichem Umfang, mit den dort arbeitenden Mitarbeitern umzugehen:

- diese anzuleiten, zu führen
- ihnen Aufgaben und Ziele zu geben oder wieder zu entziehen
- ihre Arbeitsergebnisse zu kontrollieren, freizugeben und zu verantworten
- Konflikte rechtzeitig zu erkennen, zu schlichten und diesen vorzubeugen
- die Mitarbeiter zu bewerten, zu motivieren und zu fördern, aber auch abzumahnen, wenn sie gegen ihre Pflichten verstoßen
- neue Mitarbeiter auszuwählen und einzugliedern

Des Weiteren muss eine Führungskraft

- die eigenen Aktivitäten mit den anderen Führungskräften abstimmen
- ein Budget planen und verwalten
- Entwicklungen außerhalb der eigenen Abteilung und des Betriebes beobachten und bewerten
- Leistungen der eigenen Abteilung präsentieren

Jede Führungsposition ist etwas anders gestaltet und so kann es noch eine Vielzahl von weiteren Aufgaben geben.

Viele dieser Aufgaben wurden bereits in den vorangegangenen Kapiteln angesprochen und bearbeitet, sodass hier nur auf die entsprechenden Kapitel verwiesen wird.

8.1 Grundlagen der Mitarbeiterführung

8.1.1 Funktionskreislauf eines Betriebes

Um die Mitarbeiter im Sinne des Betriebes führen zu können, müssen die Abläufe innerhalb des Betriebes bekannt sein.

Zur leichteren Übersicht dient die folgende Grafik, die die **Funktionsweise eines Betriebes** darstellt.

■ Ziele definieren

Anhand dieser Grafik ist leicht zu erkennen, dass alle Entscheidungen und Tätigkeiten von der Zielsetzung des Betriebes abhängen. Sind diese **Ziele klar formuliert,** so können die möglichen Maßnahmen und die entsprechenden Entscheidungen und Tätigkeiten erfolgreicher durchgeführt werden.
Je nach Größe des Betriebes ist es also von entscheidender Bedeutung, dass die **Informationen** über die gewünschten Ziele auch den entsprechenden Entscheidungsträgern bzw. allen Mitarbeitern **zur Verfügung stehen.**

■ Prioritäten setzen

In einem Betrieb gibt es immer viele Ziele. Stellt man alle auf die gleiche Rangstufe, kann keines der angestrebten Ziele zur vollen Zufriedenheit erreicht werden, sondern alle nur teilweise. Das ist betriebswirtschaftlich nicht sinnvoll.
Wichtig ist es also, sich für ein Ziel als das wichtigste zu entscheiden. Dies kann dann mit hoher Konzentration und Aufmerksamkeit zu einem sehr guten Erfolg geführt werden. Danach wird das nächste Ziel angegangen. Die so gebündelte Kraftanstrengung lohnt sich. Die Gesamtleistung bzw. das Niveau der erreichten Ziele ist so wesentlich höher.

Eine Prioritätenliste umfasst also Aufgaben verschiedener Kategorien. Unterschieden wird in A-, B-, und C-Bereiche:

Priorität A
sind die wichtigsten Aufgaben, die nicht delegierbar sind (vgl. 1.5.2 „Nicht delegierbare Aufgaben", S. 25).

Priorität B
sind sehr wichtige Aufgaben, die aber an geeignete Mitarbeiter delegiert werden können (vgl. 1.5.2 „Delegation von Aufgaben und Verantwortung", S. 25).

Priorität C
sind die meisten Arbeiten, die aber für die Führungsposition relativ unbedeutend sind.

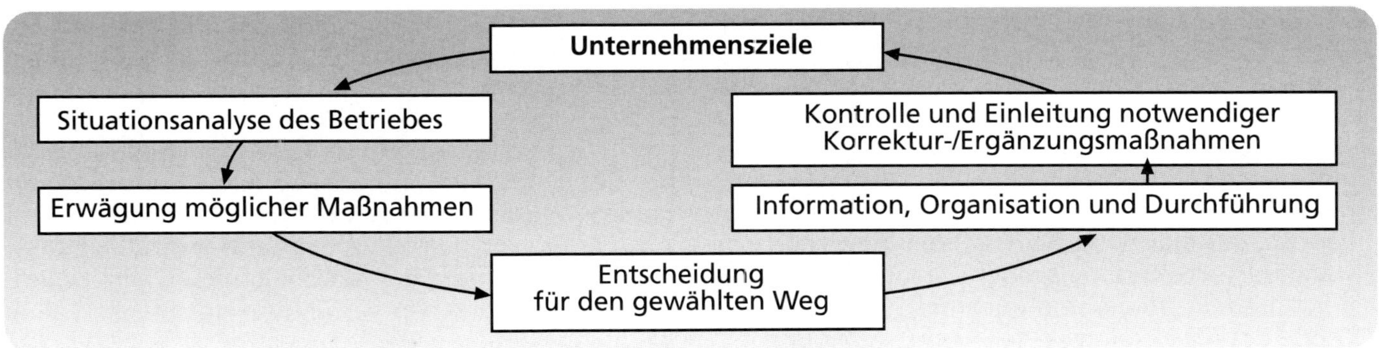

8.1.2 Führungsstile

(vgl. 1.5.2 „Führungsstile")

AUFGABEN

Die verschiedenen Führungsstile haben ihre eigenen Vor- und Nachteile bei der Umsetzung von Entscheidungen und der Erreichung der Betriebsziele. Untersuchen Sie die verschiedenen Stile nach folgenden Gesichtspunkten und begründen Sie Ihre Aussagen (vgl. 1.5.2 Führungsstile).

1. Welcher Führungsstil ermöglicht Ihrer Ansicht nach schnellstmögliche Entscheidungen?
2. Bei welchem Führungsstil ist die Beteiligung/Einbeziehung der Mitarbeiter am besten möglich?
3. Wie kann eine möglichst hohe Entscheidungssicherheit (= Vermeidung von Fehlentscheidungen) erreicht werden?

8.1.3 Führungsverhalten

(vgl. 1.5. Führungsverhalten)

8.1.4 Fehlerquellen der Mitarbeiterführung

(vgl. 1.5.2 Fehlerquellen der Mitarbeiterführung)

8.1.5 Führungsmittel

Als **Führungsmittel** bezeichnet man die Tätigkeiten oder Dinge, die dem Mitarbeiter „sagen", was er zu tun hat.
Dabei werden **direkte** und **indirekte Führungsmittel** unterschieden:

■ Direkte Führungsmittel

erfordern immer den direkten Kontakt zum Mitarbeiter. Solche Führungsmittel können sein:

- der Befehl, der Auftrag, die Anweisung, die Arbeitszuweisung, die Delegation, die Information, die Arbeitsbesprechung, die Arbeitsplanung, das Lob, der Tadel, die konstruktive Kritik, die Anerkennung, das Feedback.

■ Indirekte Führungsmittel

sind all die Verordnungen, Vereinbarungen und Gesetze, die das Miteinander von Vorgesetzten und Mitarbeitern regeln.
Hierzu zählen:

- gesetzliche Ausbildungsvorschriften, der Ausbildungsvertrag, der Manteltarifvertrag und die Sicherheitsstandards, arbeitsplatzbezogene Stellenbeschreibungen, Organigramme und auch die Stempeluhr, die Größe des Arbeitsplatzes, der Dienstwagen usw.

8.1.6 Kommunikation

Wie oben bereits angesprochen, müssen für einen gut funktionierenden Betriebsablauf Informationen weitergeleitet werden. Die häufigste Form der Informationsweitergabe ist das Gespräch – die **verbale Kommunikation.** Doch auch oder gerade hier ist es notwendig, dass sich Vorgesetzte versichern, dass die gegebene Information auch angekommen ist und auch so verstanden wurde, wie sie gemeint war.

Die folgende Grafik verdeutlicht, warum ein „Feedback" in diesem Fall so wichtig ist.

Um weitere Missverständnisse zu vermeiden, seien hier ein paar **Grundregeln** der Kommunikation aufgezeigt:

- **„Gedacht" ist nicht „gesagt"** – niemand kann Gedanken lesen, daher ist es wichtig, Wünsche, Hoffnungen und Ansichten auch offen auszusprechen, sonst darf keine Reaktion erwartet werden.
- **„Gesagt" ist nicht „gehört"** – darauf achten, dass die Gesprächspartner auch zuhören.
- **„Gehört" ist nicht „verstanden"** – (vgl. obere Grafik).
- **„Verstanden" heißt noch nicht „einverstanden"** – sich versichern, dass die Gesprächspartner auch bereit sind, die gewünschten Verhaltensänderungen umzusetzen.

Auch wenn all diese Punkte klar sind, kann im „Eifer des Gefechtes" die eine oder andere Absprache **„vergessen"** werden, dafür ist es notwendig, an getroffene Absprachen von Zeit zu Zeit zu **„erinnern".** Doch auch eine **Überforderung** der Mitarbeiter kann eine Umsetzung von Absprachen verhindern. In solchen Fällen kann eine **Schulung** weiterhelfen.

8.1.7 Erwartungen an eine Führungskraft

An eine Führungskraft (z. B. in der Hauswirtschaft) werden ebenso wie an eine Ausbilderin (vgl. 1.2.1 „Gesellschaftliche und betriebliche Einflüsse und Erwartungen") Erwartungen gerichtet, die sich zum Teil auch widersprechen können, da sie aus verschiedenen Richtungen kommen.

Erwartungen der übergeordneten Führungsebene
- gute Organisation der Arbeit
- zufriedene Mitarbeiter
- große Produktivität der Abteilung
- vorausschauende Planung
- Engagement, Einsatzbereitschaft und Interesse
- innovatives Denken und Arbeiten
- Verschwiegenheit

Erwartungen der Mitarbeiter
- gerechte Verteilung der Arbeit
- Verständnis und ein „offenes Ohr" für Probleme
- Weitergabe von Informationen
- Einbeziehung in Entscheidungsfindungen
- Beachtung und Anerkennung der erbrachten Leistung
- Interesse für die Belange der Mitarbeiter

8.1.8 Zeitmanagement

Es ist ein weit verbreitetes Problem, dass viele Aufgaben unbearbeitet bleiben, weil die Zeit dazu fehlt. Das Setzen von Prioritäten (vgl. 8.1.1.) ist ein Hilfsmittel, aber eine gute Zeitplanung ist trotzdem unerlässlich.

Dazu müssen erst einmal die häufigsten **Gründe für Zeitmangel** erkannt werden:
- zu wenig Delegation von Arbeitsaufgaben
- keine Pufferzeiten in der Planung
- Einflüsse von außen, die nicht unbedingt steuerbar sind (z. B. Aufgabenübertragungen und Termine durch den Vorgesetzten oder Kunden)
- Aufgaben ohne jede Zeit („Termin nicht morgen, sondern gestern!")
- Statussymbol Zeitmangel – ich habe keine Zeit = ich bin wichtig!

■ Den Ist-Zustand betrachten

Für eine gute Planung ist nach der Erkenntnis, warum oft Zeitmangel besteht, eine Analyse des eigenen Tagesablaufs notwendig. Dadurch wird erkennbar, wo Verbesserungen möglich sind, aber auch welcher Arbeitsstil bevorzugt wird.

Fragen, die Klarheit bringen:
- Wann mache ich was?
- Mit welchen Personen habe ich zu tun?
- Womit verbringe ich meinen Arbeitstag?
- Welche Störungen gibt es?
- Unter welchen Bedingungen arbeite ich am besten? (alleine, in Ruhe, im Team, unter Zeitdruck, ...)

Als Ergebnis kommt oft heraus, dass der Arbeitstag sehr zerstückelt ist, häufige Unterbrechungen stattfinden und Sitzungen viel Zeit kosten, aber keine Ergebnisse bringen.

Durch gute Planung entsteht eine Vielzahl an **Einsparungsmöglichkeiten:**

■ Zeitfresser ausschalten

Viele Verhaltensweisen vergeuden unnötig Zeit, diese sind zu erkennen und zu beseitigen, wie z. B.:
- unproduktive Sitzungen und Besprechungen
- Unordnung – unnötiges Suchen von Unterlagen, Telefonnummern, Notizen, die nicht korrekt abgelegt sind
- unstrukturiertes Vorgehen – ohne „Plan" zunächst verschiedene Vorgehensweisen ausprobieren
- unwichtige Aufgaben, die auch delegierbar wären
- unangemeldete Besucher
- Aufgaben, die eigentlich sowieso nie zu Ende geführt werden
- Aufgaben, die zwar erledigt werden, aber eigentlich nicht viel bringen
- Perfektionismus – alles 150%ig klären und absichern

Derartige Zeitfresser lassen sich durch Selbstdisziplin, Organisation, Planung, Delegation und Setzen von Prioritäten ausschalten.

■ Arbeiten nach einem Tagesarbeitsplan

Ganz wichtig für eine Führungskraft ist, dass sie nicht nur die Zeitpläne für ihre Mitarbeiter, Ausbildungspläne und Tagesordnungen für Sitzungen erstellt. Der eigene Tagesablauf muss, um gut nutzbar zu sein, auch gründlich geplant werden.

Dazu sind folgende **Regeln** zu beachten:
- Die wichtigsten Dinge (Priorität A) werden zuerst erledigt – nicht die Zeit mit Alltagskleinkram füllen, dann bleibt für die wirklich wichtigen Dinge keine Zeit mehr (Prioritätenliste!).
- Pufferzeiten einplanen, in denen dann Unvorhergesehenes bearbeitet werden kann. Für Aufgaben der Priorität A täglich ca. drei Stunden vorsehen; Priorität B bekommt ca. eine Stunde pro Tag und Priorität C 45 Minuten. Der Rest des Tages wird für unvorhergesehene Probleme und eilige Aufträge benötigt.
- Die Tagesleistungskurve berücksichtigen, auch eine Führungskraft ist nicht ununterbrochen voll leistungsfähig – Phasen der Entspannung und Ablenkung müssen mit eingeplant werden.
- Zeiten einplanen, in denen ungestört gearbeitet werden kann (dann bleibt die Tür zu und das Telefon unbeantwortet), und Sprechstunden für Mitarbeiter.
- Blockzeiten bilden – alle Telefonate am Stück erledigen.
- Nur einen Terminkalender verwenden – die Übertragung in andere Kalender kostet Zeit und erschwert die Übersicht.

- Eine „To-Do"-Liste erstellen, um alle anstehenden Aufgaben im Blick zu haben, Erledigtes wird durchgestrichen. Diese Liste wird jeden Tag durchgegangen und die Prioritäten werden täglich festgelegt.
- Bestimmten Aufgaben ein Zeitlimit geben, dadurch steigern sich Arbeitseffektivität und Selbstdisziplin – kein Verzetteln mehr.
- Abends Planung mit dem tatsächlichen Tagesablauf vergleichen, das gibt Sicherheit und Rückmeldung für künftige Planungen.

8.2 Einarbeiten, Anleiten und Beurteilen von Mitarbeitern

8.2.1 Einarbeiten und Anleiten von Mitarbeitern

Es liegt in der menschlichen Natur, eine Scheu vor Neuem zu haben. Die einen können mit dieser Scheu oder gar Angst besser umgehen, die anderen gar nicht. Deshalb ist es in jedem Betrieb von äußerster Bedeutung, nicht nur neue Mitarbeiter entsprechend einzuarbeiten, sondern auch die erfahrenen Kräfte in neue Arbeitsverfahren und -techniken einzuweisen sowie an neuen Maschinen anzuleiten und zu schulen. Unterbleibt diese Schulung, diese Vorbereitung auf die neue Situation, so kann es zu ernsthaften **Problemen** kommen:

- Demotivation
- Beschränkung der Arbeitsleistung auf das Notwendigste („Dienst nach Vorschrift")
- innere Kündigung
- Verunsicherung – mit steigendem Unfallrisiko
- Abneigung und Ablehnung der neuen Verfahren mit einer Weigerung, die neue Technik anzuwenden

Wie eine Einarbeitung von neuen Mitarbeitern durchgeführt werden kann, ist in 3.6 „Einführung planen" bearbeitet und unterscheidet sich nicht wesentlich von den Problemen, die beim Einstieg von Azubis vorliegen. Natürlich müssen die Themen der Einführungsphase dem Kenntnisstand der neuen Mitarbeiter angepasst werden. Eine Überfrachtung mit neuen Informationen ist aber genauso zu vermeiden wie eine Unterforderung.

Besonderes Augenmerk ist auf die Zusammenarbeit mit bisherigen Mitarbeitern zu legen. Kompetenzen und Weisungsbefugnisse müssen unbedingt genau festgelegt und bekannt gegeben sein.
Welche Konflikte im Einzelnen entstehen können und wie diesen begegnet werden soll, wird unter 8.5 „Konflikte und Konfliktbewältigung" behandelt.

8.2.2 Beurteilen von Mitarbeitern

(vgl. 2.6 „Beurteilungssystem festlegen" und 4.7 „Beurteilungsgespräche")

Bei Verwendung eines Beurteilungsbogens ist zu berücksichtigen, dass der Betriebsrat seine Zustimmung zu dem verwendeten Bogen geben muss (BetrVG § 94). Manche Tarifverträge regeln eine regelmäßige Beurteilung aller Mitarbeiter (z. B. einmal im Jahr), ansonsten liegt der Abstand der Beurteilungen frei im Ermessen der jeweiligen Vorgesetzten.
Für eine korrekte Beurteilung, gerade auch bei ausscheidenden Mitarbeitern, ist es jedoch sehr hilfreich, wenn auf regelmäßige schriftliche Beurteilungen zurückgegriffen werden kann. Jede schriftlich fixierte und in der Personalakte abgelegte Beurteilung bedarf aber auch eines ausführlichen Gesprächs und gerade bei schlechteren Beurteilungen sollte den Mitarbeitern die Chance einer Stellungnahme gegeben werden.

AUFGABEN

Situation: Sie bekommen in Ihrem Betrieb (ein Kurhaus mit 80 Betten) eine neue Mitarbeiterin, die im Service, auf der Etage und auch in der Waschküche eingesetzt werden soll.

1. Welche Aufgaben planen Sie für die Einführungsphase? Worauf legen Sie besonderen Wert? Begründen Sie Ihre Entscheidung.
2. Welche Informationen müssen Sie der neuen Mitarbeiterin unbedingt sofort zu Beginn ihrer Arbeit geben?
3. Was beachten Sie bei der Vorstellung der „Neuen" den bisherigen Mitarbeiterinnen gegenüber? Wie können Sie häufig auftretenden Problemen und Konflikten schon im Vorfeld sinnvoll entgegentreten?
4. Welche Ängste / Unsicherheiten können die „Neue" belasten? Versetzen Sie sich in ihre Lage und beschreiben Sie, wie Sie diesen Ängsten begegnen.

8.3 Soziale Zusammenhänge im Betrieb, Teamarbeit

8.3.1 Soziale Zusammenhänge im Betrieb

Überall, wo Menschen aufeinander treffen, miteinander Umgang haben, entsteht ein soziales Gefüge – eine Gruppe (siehe 6.5.1 „Gruppenarten"). Eine Führungskraft hat nun die Aufgabe, die eigene Gruppe/Abteilung so zu führen und zu leiten, dass die Ziele des Unternehmens erreicht werden.

Der Umgang mit Menschen, gleichgültig ob Jugendliche oder Erwachsene, bedarf immer

- eines besonderen Einfühlungsvermögens;
- der Objektivität in der Beurteilung;
- der Freiheit von Vorurteilen;
- der Sicherheit im eigenen Standpunkt;
- der Akzeptanz von anderen Meinungen;
- des aktiven Willens, Probleme **gemeinsam** zu lösen.

■ Bedeutung des Betriebsklimas für die Arbeitsleistung

Das **Betriebsklima** spielt eine bedeutende Rolle, ist aber nicht alleine ausschlaggebend für die Leistungsfähigkeit einer Abteilung. Fest steht, dass bei gutem Betriebsklima die Motivation, Leistungen zu erbringen, höher ist als bei schlechtem Klima.

Das Betriebsklima hängt von vielerlei **Faktoren** ab, z. B.:
- Sympathie/Antipathie der Mitarbeiter untereinander
- Kontakt zur Führung und damit mögliche Einflussnahme auf Entscheidungen
- Verlauf der Konjunktur/Sicherheitsgefühl der Mitarbeiter/Sicherheit der Arbeitsplätze
- regelmäßige gemeinsame Kontakte/Unternehmungen auch außerhalb des Betriebes (z. B. Betriebsfeiern, Ausflüge ...)
- Art und Ausstattung der Sozialräume wie Aufenthalts-, Pausen- und Umkleideräume
- Ausstattung der Arbeitsplätze
- flexible Arbeitszeitmodelle usw.

Diese oben genannten Faktoren können die Leistungsmotivation steigern, jedoch ist gerade in Berufszweigen mit besonders hohen Sozialleistungen auch ein Trend zu erkennen, der zu einem umsichtigen Umgang mit Vergünstigungen und Zusatzleistungen auffordert.

Die heutige weit verbreitete **„Mitnahme-Gesellschaft"** stellt vielfältigste Ansprüche, ist aber andererseits oft nicht mehr bereit, die dazu erforderlichen Leistungen zu erbringen. Wohl auch aus diesem Grund sind den Rechten der Mitarbeiter auch Pflichten gegenübergestellt worden.
Die Führungskraft ist hier in der Verantwortung, einen entsprechenden Einsatz von Motivationshilfen (vgl. 4.3.2 „Ausbilderverhalten, das Motivationen fördert") einer entsprechenden Leistungssteigerung der Abteilung gegenüberzustellen und entsprechend abzuwägen.

■ Was beinhaltet Führungskompetenz?

Führungskompetenz setzt sich aus verschiedenen Persönlichkeitseigenschaften und Fähigkeiten zusammen, die in der Summe das persönliche **Führungsprofil** bilden:
- Entwicklung eines eigenen Stils, der mit Selbstbewusstsein gelebt wird (kein Fähnchen im Wind)
- Fähigkeit, mit Menschen umgehen zu können, die Schwächen und Stärken anderer zu erkennen und für die Sache nutzbar zu machen
- verschiedenartige Charaktere zusammenzubringen und so zu führen, dass sie gemeinsam auf ein gestecktes Ziel hinarbeiten
- das Geschick, andere Menschen dazu zu bringen, auch ungeliebte Arbeiten mit vollem Einsatz und Engagement zu erledigen
- ergebnisorientiertes Denken und Arbeiten
- Realitätssinn für das, was überhaupt möglich ist, und das Erkennen von Grenzen
- Verantwortungsbewusstsein im Umgang mit Risiken (weder tollkühn noch ängstlich)
- Organisationstalent und klar strukturierte Arbeitsweise
- Entscheidungsbereitschaft und -fähigkeit

8.3.2 Arbeiten in Teams

(vgl. 6.6 „In Teams ausbilden")

Teamarbeit ist derzeit das Schlagwort schlechthin. Doch was ist darunter zu verstehen und was benötigt man dazu?

■ Wie funktioniert die Arbeit im Team?

1. Es müssen klare Ziele gesetzt werden, auf die alle Teammitglieder hinarbeiten.
2. Die Verantwortlichkeiten innerhalb des Teams müssen geklärt sein.
3. Dazu müssen die Fähigkeiten der einzelnen Mitglieder bekannt sein (wer kann gut präsentieren oder organisieren, wer kann klar strukturieren und die zusammengetragenen Informationen gebündelt, kurz und prägnant zusammengefasst festhalten, ...?).
4. Probleme müssen sofort und offen angesprochen werden.
5. Spielregeln, z. B. Umgangsformen, Diskussionsregeln, Aufgabenverteilungen, müssen festgelegt werden.
6. Ziele/Fortschritte müssen messbar gemacht werden (Beispiel: Das Essen ist zu teuer! – der Herstellungspreis für das Mittagessen wird um 10 % gesenkt).
7. Fortschritte und Arbeitsergebnisse müssen regelmäßig deutlich auch außerhalb des Teams präsentiert werden.

Damit ein Team so funktionieren kann, müssen sowohl die Teammitglieder als auch die Teamleitung einiges an Kompetenzen und Fähigkeiten mitbringen und vor allem **bereit sein,** diese auch in das Team mit einzubringen!

■ Kompetenzen der Teammitglieder:

- spezielle fachliche Qualifikationen
- Kooperationsbereitschaft
- Kommunikationsfähigkeit
- Integrationsfähigkeit und -bereitschaft
- Eigeninitiative und Handlungswillen

■ Kompetenzen der Teamleitung:

- **soziale Kompetenz** zur Erkennung der Bedürfnisse, Interessen und Spannungen im Team
- **Kontaktfähigkeit,** um im Team Zugang zu allen Teammitgliedern zu finden und um das Team nach außen zu vertreten
- **Kooperationsfähigkeit,** um sowohl im Team als auch nach außen eine gute ertragreiche Arbeit zu erreichen
- **Kommunikationsfähigkeit,** um Informationen korrekt aufnehmen und weitergeben zu können, dazu Beherrschung der Kommunikationstechniken, damit überzeugend moderiert, präsentiert und verhandelt werden kann (vgl. 8.1.6 „Kommunikation")
- **Integrationsfähigkeit,** um das Team bilden und zusammenhalten zu können
- **Selbstkontrolle,** um das Klima im Team positiv zu beeinflussen

Konflikte im Team

In jedem Team treten Konflikte auf. Hier ist es wichtig, diese rechtzeitig zu erkennen und zu beheben und die Art des Konfliktes herauszufinden.

Es gibt zwei große **Arten von Konflikten** in Teams:
1. **Sachkonflikte** wegen inhaltlicher Dinge oder unklarer und sich widersprechender Zielsetzungen (z. B. Ziel des Teams, die Personalkosten der Reinigung um 15 % zu senken; Ziel der im Team arbeitenden Reinigungskraft, Veränderungen, die mehr Stress bedeuten, zu verhindern) und
2. **Beziehungskonflikte** zwischen zwei oder mehreren Teammitgliedern. Oft verbergen sich allerdings hinter angeblichen Sachkonflikten Beziehungsprobleme wie Neid, Kompetenzgerangel, Hierarchieabgrenzungen usw.

Entscheidend ist hier, den wahren Grund der Konflikte herauszufinden und zu beseitigen, da solche Probleme die gesamte Teamarbeit zerstören können (vgl. 8.5 Konflikte und Konfliktbewältigung).

8.4 Motivation, Förderung und Qualifizierung von Mitarbeitern

Bei Motivation und Motivationshilfen wird oft in erster Linie an materielle Anreize gedacht, aber das ist bei weitem nicht die einzige Art, zu gesteigerter Leistung anzuspornen. Vielmehr kann durch gezieltes Lob, **ehrliche** Anerkennung und auch erhöhte Leistungsanforderung eine Leistungssteigerung erreicht werden (vgl. 4.3.2 Ausbilderverhalten, das Motivation fördert).

Gezielte Aufgabendelegation

Wenn schwierige Aufgaben immer nur an die beste Kraft delegiert werden, kann diese durch die Menge an Aufgaben überfordert sein, während die restlichen Mitarbeiter sich unterfordert oder auch benachteiligt fühlen könnten. Deshalb sollten auch anspruchsvolle Aufgaben gezielt an andere Kräfte vergeben werden, diese fühlen sich dadurch geachtet und anerkannt und werden durch erhöhte Anstrengung ähnlich gute Ergebnisse erzielen.
(vgl. 1.5.2, S. 25 Delegation von Aufgaben und Verantwortung).

Mitarbeiterschulungen

Regelmäßige Hygieneschulungen werden ja bereits vom Gesetzgeber für alle Personen gefordert, die mit Lebensmitteln zu tun haben. Solche Schulungen zu aktuellen Themen sind in allen Betriebsbereichen sinnvoll:
- Die Mitarbeiter haben das Gefühl, wichtig zu sein, wenn sie geschult werden.
- Neuerungen lassen sich gezielt vorbereiten und behutsam einführen.
- Die Angst vor Neuem ist nicht so groß, wenn geschult wird.
- Neue Techniken werden besser akzeptiert, angenommen und dann auch umgesetzt.
- Teure Fortbildungskosten können gespart werden, wenn nur ein Abteilungsmitglied auf eine Fortbildung geht und im Rahmen von hausinternen Schulungen sein neues Wissen weitergibt.

Voraussetzung für das Gelingen und die Annahme solcher Schulungen ist in jedem Fall, dass diese gut vorbereitet sind und den Mitarbeitern nutzen. Ist es nur eine Pflichtveranstaltung ohne Inhalt, werden sich schnell Widerstände bilden. Kurz, präzise und praxisnah sind die Schulungsinhalte zu vermitteln. Eine schriftliche Zusammenfassung erleichtert es den Mitarbeitern, zu folgen und das Gehörte noch einmal zu überdenken.

Fortbildungen

Trotz regelmäßiger Schulungen kann auf zielgerichtete Fortbildung von Mitarbeitern in der Regel nicht verzichtet werden. Eine regelmäßige Anpassung an neue Arbeitsverfahren und Techniken ist in jedem Betrieb erforderlich, um den geforderten Qualitätsstandards gerecht zu werden.

Wie oben angesprochen, können solche Fortbildungen zur Multiplikation im Mitarbeiterkreis genutzt werden. Der positive Nebeneffekt ist, dass die Person, die die Fortbildung besucht hat, sich mit deren Inhalt noch einmal intensiv auseinander setzen muss, um ihn dann entsprechend weitergeben zu können.

Da Fortbildungen oft sehr kostenaufwändig sind, sind gründliche **Vorüberlegungen** notwendig:
- Wer benötigt eine Fortbildung?
- Wer ist bereit, sich schulen zu lassen und das erworbene Wissen weiterzugeben?
- Welche Thematik ist für den Betrieb besonders hilfreich?

Dazu müssen Vorgesetzte sowohl ihre Mitarbeiter als auch den Schulungsbedarf ihres Betriebes gut kennen.

Nicht immer ist es notwendig, externe Fortbildungen zu besuchen. Fachthemen werden oft in **Fachzeitschriften** oder Büchern behandelt oder der **Erfahrungsaustausch im Kollegenkreis** kann vielfach weiterhelfen. Auch die **Berufsverbände** bieten durch regionale Treffen die Möglichkeit zum Austausch von Informationen und Erfahrungen. Durch die Tätigkeit in **Prüfungsausschüssen** können ebenso wertvolle Erfahrungen gesammelt und Meinungen diskutiert werden.

8.5 Konflikte und Konfliktbewältigung

8.5.1 Chancen von Konflikten erkennen und nutzen

Konflikte treten immer und überall auf, sie sind auch nicht grundlegend schlecht, denn jeder **Konflikt, der bereinigt wird,** birgt auch **Chancen:**

- Erkennen von Problemen und Aufdeckung von Missständen
- Aufbrechen von festgefahrenen Strukturen und Einleitung von Klärungsprozessen
- Schärfung des Problembewusstseins
- Intensivierung der Kommunikation zwischen Vorgesetzten und Mitarbeitern
- Motivation, die eigenen Arbeitsinhalte und Berufsperspektiven zu überdenken
- Anregung der Mitarbeiter zu mehr Kreativität
- Probleme an Schnittstellen zu erkennen und auf Dauer durch klare Regelungen zu beseitigen

Wichtig ist nur, sich den Konflikten zu stellen, ihre Ursachen zu ergründen und eine Klärung herbeizuführen. Nicht gelöste Konflikte können erheblichen Schaden mit sich bringen. Deshalb müssen Vorgesetzte wachsam und offen und vor allem bereit sein, Probleme anzugehen und diese nicht „unter den Teppich zu kehren".

■ Konfliktarten:

- Konflikte mit sich selbst
- Konflikte zwischen zwei Personen
- Konflikte zwischen Gruppen oder in Gruppen

■ Konfliktursachen:

- Unvereinbarkeit von Bedürfnissen
- verschiedene Ziele, Werte oder Motive
- Verteidigung von Status und Macht
- Sympathie/Antipathie

■ Anzeichen für hohes Konfliktpotenzial

- hohe Fehlzeiten
- starke Fluktuation
- Desinteresse, Unzufriedenheit, „Dienst nach Vorschrift"
- starke Angst vor Veränderungen – Abneigung gegen Neuerungen
- große Gerüchteküche durch unzureichende Informationsweitergabe
- unzureichende Führung durch Vorgesetzte (Entscheidungen werden nicht oder zu spät gefällt, Probleme nicht ernst genommen, Anregungen ignoriert)
- starke Cliquenbildung mit „Machtspielen"

Die Schwierigkeit für Vorgesetzte liegt darin, Menschen mit unterschiedlichen Charakteren gerecht zu werden. Es erfordert ein besonderes Einfühlungsvermögen und objektive Beobachtungsgabe, um Konflikte jeglicher Art zu bereinigen. Auch Mut gehört dazu, denn schnell ist man in den Konflikt mit hineingezogen, vor allem weil die Konfliktparteien sich nie erwartungsgemäß verhalten. Menschen, die sich angegriffen oder ungerecht behandelt fühlen, reagieren empfindsam. Sie können aggressiv werden oder sich zurückziehen, einfühlsam und hilfsbereit sein oder andere übergehen, sich unterordnen und zurücknehmen, aber auch dominieren und andere für ihre Interessen einspannen.

8.5.2 Vorgehensweise zur Konfliktbearbeitung

■ 1. Persönliche Auseinandersetzung mit dem Problem

- Nicht jedes Problem führt zur Eskalation. Manchmal ist es besser, Konflikte im Sande verlaufen zu lassen, anstatt sie durch Gespräche und intensive Betrachtung aufzubauschen.
- „Ist es notwendig, sich einzumischen?"
- „Welchen Anteil habe ich selbst am Konflikt?"

■ 2. Entwicklung einer eigenen Strategie

- Offenlegung des Problems
- „Wie finde ich Zugang zu den Konfliktparteien?"
- Treffen zunächst getrennt, dann gemeinsam zu Gesprächen (siehe auch 4.7 „Beurteilungsgespräche" und 6.5.2 „Lösungsstrategien für Konflikte innerhalb von Gruppen")
- Wer könnte noch schlichtend, unparteiisch hilfreich sein (vor allem wenn Vorgesetzte selbst mit involviert sind)?
- Welche Lösungsmöglichkeiten gibt es? Aufzeigen von Alternativen

■ 3. Durchführung der Absprachen mit regelmäßigen Kontrollen

(vgl. 3.3.3 „Gesprächsgrundsätze" und 4.7 „Beurteilungsgespräche")
Nur eine konsequente Kontrolle der Einhaltung gemachter Absprachen führt auch zu deren konsequenter Umsetzung. Auch wenn es oft unbequem ist, so ist es dringend erforderlich, um einen Verlust von Autorität und Ansehen zu vermeiden, da sonst auch die alten Konflikte leicht wieder aufbrechen können.

8.5.3 Notwendige Kompetenzen zur Konfliktbeilegung

... sind:

- starkes Selbstvertrauen in die eigenen Handlungen und die eigenen Entscheidungen
- kommunikative und soziale Kompetenzen; Fähigkeit, sich zu artikulieren und mit Belastungssituationen umzugehen

- Kontaktfähigkeit
- Fähigkeit, sich auf verschiedene Denkmuster, Einstellungen, Mentalitäten und Verhaltensweisen einzustellen
- Kompromissbereitschaft
- Ausstrahlung von Vertrauen

8.5.4 Verhaltensweisen, die zur Konfliktlösung nicht dienlich sind

- **Bagatellisieren** (als geringfügig und unbedeutend hinstellen) – wird oft als Ausweichen und als Schwäche angesehen. Die Konfliktparteien fühlen sich nicht ernst genommen und es kann zu einer gemeinsamen Aktion der Konfliktparteien gegen die Vorgesetzten kommen.
- **Ignorieren** (nicht wissen wollen, absichtlich übersehen) – kann zu einer erheblichen Ausweitung des Konfliktes führen. Das bewusste Übersehen von Konflikten führt nicht zu deren Lösung.
- **Instrumentalisieren** – als Instrument benutzen, um die eigenen Ziele zu erreichen, nach dem Motto „Wenn zwei sich streiten, freut sich der Dritte!"
- **Rationalisieren** (Ratio = die Vernunft, der Verstand) – Konflikte auf diese Ebene zu beschränken bedeutet, die oftmals weit wichtigere Komponente der Gefühle auszublenden/nicht wahrzunehmen; damit lassen sich die meist wahren Hintergründe der Konflikte dann nicht beheben und der Konflikt wird wieder aufbrechen oder ein neuer Konflikt aus den gleichen Beweggründen entstehen.
- **Regredieren** (auf Früheres zurückgreifen) – das Verfallen in kindliche Verhaltensweisen, wie Trotzanfälle, „heulendes Häufchen Elend", Wutausbrüche mit Schreien, Toben, Türenschlagen usw., ist einer Konfliktlösung in keiner Weise dienlich und führt nur zum Verlust der Glaubwürdigkeit.
- **Resignieren** (sich widerspruchslos fügen) – bedeutet das Eingeständnis von Machtlosigkeit, Ausweglosigkeit. Der Konflikt wird dadurch nicht beseitigt und bei späteren weiteren und neuen Konflikten ist die Verhandlungsposition stark geschwächt.
- **Tolerieren** (dulden, gewähren lassen, erlauben) – wer auf Dauer andere Interessen, Sicht- und Vorgehensweisen zulässt, drückt dadurch indirekt aus, selbst keine eigene Meinung zu haben, und ist so unfähig, die eigenen Ziele zu verfolgen und durchzusetzen.

8.5.5 Konflikten vorbeugen

Viele Konflikte lassen sich durch vorausschauendes Denken und Handeln vermeiden. Dies bedeutet allerdings ein engagiertes und problembewusstes Handeln der Vorgesetzten. Dazu gehört:

- Pflegen einer lebendigen Kommunikationskultur im Betrieb einschließlich ungezwungenen Smalltalks
- keine überzogenen Erwartungen an die Leistungen der Mitarbeiter
- Akzeptanz einer gewissen Fehlerquote – schließlich arbeiten hier Menschen und keine Maschinen
- Vermeidung von ungerechtfertigter und verletzender Kritik
- deutliches und **ehrliches** Bekunden von Interesse für die Belange der Mitarbeiter – Interesse für die Arbeit **und** die damit verbundenen Probleme und Erfolge
- Wertschätzung und Anerkennung der Leistungen der Mitarbeiter (= positives Feedback), auch gegenüber Außenstehenden
- Zeit für Gespräche, in denen auch private Probleme und Belange Raum finden
- Offenheit für konstruktive Kritik
- Aufstellen und Einhalten von konkreten „Spielregeln" für den gegenseitigen Umgang im täglichen Miteinander
- klare und deutliche Äußerung von erwünschtem und erwartetem Verhalten

AUFGABEN

1. Situation: Sie sind als Meisterin in einer größeren Einrichtung für die Hausreinigung zuständig. Aufgrund der verschärften Hygienerichtlinien haben Sie eine Schulung zum Einsatz von Reinigungstechnik besucht und möchten nun einige Neuerungen in Ihrem Betrieb durchsetzen. Hierbei stoßen Sie auf erheblichen Widerstand besonders der älteren Reinigungskräfte.
   a) Mit welchen Argumenten dieser Reinigungskräfte müssen Sie rechnen?
   b) Wie können Sie aufkommenden Konflikten vorbeugend begegnen?
   c) Mit welcher Strategie wollen Sie entstehenden Konflikten begegnen?

Beantworten Sie die Fragen in ganzen Sätzen und diskutieren Sie Ihr Vorgehen im Kollegenkreis.

2. Führen Sie zu der in Aufgabe 1 geschilderten Situation ein Rollenspiel durch: ein Streitgespräch zwischen der Vorgesetzten und mehreren Reinigungskräften (hierbei ist es wichtig, dass verschiedene Charaktere gespielt werden – von schüchtern zurückhaltend bis cholerisch wütend und polternd). Am Ende soll eine einvernehmliche Lösung gefunden werden.
   a) Achten Sie bei diesem Rollenspiel auf den gezielten Einsatz von Gesprächstechniken.
   b) Üben Sie den Umgang mit schwierigen Persönlichkeiten, Charakteren.
   c) Achten Sie auf eine sachliche Verhandlungsführung.
   d) Beobachten Sie auch nonverbale Signale der Gesprächspartner.
   e) Diskutieren Sie im Anschluss Verhaltensweisen und Beobachtungen mit dem Ziel, den „Spielern" eigene Verhaltensweisen bekannt zu machen, ohne sie jedoch zu bewerten („ich habe beobachtet ..., das wirkte auf mich ...!").